改正 市町村会議提要
【昭和4年初版】

山田民蔵
三浦教之 共著

地方自治法研究復刊大系〔第二五六巻〕

改正 市町村会議提要

〔昭和四年初版〕

日本立法資料全集 別巻 1066

信山社

山田民藏
三浦敬之 共著

改正
市町村會議提要

金洋堂發行

序

地方自治の堅實なる發達と否とが、直ちに國家の隆替消長に、至大の影響を及ぼすことは今更喋々を要しない。顧れば、我國の地方自治は、制度實施以來玆に四十年の歳月を閲し相當事功を擧げ得たことは勿論であるが、併し乍ら、尚仔細に其の實績を考察するときは、何人も制度の燦然たるにかゝわらず、其の精神の徹底に於て、其の運營の適正に於て、遺憾の點の尠くないことを否定し得ないであらう。就中市町村に於ける市町村會の重要性に至りては、また、一般の充分諒解する所となつて居らず、市町村會を構成する議員その人すら、自己の職務權限の何たるを理解するもの尠く、奉公の至誠に於ても、兎角の非難があるといふ現狀であるから、所謂自治の健全なる發達は、前途甚だ遼遠といはざるを得ない。而して事の玆に至つたのは、素より自治公民の無自覺に因由すること勿論であるが、一面、國家社會の自治公民に對する敎養訓練に缺くる所があつたことも、慥に肯定すべき一因といつて差支ない。吾人が敢て自ら揣らず今回地方制度の改正を機とし改正市町村會議提要なる一書を江湖に提供する所以も、畢竟、こゝに存する即ち、之に依て、現行市制町村制に於ける市町村會の組織乃至職務權限を明確にし、更に之が運用の適正を期することに依て、自治體の健全なる進展を待望せむとするものである。近時、自治の研究漸く盛んにして、良書の刊行せらるゝ、其の數尠しとせざるも、概ね理論に偏し、實務家の參考に適せざるの事實に鑑み、本書は、努めて制度の精神を闡明すると共に、實際の運用に重きを置き、事實に當面して直ちに役立つべく編述に意を用ゐた。唯多忙な公務の餘暇、禿筆を呵して此の稿を了へたのであるから、時に遺漏不備の點なきを保し難いが、是等は他日更に推敲完璧を期したいと考へる。幸ひに、本書が地方自治當局者並議員諸君の爲に幾分にても稗補する所あらば本懷の至である。

昭和四年五月中旬

大分市白雉城頭にて

著　者　識

凡例

一、本書は主として實務の參考として記述したのであるから諸種の樣式規程の準則等の主なるものをも掲げて執務の參考に資することとした。

二、各項の末尾には訓令、通牒、行政實例、行政判例、司法判例、訴願裁決例を掲げてあるから彼此參照して運用に資せられたい。

三、訓令通牒は主務省に於て地方廳に對し發したもの行政實例は具体的の問題に關し主務省に於て解釋したもの行政判例は行政裁判所の判決例、司法判例は大審院の判決例、訴願裁決例は訴願に對する主務省の裁決に付て各其の要旨を掲げたものである。

四、訓令通牒、行政實例、行政判例、司法判例、訴願裁決例には左の略字を用ひて夫々其の通牒回答裁決宣告の年月日を記載した。

大正一〇、五、三とあるは大正十年五月三日

五、各項説明の末尾には關係法令の條項を記入し法令參照の便に供した。

改正 市町村會議提要

目次

「終り」

改正
市町村會議提要

山田民藏
三浦敎之　著

第一章　自治の本義

第一節　國家と市町村

我國現代の行政は、大体に於て國家の直接機關たる行政官廳と、國家の下に存在を認められたる公共團体とに依つて行はれる。

凡そ文化が發達し、社會が複雜になつてくると、國家の事務も亦當然に増大する、さればと云つて、國家の政務を擧げて悉く其の任命にかゝる官吏をして、處理せしむるが如きは、事實上困難であるばかりでなく、眞に國家の目的を達する所以でもない。

即ち一國の內には都會もあれば、田舍もあり、山間部もあれば、沿海部もある、工業地もあれば、商業地もあるといふ譯でそれ〲地方特有の事情があり、其の趣も異つて居る。之を律するに劃一の制度を以てするが如きは、理論上又實際上適當でない。そこで社會全体の利害に關係ある重要なる事項、例へば、軍備、教育、交通、保安といふ樣な事柄は國家の事務として中央に統一し、處務の敏活と普及徹底とを期すべきであるが其外の所謂地方的事務は利害關係の密接な民衆をして直接に自分の任務として之を處理せしめることが、却つてより適切に行はれ費要も少くして濟むといふ便宜もあり且つ民衆をして公務に熟練せしめ、公共心を發揮せしむるといふが如き利益も伴つて來る。又自分に關係のあることを自分で處理するのであるから、從つて責任を感ずる念慮も深くなり、其の結果の良否は、一に自分等の努力如何にありとの自覺の下に、最善を盡すに至るのであらう。若し不幸にして成績が擧らないとしても其れは自分等の努力の足りない結果だとして、他に不幸不滿を訴へることなく自ら反省發奮するの効果を生ずる。國家が「國家内に公共團體の存在を認め之をして自己の事業として公の行政を行はしむる」所以は是等の點にありと考へる。之を要するに自治制度なるものは國家が其の政治を行ふ一の手段として、國家が其の目的を達する一の方法として、國家の政務の一部を地方團体の人民に委せて、自ら處理せしむべく設定せられたるものであるから自治であるからといつて國家の目的方針に背馳することは許されない。即ち、自治團体としての行爲は、當然に國家の法律命令の範圍內でなければならない、其行政上に於て內務大臣、府縣知事、等監督官廳の監督を受くべきは申す迄もない事である。

以上は客觀的に見たる自治即ち國家の法律制度から見た自治に付いて一と通り說明を加へたのであるが然かしこれだけでは未だ自治そのものを眞に說明し得たものと云ふことが出來ない。前記の如き形式的法律上の說明では、自治の情操など到底湧き起つて來るものでない即ち更に一歩を進めて主觀的にかゝる法律制度は一体如何なる理由に依つて成立したのであるか。言以換へれば如何なる實質を內容として形式（制度）されたのであるか、自治制度の基礎をなす所の根本思想、根本觀念は抑も何であるかと云ふことを明かにするのでなければ、所謂ほんとうの自治の意義をつかむことは出來ないのである凡そ自由を欲し干渉を厭ふは、人情の自然であるが、人智進まず民度低き時代に於ては、多數の民衆も少數の專制的支配に余儀なく服從したのであらうが、文化が發達し民衆の自覺が進むに從つて、自由開放の思想は燎原の火の如く擴がり他人の支配を排斥して、自ら治むることを要求するに至つたことは、素より當然の歸趨と云はなければならない、即ち、此の被治者が自ら政治をする政府の役人を煩はさずに人民の代表者が出てそれ〲公務に當つて行くといふ所謂人民自治の觀念がやがて地方團体が國家の下に一定の範圍に於て國家から獨立して自治自營するといふ所謂團体自治の觀念と相俟つて地方自治制度の根本思想を成したことは、最も注意すべき重要點であると考へる。玆に於てか、自治は左に掲ぐる楯の兩面を具有するにあらざれば、其の運營の完きを期し得ないことになるのである。

自治		
制度（形式）	國家の下に法人として公共團体の存立を認めこの團体をして國家の監督の下に團体自らの事として公の行政を行はしむ	表
精神（實質）	人民が政治上に覺醒し自ら進んで公務の一部に當り其の責任を負擔する	裏

即ちその孰れにせよ楯の半面だけでは、未だ眞の自治といふことは出來ない。然るに我國は諸種の事情上概ね、民衆の慾求に先つて制度が布かれ、制度によつて、人民が指導訓練を受けるといふ狀態にある爲でもあらうか、兎角制度即ち形式の燦然たるに較べて、自治の精神(實質)は、今尙ほんとうに充實して居らない、時としては逆轉の憾みさえある、つまり楯の半面は立派に整つてゐるが、半面はどうも振はない、所謂佛造つて魂入れずの實狀にあることは國民の猛省すべき點では、あるまいか。申す迄もなく、地方自治團体就中市町村は、國家の根柢を成すもので、其の盛衰消長は、直ちに國家の隆替に至大の影響を及ぼすものである。國家が之に對し相當の監督を加へ其自治活動をして國家の目的方針に背かぬ樣にすることは素より當然の事であり、市町村が國家の監督に服從するの義務あることと亦勿論であるが然し乍ら、自治の精神は、どこまでも獨立自營にあるのであるから、國家としては、徒らに煩鎖な監督を加へて、自治團体の健全なる發達を阻害するが如きことがあつてはならない。同時に市町村も亦、漫りに監督官廳の指導に依賴して、自主獨往の精神を、缺ぐが如き狀態に陷つてはならぬのである。

第二節　市町村と市町村會

市町村は我が國現行の自治組織に於ける基礎的團體で、最も充實した自治能力を附與されて居る。即ち市町村は法人として、法令の範圍內に於て其の團體に屬する本來の公共事務及委任を受けたる國の事務を行ふことを、自己生存の目的とするものにして亦一定地域を基礎とし、其の地域內の居住者が共同的社會生活を營むことを目的とすると云へる。市町村は此の目的を達する爲に公益上必要の設備を整へ又は公共的事業を經營して、更に住民の福利を增進するに努むると共に、一面法令に依つて命ぜられたる諸種の施設をなさなければならない。而して夫れは市町村住民共同の仕事であるから利害關係をもつ住民は全部之に參與すべきであるが、而し乍ら自治も亦一の行政であるから、之が適當なる運營を期する爲めには、そこに幾分の制限を必要とする。現行市制、町村制が之等の點を顧慮し市町村公民に限り、市町村の公務に參與せしむることゝしたのは蓋し止むを得ないことゝ謂はざるを得ない（時代の進展と共に公民資格を擴張すべきは言を俟たない）而して市町村公民の全部が直接市町村の總ての意思決定をすることは人民自治の理想よりすれば、最も徹底した方法に相違ないが現在の如く地域廣く公民數もかなり多數の地方自治体に於て、かやうなことは到底出來得べきことでない。結局公民は自分等の代表として、一定數の議員を選擧し、其の議員を以て組織された市町村會に依つて市町村の意志を決定する外ないのである。此の意味に於て市町村會は市町村の意思機關(議決機關)として市町村自治の主腦たる性質を有つ(執行機關たる市町村長も、市町村會で選擧する。市町村の意思は、市町村會が之を決定して、其執行を便宜自分等の選任した市町村長に委ねるといふのが自治制の主旨である)從つて其の機能を適正に發揮すると否とは市町村の自治活動に至大の影響を及ぼすことになるのである。尤も從來の制度では市町村會を意思機關といふことは、實は聊か正確を缺くやうに思はれた所も之れ迄の市町村制では議案を發するの權限は原則として、執行機關たる市町村長にのみ之を認めて議員に對しては、單に、市町村長選擧、議員資格の得喪に關する決定、意見書の提出、諮問に對する意見答申、會議規則傍聽人取締規則の制定の如き一部の事項に限り、例外的に發案權を認むるに過ぎない、總て他の一般の事項に就ては、市町村長の提案がなければ議決する事が出來ないといふ極めて制限された消極的意思決定機關になつて居つた。之は要するに地方議會の質が今尚此の程度を適當とする換言すればその能力は未だ以て一般的に發案權を與ふるに足らないといふ見解及び發案の如きは其の團体の自治事務に最も精通する市町村長をしてやらせるが適當だといふ一種の便宜論から來たものと考へるが、人民自治の理想より謂へば、議決機關たる市町村會にも執行機關たる市町村長と同樣に積極的に發案權を認むべきである。斯くの如くして初めて市町村會は完全なる市町村の意思機關と云ふ事が出來、從つて亦、市町村自治の主腦たる自治本來の趣旨にも副ひ得る譯である。

改正法は此の點に就て一大革新を企圖し苟も市町村會の議決すべき事件に付ては歳入出豫算に關する部分を除く外原則として市町村會に議案を發するの權限を認むるに至つたのみならず再議や原案執行に就ても相當の制限を加へて議會の意思を尊重することになつたのでこゝに初めて市町村會は名實共に市町村の意思機關となつた譯であるが之は素より理論上當然な改正と謂はざるを得ないが茲に此際一層反省自省を要するは市町村會其のものであると思ふ。市町村會が立法の精神に則り眞實市町村住民の共存い、共榮を念として其の意思を公正に決定するならば此の改正は大に意義を爲すのであるが若しもそうでない場合は發案權の擴充の如きも或は却て自治の進展を害する結果となるかも知れない、此の如くむば單り提案權の問題に止まらず其他の權限に對しても或る程度の制限を加ふるの必要を生ずるであらうし更に進んで國家は積極的に相當の監督手段を講ぜなければならなくなるかも知れない。現に市町村會が、選擧後間もなく市町村民の意思を裏切つて利益の集團と化し市町村民を犧牲にして、自分等の私腹を肥すなどの例は枚擧に遑がないではないか。又中央の政爭その儘を自治体に持ち込んで、自治を根柢から破壞するもの、自己の責務を忘れて、部落間の抗爭に沒頭するもの、執行機關に對抗して相讓らざるもの、反對せんがために反對するもの、自己の利益に反するの故を以て不當の議決を敢へてするもの、自ら權力を壟斷せんがために陰險惡辣なる手段を弄して選擧其他に自己又は自黨自派を利せんとするもの等々事例を擧ぐるに寧ろ其數多きに苦しむの現狀にあることは考慮を要する問題ではないか。之れでは理論上相當の根據を有する發案權の擴張、原案執行の撤廢を始め國家の監督緩和、地方自治權の擴充の如き事案も實際上時期尚早と謂はざるを得ないであらう。

要は議員が今一層自己の本分に鑑み、市町村民の意思を体し法律命令の範圍内に於て私心を挿さまず、感情に堕せず、只管、市町村の利害休戚を念とし、愼重なる態度を以て適正なる議決を爲すべきで斯くてこそ改正法の趣旨にも合致し名實共に、市町村の意思機關たり、自治の主脳たり得ると云へるであらう多年の懸案である所の議會の權限擴張が今こゝに實現せらるゝに當り予輩は心から議會の反省自重其の機能の適正なる發揮を熱望して止まないものである。

以下市町村會の職務權限及會議法をなるべく實際的に說明し理事者及議員諸君の參考に資せんとす。

第二章　市町村會の職務權限

市町村は一の法人として自ら其の所屬構成員の共同福利の増進を圖ると共に一面國家行政の目的を達する爲めに存在し之が目的達成の爲めには諸種の事務を經營し各種の施設を爲さなければならないのであるが、市町村內住民の團体的共同生活は自然的に存在してゐるとはいふものゝ市町村なる法的存在は法律によつて認められたもので、自然人の如く元來一定の意思を有するものでないから其の市町村の意思を決定する爲の機關がなければならない、市町村會は其の意思決定の機關として設けられたものであつて、市町村の意思は原則として市町村會の議決又は選擧に依つて定まるのである（例外として市町村長が專決處分をなし又は知事の指揮を受けて處置することがある市制第九十一條第九十二條町村制第七十五條第七十六條が之である）其の市町村の意思を定むる方法には（一）議決（二）選擧の二種がある、市町村會は此の市町村の意思決定機關たるの外諸種の異議申立又は市町村會議員失職に關する被選擧權有無の決定、市町村長の事務の執行を監督する意味に於ける檢査、其の市町村の公益に關する事件に付意見書を提出し又は行政廳の諮問に對し答申する意見の陳述の權限をもつてゐる

第一節　議決

市町村會に於て議決すべき事件は市制第四十一條町村制第三十九條に依つて定められ其の範圍は頗る廣汎に渉りいやしくも市町村に於て施行する事項にして法令によつて裁量の餘地なきものを除くの外は總て市町村會の議を經なければならない、而して其

の内選擧の方法によるもの以外は總て議決の形式によつてなされるのである、市町村會に於ては右市町村自体に關する事項の外法律勅令によつて市町村會の議決に付する旨を定められたものがある、今之等を(一)市町村に關する事件と(二)法律勅令により其の權限に屬する事件とに分ちて說明すれば左の通りである。

(一)市町村に關する事件

市町村に關する事件とは其の市町村自らの爲め必要なる公共事務即ち固有事務に屬するものと國家又は他の公共團体から市町村に委任せられた委任事務の範圍に屬するものとを云ふのである。

市町村自体の公共の爲め必要な事件は其事件を施行するや否や即ち事件施行の要否施行の程度方法等總て市町村會の議決すべきものであるが國家又は公共團体の事務を法令に依り委任せられたものは其の事件の根本の要否は之を市町村會で議決する迄もなく決まつておる事であつて市町村會では唯其の程度方法等を議決するに過ぎないのである、玆に注意すべきことは國家又は他の公共團体から委任せられたものであつても市制第九十三條町村制第七十七條の事務即ち直接市町村吏員に委任した事務は此の市町村會で議決する範圍には入らないのである、例へば戸籍事務、衆議員議員、縣會議員選擧事務の如きである。

市町村に關する事件として市町村會の議決する事項の主なるものは市制第四十二條町村制第四十條に規定してあるが、之は其の主要なるものを例示的に擧げたのであつて之以外市制町村制中他の條文に於て市町村會の議決を經べき旨を規定した事項がある、其の他の事項と雖市町村に關する事で他の機關の權限に屬しないものは總て市町村會の議決に付しなければならない。

（イ）市町村條例及市町村規則を設け又は改廢すること、市町村條例及規則は自治体の自主權に基いて設定するものであつて、其の市町村自らが必要に依つて設定するものであるから市町村會の議決を要するものたることは說明を要せずして明かなことである。

1. 條例をもつて規定すべき事項

一、市町村住民の權利義務に關する事項（市制第十二條町村制第十條）

二、市町村の事務に關する事項（仝上）

市町村の事務であれば如何なる事務たるを問はないが市町村の固有事務でなければならない委任事務に就ては條例を設定することは出來ない之は條例は自治体の自主權に依り設定する規定であることより生ずる當然の結果である

三、市町村會議員定數增減に關する事項（市制第十三條町村制第十一條）

四、市會議員選擧區に關する事項（市制第十六條第十九條）

五、市制第六條の市の市會議員選出條例（市制第十六條第三項）

六、勅令を以て指定せられたる市の名譽職參事會員定數增加に關する條例（市制第六十五條）

七、助役定員增減に關する事項（市制第七十二條町村制第六十條）

八、市長を名譽職と爲すの件（市制第七十三條第一項）

九、町村長又は町村助役を有給と爲すの件（町村制第六十一條）

十、市參與設置に關する事項（市制第七十二條第七十四條）

十一、副收入役設置に關する事項（市制第七十九條町村制第六十七條）

十二、委員の別段の組織に關する事項（市制第八十三條町村制第六十九條）

十三、名譽職市町村長、名譽職助役、名譽職市參與、市町村會議員、名譽職市參事會員、名譽職區長、名譽職區長代理者及委員の費用辨償額及其の支給方法（市制第百四條町村制第八十四條）

十四、有給吏員の退隱料退職給與金死亡給與金又は遺族扶助料に關する事項（市制第百六條町村制第八十六條）

十五、使用料及手數料に關する事項（市制第百二十九條町村制第百九條）

十六、特別稅に關する事項（仝上）

十七、使用料手數料及市町村稅の賦課徵收に關する過料の件（仝上）

十八、督促手數料に關する事項（市制第百三十一條町村制第百十一條）

十九、市町村一部の財產營造物の爲にする區會又は區總會に關する事項（市制第百四十五條第百四十六條町村制第百二十五條第百二十六條）

二十、市制第六條の市の區會設置の件（施行令第六十一條）

廿一、市制第六條の市の區の營造物に關する事項（施行令第六十九條）

廿二、市制第六條の市の區の區會議員定數に關する件（施行令第六十五條）

廿三、市制第六條の市の區の營造物使用料又は過料に關する件（施行令第六十九條）

廿四、市制第六條の市の區の督促手數料に關する事項（施行令第七十一條）

廿五、下水道施設費用の徵收（下水道法第三條第二項）

2. 規則を以て規定する事項

一、營造物に關し條例を以て規定すべき以外の事項（市制第十二條町村制第十條）

二、舊慣のある市町村財産の使用方法（市制第百十一條町村制第九十一條）

行政實例

○條例中過料ノ規定ト市町村吏員　使用料手數料及特別稅條例ニ於テ定ムルコトヲ得ヘキ過料ハ個人ニ對スル取締上ノ制裁ニシテ市町村吏員ニ對シテハ懲戒ノ方法ニ依ルヲ得ヘキヲ以テ市町村吏員ノ行爲ニ適用セサルヲ本義トス

○條例ト罰則　町村條例ニ罰則ヲ附スルコトヲ得ルハ法律ニ明文アル場合ニ限ルヲ以テ共有山林取締ニ關スル條例ニハ罰則ヲ設クルコトヲ得サルモノトス

○町村住民ノ權利義務ト町村條例　町村制第十條第一項ニ町村住民ノ權利義務トアルハ專ラ公法上權利義務ヲ指セルモノニシテ町村住民ノ公法上權利義務ニ關スル事項ノ規定ハ必ス町村條例ヲ以テ設定スヘキモノトス

○條例規則ノ改廢　條例ヲ改廢スルニハ條例ヲ以テシ規則ヲ改廢スルニハ規則ヲ以テ爲スモノトス

○市町村條例ノ改廢　市町村條例ノ改廢ハ條例ヲ以テ爲ス可ク議決ノミヲ以テ爲スヘキモノニアラス

○條例ニ附スル番號　市町村條例ノ番號ハ其ノ發行ノトキ逐次之ヲ附スルモノナレハ許可稟請ノ際ハ其ノ條例案ニ番號ヲ附スルニ及ハス

○委員ノ組織ニ關シ別段ノ規定ノ意義　委員ハ單獨制ト爲シ又ハ市町村公民中ノ選擧權ヲ有スル者ニ就キ醫師其ノ他特別ノ技能ヲ有スルモノヨリ之ヲ選任スト謂フカ如キハ所謂別段ノ規定ニ屬スルモノトス從テ此ノ如キ場合ニアリテハ市町村條例ヲ以テ之ヲ規定セサル可カラス

○同上　委員ノ組織ヲ定ムルニ當リ市町村會議員、市名譽職參事會員、市町村公民中選擧權ヲ有スル者ノ三者ヲ以テ組織スルコト、爲スモ又ハ此ノ中ノ二者若ハ一ノミヲ以テ組織スルコト、爲スモ其ノ市町村ノ適宜ナリトス而シテ右孰レノ方法ニ依ルモ別段ノ組織ニ非サルヲ以テ此ノ如キモノニアリテハ別ニ條例ヲ以テ定ムルヲ要セサルモノトス

○條例規則ノ消滅　條例規則ハ法規ノ性質上其ノ目的ノ消滅ニ依リ當然消滅スルモノニシテ其ノ廢止ノ許可ヲ要セサルモノトス

○市町村ノ廢置又ハ名稱改稱ト條例規則ノ效力　町村ヲ廢シテ市ヲ置キタル場合ニ於テハ其ノ町村條例規則等ハ當然消滅スルモ村ヲ町ト爲シ若ハ町ヲ村ト爲シタル場合ノ如キハ其ノ町村條例、規則等ハ依然效力ヲ有スルモノトス

○吏員ノ退隱料又ハ遺族扶助料條例中差押不許ノ規定　町村ニ於テ其ノ有給吏員退隱料又ハ遺族扶助料條例中ニ退隱料又ハ遺族扶助料ハ負債ノ抵償トシテ差押ユヘカラサル旨ヲ規定スルハ法律上效力ナキモノトス

○選擧事務ノ取締ト條例　市町村會議員ノ選擧ニ關スル事務ハ本條ニ所謂市町村ノ事務トアルニ該當スルカ故ニ條例ヲ以テ之ヲ規定スルヲ妨ケスト雖其ノ取締ニ關シテハ選擧長ニ於テ隨意ニ規定ヲ設ケ得ヘキモノナルヲ以テ特ニ條例ヲ必要トスル事由ナキ以上ハ條例ヲ以テ之ヲ規定セサルヲ便トス

○委員ノ選擧方法ト町村條例　町村ニ於ケル常設委員ハ町村會議員中ヨリ選擧スルコト、爲スモ又ハ町村公民中選擧權ヲ有スル者ヨリ選擧スルコト、爲スモ將タ町村會議員ト町村公民中選擧權ヲ有スル者トノ雙方ヨリ選擧スルコト、爲スモ右ハ何レモ別段ノ組織ニ屬セス從テ町村條例ノ規定ヲ以テ之ヲ定ムルニ及ハサルモノトス

○町村制改正ニ伴フ町村條例ノ改正　町村制改正ノ結果トシテ町村ノ條例中町村制何條トアルノ規定ヲ町村制第何條ト改ムルニ付テハ一般條例ノ改正ト等シク主務大臣又ハ府縣知事ノ許可ヲ要スルモノニシテ假令右ノ改正ハ法律ノ改正ニ伴フモノナリト雖モ町村ノ條例ノ改正ハ其ノ原因ノ何タルヲ問ハス主務大臣又ハ府縣知事ノ職權ニ屬セシメラレタル許可事件ニ付テハ主務大臣又ハ府縣知事ノ許可ヲ受クヘキモノトス

○特別稅條例ト納稅義務消滅ノ屆出ヲ爲サヽル者　市町村特別稅條例ヲ以テ納稅義務消滅シタルトキハ直ニ其ノ旨ヲ屆出ツヘク其ノ屆出ヲ爲サヽル間ハ尙納稅義務ヲ有スルモノト看做ストノ規定ヲ設クルハ差支ナキモノニシテ從テ納稅義務者其ノ義務消滅ノ屆出ヲ爲サヽル場合ニ於テハ假ヒ義務消滅ノ確證アルモ尙該特別稅ヲ賦課スルハ違法ニハアラス

○町村稅ノ賦課率ト町村條例　町村稅ノ賦課率ハ每年度町村會ノ議決ヲ經テ定ムヘキモノナルハ勿論ナリ從テ町村條例ヲ以テ一定ノ稅率ヲ定メタルモノニ付テハ別ニ町村會ノ議決ヲ經ルニ及ハス

○規則ト規程　市町村ニ於テハ其ノ規定ノ性質規則ニ非サルモノニ對シ往々何々規則ト名稱ヲ附スルモノ尠カラスト雖此等ハ何々規程ト爲スヲ可トス

○條例ヲ以テスル知事ノ權限ノ定メ　條例ヲ以テ或ル事項ハ知事ノ認可ヲ受クルモノトスト定ムルハ適當ナラス（四五、一、二二）

○窮民救恤基金蓄積及利用ニ關スル事項ト條例　窮民救恤ノ爲メ基金ヲ蓄積シ之ヨリ生スル收入ニ依リ目的ノ資ニ供スル事項ハ條例ヲ以テ規定スルノ要ナク議決ヲ以テ執行セシメ然ルヘシ（大正三、五、二三）

○夫役現品ノ徴收ト條例　夫役現品ノ徴收ハ町村會若ハ組合會ノ議決ヲ以テ執行シ得ヘキモノナレハ條例ヲ以テ之ニ關シ規定ヲ設ケサルコト然ルヘシ（大正五、一、二四）

○救助ニ關スル事項ト條例　救助ニ關スル事項ハ必スシモ條例ノ設定ニ待ツノ要ナク議決ヲ以テ施行シ然ルヘシ（大正六、四、一九）

○火災警防ニ關スル事項ト條例　林野ノ火災警防ノ爲メ區域ヲ定メテ役員ヲ置キ其ノ區内ノ警防ニ當ラシメ尚區域外ノ警防ニ應援セシムル事項ノ如キハ警察權ニ屬スルモノナレハ町村條例ヲ以テ之ヲ規定スルヲ得ス（大正七、三、七）

○市町村ノ廢置ト其ノ廢置前ノ條例規則トノ關係　町ヲ廢シ市ヲ置キタルトキハ從來ノ町條例規則ハ當然消滅スル義ニシテ新置ノ市ニ於テ有給吏員ノ退隱料一時給與金ノ條例ヲ設ケ吏員ノ勤續年數ニハ從前町ノ吏員トシテ勤續ノ年數ヲ通算シテ退隱料一時給與金ヲ給スル旨ノ規定ヲ爲スコトヲ得ルモノトス（大正七、四、一）

○市町村營住宅ノ性質及之レカ使用料　市町村ニ於テ特ニ住宅ノ緩和ヲ圖リ之ヲ以テ公共ノ利益ヲ增進セムトスルノ目的ノ爲ニ住宅ヲ設備シタルニ於テハ之ヲ營造物トシテ經營スヘキモノトス

追テ本件ニ關スル使用料條例ハ【大正十年九月勅令第四百十二號第一條第六號】中ノ「其ノ他之ニ類スルモノ」ノ中ニ包含セス（大正一三、八、二二）

行政判例

○所謂町村ノ事務ノ意義　町村ノ事務トハ町村ノ組織又ハ町村ト住民トノ關係ニ影響スヘキ事項ニシテ明文ナキモノハ條例ヲ以テ之ヲ規定スルヲ許スノ意ニシテ會計規程ノ如キ純然タル行政上ノ手續ニ關スル事項マテヲモ條例ヲ以テ規定スルノ謂ニアラス（明治二六、五、二七）

（ロ）市町村費を以て支辨すべき事業に關する事

市町村費を以て支辨すべき事業とは市町村自体の事業にして市町村費を以て支辨すべきもの即ち市町村が公共の爲め必要なりとして自ら爲す事業である市町村の事業であつて經費の伴はないものは殆んどないから大部分の場合市町村會の議決を要することとなるのである。

市町村費を以て支辨する事業であつても左の事項は市町村自治体其の者の事項でないから市町村會に於て議決すべきものではないのである。

1. 市制第九十三條町村制第七十七條に依つて市町村の執行機關たる市町村長其の他の吏員に委任せられた事務

此の事項に付ては費用は其の市町村負擔であるけれども事件執行の可否は市町

村の自由に屬せないものである例へば左の如きである。
一、精神病者監護法第六條第八條及明治三十三年勅令第二百八十二號精神病者監護に關する事項
二、行旅病人及行旅死亡人取扱法第二條及第七條行旅病人及行旅死亡人の取扱の件
三、小學校令施行規則第八十條及第八十一條學齡簿編成
四、兵役法施行令の事務
五、明治二十九年勅令第三百三十一號第十一條河川臺帳副本調製及保管等の件
六、府縣制第十五條及第二十三條府縣會議員選擧の執行
七、衆議院議員選擧法第十二條箱二十依第四十四條衆議院議員選擧事務
八、道路法第十七條第三十三條道路管理
九、都市計畫法施行令第一條に依り都市計畫事業の執行
十、戶籍事務
十一、寄留事務
議決

十二、土地收用法及仝施行令に依り行ふ事務
十三、職業紹介法第一條第四條に依り行ふ職業紹介事務の取扱及紹介所の管理
十四、傳染病豫防法施行規則第十四條乃至第十六條に依り清潔方法及消毒方法の施行
十五、種痘法第六條種痘期日の指定種痘法施行規則第二條種痘場所の公告第四條に依り種痘施行及同第六條第九條第十條の事務
十六、馬籍法第一條の馬籍事務
十七、水難救護法に依り水難救護事務の執行
十八、馬匹去勢法施行規則第十一條に依り去勢馬匹連名簿並検査馬匹連名簿を作製すること
十九、癩豫防に關する法律第三條に依り癩患者救護の件
二十、墓地埋火葬取締規則第四條及大分縣令墓地及埋葬取締細則第十二條に依り埋火葬の認可
廿一、所得稅法第三十二條第三十三條第三十五條所得稅法施行規則第二十七條乃

至第三十一條の所得稅調査委員選擧に關する事務
廿二、度量衡法施行令第十四條の度量衡取締
廿三、府縣社以下神社の神饌幣帛料供進に關する件第一條に依り村社神饌幣帛料の供進
廿四、電氣事業法第七條に依り電氣工作物に關する測量又は工事の爲め他人の土地に立入る場合告示
廿五、森林法に關する事務
廿六、徵發事務
廿七、陪審法第十七條乃至第二十六條に依り陪審員候補者名簿調製及同資格者名簿調製
廿八、害虫驅除豫防規則第七條乃至第十一條に依り害虫驅除豫防の施行
廿九、病虫害驅除豫防規程第二條に依り委員の任命
三十、農林省統計報告規則第一條乃至第六條に依り農林統計の調査
卅一、商工統計報告規則第一條乃至第六條に依り商工統計の調査

卅二、小作爭議調停法第三條乃至第五條に依り小作爭議調停の申立を受理すること

2. 法令に依り市町村に委任せられた事務

前項1.の場合は國家の事務を直接市町村吏員に委任したものであるが本項の市町村に委任せられた事務といふのは國家が市町村其のものに對して事務の執行を委任したものであつて、市町村の所謂委任事務の範圍に屬するものである、此の事件については市町村は唯委任せられた範圍に於て之を執行するに止まり事件其のものゝ必要ありや否を云々するの自由を有しない故に小學校建築の如きも小學校を設置するや否やは市町村會で議決すべきことではなく、其の小學校の校舍を何教室增築するか如何なる程度に建築するか等を議決しなければならない。

例へば左の如き事項である。

一、國稅徵收法第五條及明治三十年勅令第百九十五號國稅徵收に關する件

二、府縣制施行令第三十一條府縣稅徵收に關する件

三、水利組合法第五十四條水利組合費の徵收
四、明治二十七年勅令第十五號消防規則第一條に依り消防組の設置
五、小學校令第六條及第九條尋常小學校の設置
六、小學校令第六十二條學務委員の設置
委員の設置に關しては議決を要せざるも其の定數に關しては議決を要す
七、明治三十一年勅令第二號學校醫の設置
八、傳染病豫防法第十五條傳染病豫防委員設置及同第十六條ノ二第十七條第十七條ノ二に依り豫防施設
九、汚物掃除法第二條及第五條汚物掃除に關する件
十、史蹟名勝天然記念物保存法第五條に依り史蹟名勝天然記念物の保存
十一、種痘法第五條種痘の施行
十二、トラホーム豫防法第五條に依り豫防及治療に關する施設
十三、花柳病豫防法第二條に依り診療所設置
十四、結核豫防法第六條に依る結核療養所の設置

十五、健康保險法第十一條に依り健康保險料滯納處分
十六、農會法第三十條に依り農會費の滯納處分
十七、水利組合法第五十四條に依り水利組合費の滯納處分
十八、畜産組合費の滯納處分
十九、耕地整理組合費の滯納處分
二十、水產會費の滯納處分

行政實例

○町村役場ノ修築及位置ノ變更　町村役場ヲ修築スルカ如キハ舊町村制第三十三條ノ町村費ヲ以テ支辨ス可キ事業ニ包含ス尙其ノ位置ヲ變更スルコトモ亦同一ナリトス

○市費ヲ以テ發ス午砲ヲ旅團ニ依託　市費ヲ以テ午砲ヲ發スルコトヲ旅團ニ委託スル事件ハ舊市制第三十一條ノ市費ヲ以テ支辨スヘキ事業ニ包含ス

○市町村ト勸業會　市會町村會ノ議決ヲ經市費町村費ヲ以テ市立町村立ノ勸業會ヲ設ケ且之ニ會長其ノ他役員ヲ置キ會員ヲシテ之ヲ選擧セシムルコト、爲スハ市町村ニ於ケル一種ノ事業施設ニ外ナラス

○地盤ノ市町村有ニ屬スル溜池又ハ用惡水路ノ管理及使用許可　地盤ノ市町村有ニ屬スル溜池又ハ用惡水路ハ市制町村制ノ規定ニ基キ市參事會町村長之ヲ管理スヘキモノニシテ其ノ水面等ノ使用ヲ許スニハ規則若ハ管理方法ノ設アルトキハ之ニ依リ處分シ其ノ設ケナキトキハ市町村會ノ議決ニ依ルヘキモ

ノトス

○市町村費ヲ以テスル公園ノ設置　市町村費ヲ以テ公園ヲ設置スル事件ハ市町村會ノ議決ヲ要ス

○縣有公園ヲ市有ト爲ス手續　縣ノ公園ヲ市ノ所屬ト爲シ公園ニ關スル經濟並總テ其ノ保管事務ヲ市ニ引繼クハ市會ノ議決ヲ經タル上ハ妨ケナキモノトス

（ハ）歳入出豫算を定むること

歳入出豫算は市町村に於ける一ケ年間の一切の收支の豫定で、直接市町村民の負擔に關係し市町村會の議決事項の中で最も重要なものであつて、役場學校の費用より諸種の施設事業の費用に至る迄總て豫算によつて定まり市町村長は自由に其の範圍内で支出することが出來るのであるから其の編成は適當にして正確なるを要し若し杜撰の豫算を議決するときは或は年度半ばにして再々追加更正を要し又は徒らに豫算の膨大なるが爲に必要のなき費用を市町村民に負擔せしむるの結果となるのであるから其の豫算金額の基礎費途の適否金額の多寡等あらゆる點を愼重に審議しなければならない。

豫算は歳入及歳出より成り必要により之を經常臨時の二部に分ち又一般會計の外に特別會計を設くることが出來る、之等の豫算調製の樣式は市制町村制施行規則別記樣式に定められてある。豫算成立後臨時に不得已必要のあるときは既定豫算の追加更正を爲すことが出來る（市制第百三十四條町村制第百十四條）追加豫算は既定豫算總額を増加し又は科目を新設することであつて更正豫算は既定豫算總額の範圍内に於て科目の金額を彼此增減することである。

豫算の追加更正を爲すのは其の年度内でなければならない、往々四月になつて前年度の豫算の追加更正を爲す向があるが、之は豫算の性質に反するものであるから注意しなければならない。其の追加更正を爲す豫算が繼續費に屬するものである場合は繼續費の變更と同時に之を爲し常に繼續費の當該年度の支出額と其の年度の豫算額とは一致して居なければならない、從つて繼續費も年度經過後は其の年分の變更を爲すことは出來ないのである、元來豫算使用の必要なりや否は年度内に決すべきものであつて、年度經過後になつて必要を生じても夫は既に過ぎた年度の事業ではなくして新しい年度の事業となるのであつて前年度豫算を必要とすることはないからである。

市町村に於ける當初豫算は每年度開始の一ヶ月前（每年二月末日迄）に市町村會に

付議しなければならない、之を遲怠して三月に入つて付議するも其の議決の效力に影響はないが、手續上違法たるは免れないのみならず其の豫算議決により年度開始前に監督官廳の許可を要すべき市町村税の制限外課税又は不均一の賦課等諸種の事項を包含しておるから此等の事項の執行に支障を生ぜざる樣可成的愼重に迅速に議決しなければならない而して審議の結果修正を要するものがあるときは豫算總額の範圍内に於て科目金額を彼此增減することは出來るが豫算總額を增額し又は豫算の内容に新しい事項を追加することは市町村會の修正權の範圍でないから如斯議決を爲すときは市町村長の發案權侵害となり其の議決は違法である。往々此の修正に依つて豫算の總額を增加し又は新たな事項を追加するが如き議決を爲すものがあるから之等は注意を要することである。

要するに豫算の審議に付て注意すべき點を擧ぐれば左の通りである。

イ、歳入歳出の計算に相違の點なきや

ロ、歳出費目中には緊急ならざる事項なきや又は過大の見積を爲したものなきや

ハ、市町村税の賦課率は負擔の公平を期しをるや

ニ、歳入の見積過大又は過少に失せざる樣適當なりや
ホ、豫備費は過大ならずや
ヘ、豫算の修正を爲すときは發案權の侵害となること、市町村の義務に屬する既定の歳出を削減すること、其の他市制第九十條の二町村制第七十四條の二に該當するが如き削除減額を爲さないやうに注意すること

行政實例

○所謂一月前ニノ意義　市町村ノ歳入出豫算ハ年度開始ノ一月前ニ市町村會ノ議決ヲ經ヘシトアルニ依レハ二月末日迄ニハ必ス市町村會ノ議決ヲ經サルヘカラサルモノトス

○一箇月前マテニ議決セサル豫算ノ效力　二月末日迄ニ市町村會ノ議決ヲ經サルヘカラサルモノナレトモ三月ニ入リ市町村會ノ議決ヲ經タル豫算モ猶有效トス

○町村制第百十三條ノ注意　町村制第百十三條ニ町村長ハ毎會計年度歳入出豫算ヲ調製シ遲クトモ年度開始ノ一月前ニ町村會ノ議決ヲ經ヘシトアルハ町村ノ豫算ハ遲クトモ二月末日迄ニ町村會ヲシテ議了セシムルノ趣旨ニシテ町村長ハ二月末日迄ニ町村會ニ付議スルトキハ之ヲ議了スルハ假ヒ三月ニ渉ルモ別ニ差支ナシトノ法意ニアラス

○一ケ月前マテニ議決セサル場合　町村長ニ於テ町村會ヲシテ二月末日迄ニ豫算全部ノ議了ヲ爲サシムルノ見込ヲ以テ二月二十六日町村會ニ提案セシニ町村會ニ於テ議案ノ調査審議ノ爲メ二月末日迄ニ議了セサリシトテ之ヲ以テ議決スヘキ事件ヲ議決セサルモノトシ町村制第七十五條ニ依リ知事ニ具狀シ

其ノ指揮ヲ請フヘキモノニアラス斯ル場合ハ不得止引續キ三月ニ入リ議決セシムルノ外ナキモノトス

○前項ノ場合一ヶ月前マテ議決セサル豫算ノ效力　前項ノ如ク三月ニ入リ議決スルハ固ヨリ違法タルニハ相違ナキモ爲メニ豫算ノ效力ニ何等影響ヲ及ホスヘキモノニ無之モノトス

○歳入出豫算ト市町村税ノ課率　市町村税ノ課率ハ其ノ歳入出豫算ヲ以テ定ムヘキ筋ノモノニアラスシテ豫算外ニ別ニ市町村會ノ議決ヲ以テ定ムヘキ例ニ付キ單ニ歳入出豫算ニテ定ムルハ然ルヘカラサルモノトス

○當該年度經過後ト豫算ノ追加又ハ更正　町村長ハ町村會ノ議決ヲ經テ既定豫算ノ追加又ハ更正ヲナスコトヲ得ルハ町村制第百十四條ノ明定セル所ナルカ當該年度ノ經過後ハ一切豫算ノ追加又ハ更正ヲ爲スヲ得サルモノトス

○翌年度ニ至リ前年度豫算ノ取消決議　豫算ハ當該年度ニ於テノミ效力ヲ有スルモノニシテ年度經過後ニ於テハ豫算タルノ效力ヲ存スルモノニ非ス從テ翌年度ニ至リテ前年度豫算ノ取消決議ヲ爲スモ法律上取消ノ効力ヲ發生セス

○市町村會ノ否決シタル費途ト追加豫算　市町村會ノ否決シタル費途ト雖モ更ニ追加豫算案トシ市町村會ノ議決ヲ經之ヲ支出スルハ何等妨ケナシ

○年度經過後ノ支出額變更ト支出方法ノ變更　會計年度經過後ニ在リテハ當該年度ノ支出額ヲ變更スルコトヲ得サルモノナリ又繼續費支出方法中ノ當該年度ノ支出額ハ歳入出豫算ニアラサルモ之レヲ變更スルトキハ同時ニ歳入出ノ豫算ヲ更正スルコトヲ要ス

○市町村會ノ議決權ト豫算款項ノ金額ノ増加修正　市町村會カ豫算ノ議決ヲ爲スニ當リ假令款項ノ金額ヲ増加修正スト雖モ豫算ニ指定シタル事件外ニ渉ラサルニ於テハ發案權ヲ侵シタル者ト謂フ事ヲ得ス

○**歳入出豫算ノ款項以外ニ目節ノ設定**　歳入出豫算ハ之ヲ款項ニ區分ス可キモノナルコトハ市制町村制施行規則第四十七條ニ規定スル處ナリ故ニ其ノ以外ニ目又ハ節ヲ設クルモ右ハ豫算ノ說明ニ過キサルモノトス

○**議決期間後ニ議了シタル豫算ニ基キテ賦課シタル町村稅賦課ノ效力**　町村制第百十三條ニ町村長ハ每會計年度歳入出豫算ヲ調製シ遲クトモ年度開始ノ一月前ニ町村會ノ議決ヲ經ヘシトアルニ拘ラス町村會ニ於テ議案ノ審査ニ意外ノ日子ヲ費シ爲メニ三月ニ入リ豫算ヲ議了シタルトキハ違法ナリト雖モ該豫算ニ基キ賦課セル町村稅ノ賦課ノ效力ニ影響ヲ及ホスモノニアラス

○**豫算ノ調製樣式**　豫算ハ必ス省令（市制町村制施行規則）所定ノ樣式ニ依リ之ヲ調製スルヲ要ス彼ノ追加又ハ更正豫算ヲ某款若ハ某項金若干ト修正シ以テ市町村會ニ付議スルカ如キハ違令ノ處置ナリトス

○**縣立學校ニ寄附**　市ハ市會ノ議決ニ依リ市費ヲ以テ縣立學校ノ基本財產トシテ之ニ寄附スルヲ得但シ經濟ニ餘裕アルニ非サレハ可成之ヲ爲サヽルヲ可トス

○**私立學校ニ補助**　市町村ハ市町村會ノ議決ニ依リ其市町村内ノ私立學校ニ對シ補助金ヲ與フル事ヲ得

○**豫算ノ議決方法ニ關スル町村會ノ權限**　町村長ニ於テ町村會ニ對シ豫算議案ヲ提出シタル後更ニ追加豫算案ヲ提出シタルトキハ町村會ニ於テ前後二案ヲ合同シ議決スルト各議案ニ付別々ニ議決スルトキハ町村會ノ見込ニテ可ナリ

○**町村會カ新費用ヲ設クル爲メ發案ヲ要求シタルニ町村長之ニ應セサル場合**　町村會ニ於テ町村ノ歳入出豫算ヲ議スルニ當リ原案ナキ所ノ費用ヲ加ヘントスルトキハ修正ノ範圍ニ屬スルモノニアラス此ノ如キ場合ハ町村長ニ對シ其ノ發案ヲ求ムヘキモノニシテ若シ町村長ニ於テ要求ヲ容レ發案スルニ於テハ別ニ差支ナキモ若シ其ノ要求ヲ容レサルトキハ如何トモスル能ハサルモノナリ

○款内各項金額ノ流用ヲ町村長ノ專權トナシタル町村會ノ議決　町歳出豫算額内ノ流用ニ關シテハ從來町長ニ於テ歳出豫算中款内各項ノ金額ハ町長限リ必要ニ應シ之ヲ流用スルコトヲ得ル旨提案シ町會ノ議決ヲ經テ執行シ來リシ如クアルモ必要ニ應シ其ノ都度町會ノ議決ヲ經テ流用スルヲ穩當トス

○甲年度事業ヲ乙年度ニ繰越ス場合ト町村會ノ更正豫算及追加豫算ノ議決　甲年度ニ經營スヘキ事業ヲ其ノ年度内ニ竣成スルノ運ニ至ラス爲メニ乙年度ニ繰越サントスルトキハ町村長ハ甲年度内ニ於テハ甲年度歳入出更正豫算ヲ編成シ町村會ノ議決ヲ經ルト同時ニ乙年度ニ就テハ其ノ繰越事業ニ係ル歳入出追加豫算ヲ編成シ町村會ノ議決ヲ經ヘキモノナリ

○同上　市町村ニ於テ甲年度ニ施行スヘキ事業ヲ年度内ニ竣成セサリシカ爲メ乙年度ニ繰越ス場合ハ單ニ乙年度ノ追加豫算ト爲シ其ノ歳出ハ相當費目ニ編入シ歳入ハ繰越金ト爲シ以テ市町村會ノ議決ヲ經ルニ止ムヘキモノニアラスシテ右等ノ場合ニ於テハ同時ニ甲年度ノ豫算更正ノ議決ヲモ爲サシムヘキモノナリ

○町村長ト豫算ノ款内各項金額ノ流用　町歳出豫算額内ノ流用ニ關シテハ從來町長ニ於テ歳出豫算中款各項ノ金額ハ町長限リ必要ニ應シ之レヲ流用スルコトヲ得ル旨提案シ町會ノ議決ヲ經テ執行セルモ右ハ必要ニ應シ其ノ都度町會ノ決議ヲ經テ流用スルヲ穩當トス

○町村制第百四十三條第一項ニヨリ町村ノ支出額ヲ定額豫算表ニ加ヘタル場合　知事ニ於テ理由ヲ示シ町村ノ支出額ヲ定額豫算表ニ加ヘタル場合ニ於テハ之ニ對スル收入ハ町村會ノ議決ニ付スヘキモノトス

○同上支出ニ對シ收入ヲ町村會ニ於テ議決セサルトキ　知事カ町村ノ豫算ニ加ヘタル支出ニ對シ其ノ收入ヲ町村會ニ於テ議決セサルトキハ町村制第七十五條ニ依リ處理スヘキモノトス

議決

○町村會ニ於テ原案税額ヲ減少セシメ新ニ町村債ナル收入科目ノ新設　町村會ニ於テ其ノ歳入出豫算ヲ議スルニ當リ原案税額ヲ減少シ其ノ結果トシテ新ニ町村債ナル收入科目ヲ設クルハ發案權ヲ侵セルモノナリ

○項目ノ流用又ハ豫備費ノ支出ト町村會ノ議決　町村ノ歳出豫算第四款傳染病豫防費中ノ需用費ニ屬スル備品費並諸費ニ屬スル藥價費ニ豫算ヲ超過スル支出ヲ要シ不足ヲ生シタルトキハ豫備費中ヨリ支出スルト又傳染病豫防費中ノ給料費ニ過剩アルトキハ之レヨリ流用シ支出スルトニ者何レノ方法ニ依ルモ便宜ニテ可然尤モ項ニ屬スル金額ノ流用ニ付テハ市制町村制施行規則第五十三條第二項ノ定ムル所ニ依リ町村會ノ議決ヲ經ルヲ要スト雖豫備費ヨリ支出スル場合ニハ町村會ノ議決ヲ經ルニ及ハス

○豫算中款項ノ金額ニ影響ナキモ種目以下ノ變更カ實質ニ關スル場合　町村ノ歳入出豫算中款項ノ金額ニ影響ナキ場合ト雖モ種目以下ノ變更中實質ノ變更ニ係ルモノアルトキハ町村會ノ議決ヲ經ルコトヲ要ス

○町村會ニ於テ追加豫算議決ニ際シ追加セントスル科目ノ既定豫算額ヲ更正減額スルハ發案權ノ侵害トナル（昭和三、六、三日）

司法判例

○豫算額以外ノ買増代金ト豫算　市ハ歳入出豫算ヲ以テ定ムルモノヲ除クノ外新ニ義務ノ負擔ヲ爲スニハ市會ノ議決ヲ經ルヲ要スルモノナルヲ以テ新ニ義務ヲ負擔スル土地ノ買收行爲カ豫算ノ款項中ニ編入セラレタレハトテ豫算額以外ノ代金額ニ買増ヲ爲シタル行爲ヲ以テ市ニ對シ有效ナリト云フヲ得ス

（民事大正二、六、四）

（二）決算報告を認定すること

決算は收入役が之を調製し出納閉鎖後一ケ月以內（市町村の出納閉鎖は五月三十一日であるから六月三十日迄）に證憑書類を併せて收入役から市町村長に提出し市町村長は之に對する自分の意見を付して次の通常豫算の議會即ち翌年の二月迄に市町村會の認定に付しなければならない（市制第百四十二條町村制第百二十二條に於ては翌年二月迄に認定に付すれば宜しい事になつてをるが、大分縣に於ては明治四十五年六月訓令第十七號を以て其の年八月十五日迄に認定に付すべき事になつてをるから八月十五日迄に認定に付しなければならない）市町村長の意見といふのは其の決算が正確なりや否やの意見であつて、正當な決算であつても其の正當なる旨の意見を付しなければならないのである。

決算は歲入歲出豫算に對する實際收支の結果であるから其の收支は豫算の目的に合致し、其の範圍內でなければならない、故に審議に當つては法規に違背することなきや否、豫算編成の目的に合致せるや否、計算に過誤なきや否、實際の收支は收支の命令に符合するや否や等充分愼重に審議しなければならない、調査の結果取扱上適當でないと認めらるゝものがあるときは市町村長又は監督官廳に意見書を提出するか若は市町村長に通告して將來同一の取扱を繰返さゞる樣注意を促し違法の支出によつて市町村の現金を毀損し亡失したものを認めた場合は其の損害を賠償せしむる等の手段を講ずべきである。

決算の認定は收支が適正に行はれておるかどうかを審査するものではあるが、認定によつて何等法律上の積極的效力を付與するものではないから、假令市町村會に於て決算不認定を爲すも其の不認定に依つて直接決算不成立になるものでもなければ決算の調製を變更することでもない、而し市町村會に於て認定し難き場合は別に收入役の責任問題を生じ或は收入役の職務義務違反となり損害賠償の問題を生ずるわけである。

要するに決算認定に付き注意すべき主なる點を擧ぐれば左の通りである。

イ、收入支出の計算に違算の廉なきや

ロ、收支の證憑書類は正確なりや

ハ、收支は豫算の目的に合致しおるや

ニ、歳入歳出の所屬年度に違法の點なきや

ホ、支出は豫備費充用又は費目流用の法に依りたる場合の外豫算超過の支出なきや

ヘ、其の他收入支出は法令に違背の點なきや

行政實例

○町村會決算ノ認定ヲ爲サヽル場合ト町村長ノ報告及告示方法　町村會ニ於テ支出不當ナリトシ歳入出決算ノ認定ヲ爲サヽリシ場合ト雖モ町村長ハ仍該決算ヲ知事ニ報告シ併セテ其ノ要領ヲ告示スヘキモノナリト雖モ町村長ハ知事ニ對シテハ町村會カ認定セサル旨ヲ報告スルト同時ニ其ノ支出ノ正當ナリシ意見ヲ添付スヘク又告示ヲ爲スニ付テハ町村會カ認定セサル旨ヲ併セ之ヲ明示スルヲ要ス

○決算認定後發見シタル不當支出ト損害賠償ノ責任　町村ノ歳入出決算ハ町村長ニ於テ町村會ノ認定ニ付スヘキコトハ町村制第百二十二條ノ規定スル所ナルカ同條ニ依リ町村會ニ於テ一旦認定ヲ與ヘタル以上ハ假ヒ後日其ノ支出中同制第百十九條第二項ノ規定ニ違反セシモノアリシコトヲ發見スルモ町村ハ當該吏員ニ對シ最早損害ノ賠償ヲ命スルコトヲ得サルモノト云フコトヲ得ス之レ決算ノ認定ト損害賠償ノ義務トハ何等關係無之モノニ付其ノ認定ヲ與ヘタル以後ト雖モ町村制第百十九條第二項ノ規定ニ違背シタル支出アル事ヲ發見シタルトキハ町村ハ當該吏員ニ對シ賠償ヲ命スル事ヲ妨ケサル者ナリ

○行政執行法第五條第一號ノ費用支拂ノ義務ヲ履行セサルトキ　行政執行法第五條第一號ノ費用支拂ノ

義務ヲ履行セサル場合ニ於テハ其ノ義務者カ町村ナルトキハ町村制第百二十二條ニ依リ處理スヘキモノトス

○決算報告審査上ノ注意　決算報告ノ審査ヲ爲スニ當テハ主トシテ計算ニ過誤ナキヤ否ヤ實際ノ收支ハ收支ノ命令ニ符合スルヤ否ヤ又其ノ收支ハ法令ニ違フコトナキヤ否ヤ等ノ點ニ付キ注意ヲ加フ可キモノトス

○決算認定會議ニ於ケル町村長及助役ノ權限　本條ニ依リ決算ヲ報告スル場合ニ於テハ町村長及助役ハ共ニ議長ノ職務ヲ行フコトヲ得スト雖モ議事ノ辯明者トシテ會議ニ出席スルヲ妨ケス

○「意見ヲ付シ」ノ意義　意見ヲ付スルハ單ニ市町村長ニ於テ收支事務ニ關シ意見アル場合ノミニ限ラス仍ホ收入役ノ取扱ヒタル收支ヲ適當ナリト認ムル場合ニ於テモ等シク其ノ意見ヲ付セサル可カラス而シテ此ノ場合ニ於ケル意見ハ單ニ其ノ收支ヲ適當ナリトスル旨ヲ示スヲ以テ足レリトス

○認定ヲ爲サヽル場合ト事由ノ明示　市町村會ニ於テ決算認定ヲ爲ス可カラスト認ムルトキハ之ヲ認定セサル旨ヲ議決スルト同時ニ其ノ認定スルコトヲ得サル事由ヲモ明カニスルコトヲ要ス、又市町村會ニ於テ收入役ノ取扱ヒタル收支ニ不都合ノ廉アリト認ムルトキハ市町村ノ公益ニ關スル事件トシ適宜監督官廳ニ對シ意見書ノ呈出ヲ爲スコトヲ得ルモノトス

○認定ナキ決算ノ報告及告示　市町村會ニ於テ決算認定ヲ爲サヽルトキハ市町村長ハ其ノ旨監督官廳ニ報告シ並ニ其ノ要領ヲ告示スルノ外ナキモノトス

○「一月以内」ノ意義　出納閉鎖ハ五月三十一日ナルヲ以テ六月末日迄ヲ指ス

○決算表記載例　決算表記載例ハ豫算式ニ準シテ（市制町村制施行規則第五十條及第五十四條）之ヲ調製ス可キモノトス

○議員ヲ兼ヌル町村長及助役ノ決算認定會議ニ參與　決算認定ニ關スル會議ニ於テ町村長及助役カ議員ヲ兼ヌル場合ニ於テハ法文ノ解釋トシテハ議事ニ參與シ議決ニ加ハルコトヲ得ヘシ

○決算ヲ認定ニ附ス可キ期限ト知事ノ訓令　決算ヲ市町村會ノ認定ニ付ス可キ期限ヲ知事ニ於テ注意的ニ訓令スルハ差支ナキモ命令ヲ爲スハ妥當ナラス

行政判例

○決算報告ノ略式　決算報告ハ假令略式ナルモノヲ提出シタリト雖モ正式ノ報告ヲ爲サヽル以上ハ其ノ職務ニ違フモノニシテ即チ適法ナル決算報告ヲ爲シタルモノト云フコトヲ得ス（明治二五、二、一八）

○同上　町村ノ決算ハ本條ノ規定内ニ結了セサルヘカラサルニ其ノ期限ヲ遷延セシハ職務怠慢ト云フヘク其ノ職責ヲ免カルヽコトヲ得サルモノトス（明治三三、七、一〇）

司法判例

○村有財産ヲ教育蓄積金ニ編入スル村會議決ノ効果　村會ニ於テ村有財産ノ一部ヲ特定シ翌年度ヨリ之ヲ村ノ教育蓄積金ニ編入スルコトヲ決議シタル以上ハ其ノ特定財産ハ前年度歳入出決算ノ有無ニ拘ハラス翌年度ノ始メヨリ當然村ノ教育蓄積金タル性質ヲ具備ス可キモノトス（刑事明治四四、一、二七）

○決算認定前ノ帳簿ノ性質　收入役ノ帳簿ハ町村制第百二十二條ニ依リ決算ニ付村會ノ認定ヲ經ルニ非サレハ確定スルモノニ非ラス其ノ間收入役ハ自由ニ增減變更ヲ爲シ得ヘキヲ以テ村會ノ認定前ニアリテハ僞造帳簿ノ備附即チ行使アリト謂フ可カラスト謂フモ一旦公文書ニ虚僞ノ記載ヲ爲シ其ノ行爲ヲ完了シタル以上ハ右文書ハ當然公文書トシテ公務署ニ備附ケラル可キモノナレハ所論虚僞ノ記載アル

公文書カ村會ノ認定ニ付セラレサル以前ト雖モ該文書ノ行使アリト謂フニ妨ケナシ(同上大正元、一二二三)

○村費支出額ノ當否判定ト決算認定權　裁判所ニ於テ犯罪事實上ノ審判上村費ノ支出ニ付其ノ當否多寡ヲ判定スルモ是レ村會ノ有スル決算認定權ノ範圍ヲ侵ス者ニアラサルヤ論ナシ(刑事大正元、三、二三)

(ホ)法令に定むるものを除くの外使用料、手數料、加入金、市町村税又は夫役現品の賦課徴收に關すること

市町村は其の經費を支辨する爲め市制町村制の上に於て使用料手數料加入金市町村税及夫役現品を賦課徴收することが出來る。而して其の根本となるべき一般的の事項は夫々法令の中に規定されてあるが法令に規定のない事項即ち市町村税夫役現品の賦課徴收規程、賦課徴收期日使用料手數料加入金の額、徴收の範圍等は總て市町村に於て定めなければならない、故に市町村は市町村會の議決を經て之を定むるのである尚使用料手數料及特別税に就ては條例として當然市町村會の議決を經なければならない。

(1)使用料

市町村は其の營造物及特別の慣習に依つて使用する財産の使用に付使用料を徴

収することが出來る其の營造物と云ふのは市町村自体が自己の必要に依つて設けたものであつて例へば市町村立の病院公會堂等の如きものである、同じく市町村費を以て施設するも小學校の如きは國の意思に依つて設けられたものであるから市町村の營造物と稱することは出來ない、又特別の舊慣に依つて使用する財產とは市町村有財產を特に一部落民が使用し秣採取を爲すの慣習あるが如きものである。

市町村の住民は市町村の財產營造物を使用する權利を有するものであるが其の營造物を使用する者は其の使用に依つて特に利益を受くる譯であるから市町村は其の直接利益を受くる使用者から使用料を徵收し其の財產營造物の費用に充當するものである故に使用料は其の財產營造物の維持管理の費用に相當する額を徵收するを通常とするも近時自治体の經濟化なる聲を聽くに至り市町村に於て施設する事業にして其の收入に依り市町村の財政を緩和せんとするものが出て來るやうになつたこれらも其の使用料が他の一般經濟界のものに比較し特に高きに失せない限り一概に排すべきものでもないと思ふ、かくの如く使用料は市町村民の負擔に影響するものであるから其の使用料を徴するや否や、使用料の額徴收の方法等は總て市町村會の議決を經なければならない此の外に使用料に相當する收入であつて其の施設が市町村の營造物でなくて其の使用料を徴收することが他の法令に依つて認められたものがある即ち國の營造物を市町村費を以て之を辨するが爲め其の使用料を市町村の收入と爲すものであつて例へば左記の如きものである。

小學校授業料(小學校令第五十七條小學校令施行規則第百七十四條)
中學校高等女學校商業學校授業料(中等學校令第十六條高等女學校令第七條實業學校令第十四條)
圖書館閲覽料(圖書館令第六條)
道路占用料(道路法第二十八條)
史蹟名勝天然記念物觀覽料(史蹟名勝天然記念物保存法施行令第七條)
幼稚園保育料及入園料(幼稚園令第十四條)
獵區承認料(狩獵法施行規則第二十二條)

(2)手數料

手數料は市町村が一個人の利益の爲め特に或事務を爲して其の料金として徴收するもので例へば印鑑又は身元の證明を爲し公簿を閲覽せしむるが如きである故に假に個人の爲に或る行爲を爲しても法令上市町村に於て其の事務を爲す義務のあるときは手數料を徴收することは出來ない此の場合には特に一個人の利益の爲に行ふたものでないからである。

尙同じ手數料ではあるが特に一個人の利益の爲に爲す行爲でなくして徴收するものがある即ち督促手數料である督促手數料は市町村税、使用料、手數料、加入金、過料、過怠金、夫役現品、其他の公法上の收入を所定の期日内に納めないとき期限を指定して納付を督促し其の手數料として徴收するものである此等の手數料の徴收及其の額及徴收方法等は總て市町村會の議決を經なければならない。

此の外に國の委任に依つて行ふ事務であつて手數料を徴收するものがある之等は等しく手數料であるが市町村は自ら特に一個人の爲に行ふものではなくして國の委任に依つて其の事務を行ふ義務を有するので法令の規定に依つて手數料

を徴收し之を市町村の收入と爲すに過ぎない故に之等に就ては市町村會で議決すべき限ではないのである其の主なるものを擧ぐれば左記の通りである。

戸籍手數料（戸籍法第十四條第六十七條）

寄留手數料（寄留手續令第四條）

馬籍手數料（馬籍法第五條）

(3) 加入金

市制第百十條町村制第九十條に依り市町村有の財産を市町村住民の一部が特に使用する習慣ある場合に新に他の者に使用を許可したときは市町村は新に使用する者から加入金を徴收することが出來る之は其の財産を特に使用せしむることは一般市町村民以外特別の利益を與ふるの結果となるからである故に加入金を徴收するのは必ず舊來の慣行に依つて市町村住民中の一部が特に使用しつゝある財産でなければならない此の加入金に關しても其の加入金の徴否及金額其の徴收方法等市町村會の議決を經なければならない（市制第百十二條町村制第九十二條）

(4) 市町村稅

市町村は自治体として其の機能を發揮し其の目的を達する爲め役場及市町村會等諸機關の費用より道路學校病院等各種の事業施設の經費に至る迄多額の費用を要するを以て之等は自治体必然の結果として市町村民に於て負擔しなければならない市町村に於て財產を有する場合は其の財產收入により又使用料手數料等の收入あるときは之により支出すべきものであるが到底之等の收入のみでは其の經費の全部を支辨することは出來ないから結局不足の分は直接市町村民の負擔に歸せしめなければならない之が即ち市町村稅である故に市町村稅を負擔する事は市町村民の義務であると共に其の賦課徵收は市町村の行政中最も重要なものである。

市町村稅は國縣稅附加稅及特別稅の二種に分つ國縣稅附加稅は云ふ迄もなく國稅及縣稅を標準として課するものであつて特別稅とは其市町村に於て特に條例を以て稅を設け內務大藏兩大臣又は府縣知事の許可を受けて賦課するものである如此市町村稅は直接市町村民の負擔に關係するものであるから其の賦課徵收

規程賦課率徴收期限等につき市町村會の議決を經なければならない市町村會に於て之が議決に當つては其の税目賦課率に付ては負擔の均衡を考慮し徴收期限に付ては市町村民の經濟狀態に應じて最も納税し易き時期を選ぶべく其他賦課の方法に就ては總て愼重に議査しなければならない、特別税戸數割の如く各個人の賦課額を直接議決する場合往々黨派的偏見又は感情により公平ならざる議決を爲すことがあり延いては市町村民の納税成績に影響するに至ることがあるから如此ことなき樣公平なる議決をなさなければならない尚賦課率の如き豫算の附記欄のみによつて徴收するが如き向きがあるが假令豫算に明記してあつても別に課率の議決を爲すを要するのである。

(5)　夫役及現品

夫役現品の賦課は市町村費を市町村民に負擔せしむる一方法で言はば市町村税の一變形と稱すべきものである夫役現品は其市町村民の經濟狀態が金錢を以て賦課するよりも直接所要の勞力及現品を賦課するとが便宜である場合に用ふるものであつて市町村税と同じ性質を有するものであるから其賦課に付ては直接

市町村税の負擔額に應じて各人に賦課するのを原則としてある、而し實際問題として僅かの夫役を賦課する場合何人何分いふが如く計算して賦課することは甚だ不便であるから、市制第百六十七條町村制第百四十七條に依つて知事の許可を受けて各戸平均に賦課することが多い、此の夫役及現品賦課の要否其の賦課方法等についても市町村會の議決を經なければならない。

行政實例

○特別税ト課率　特別税ニ關スル條例ニ每年度ノ課率ハ歲入出豫算ヲ以テ定ムト規定スルハ妥當ナラズ條例所定ノ範圍內ニ於テ每年度町村會ノ議決ヲ以テ定ムト爲スヲ適當トス

○市町村税賦課率ノ議決ト豫算ノ附記　市町村税賦課率ハ別段ニ議決ヲ爲ス可キモノニシテ豫算ノ附記ヲ以テ課率ノ議決アリタルト爲スカ如キハ不可ナリ

○豫算議決ト町村税課率　歲入出豫算ハ單ニ豫算金額ヲ議決スルニ止マリ假ヒ其ノ附記ニ課率等ノ記載アルモ課率ハ別ニ本條ニヨリ町村會ノ議決ヲ要ス

○市町村税ノ課率ト豫算　市町村税ノ課率ハ其ノ歲入出豫算ヲ以テ定ムヘキ筋ノモノニアラズシテ豫算外ニ別ニ市町村會ノ議決ヲ以テ定ムヘキ例ニ付キ單ニ歲入出豫算ニテ定ムルハ適當ナラス

○小學校授業料ト本條第五號　市町村立小學校ニ於テ徵收スル授業料ハ本條第五號中ニ包含セス

○病院ノ診察料及入院料ト同上　市町村立病院ノ診察料手術料及入院料等ハ總テ本條第五號ノ所謂使用

料ニ該當ス

○戶數割ノ賦課ト市町村會ノ議決　從前大正十年十月勅令第四百二十二號府縣稅戶數割規則第十一條第二項ノ場合隨時賦課ヲ爲スニ方リテハ市町村長限リ定メシメス必ス市町村會ノ議決ニ依リ定メシムヘキ旨ノ通牒アリタルカ今般戶數割カ市町村稅トナリタルニ於テハ如上ノ場合ニ於ケル賦課ハ市町村條例中ニ資力算定ノ方法ニ關シ具體的詳細ニ規定セルニ於テハ市町村長限リ定メ得ラル、モ然ラサルニ於テハ從前通リ市町村會ノ議決ニ依リ定ムヘキ義トス（昭和二、四、一一）

行政判例

○歲入ノ部ニ表明セラレタル地所使用料增額ノ可決ト其ノ效力範圍　市ノ豫算案中歲入ノ部ニ地所使用料ノ增額ヲ表明シタル場合ニ於テ市會カ之ヲ可決シタルトキハ歲入豫算及ヒ使用料ノ增額ヲ共ニ議定セラル、モノナレハ本條ノ規定ニ違背スルモノニアラス而シテ其ノ議定ノ效力特ニ一年ニ止マルコトヲ定メサル以上ハ翌年度ニ於テ該增額ヲ襲用スルコトヲ妨ケス（明治三七、三、七）

○町村稅ノ賦課標準ノ決定權限　町村會ハ本條第五號ニ依リ町村稅ノ賦課ニ付キ隨意ニ其ノ標準ヲ定メ得ルモノトス（明治三七、四、二七）

○特定ノ縣稅豫算ヲ標準率トナシタル附加稅ノ賦課ト該縣稅ノ追加　市會カ特定ノ縣稅豫算ヲ標準トシテ附加稅ノ賦課率ヲ議決シタリト認ムヘキ場合ニ於テハ其ノ賦課率ハ當然該縣稅ノ追加ニ適用スルコトヲ得サルモノトス（大正五、一一、一）

（へ）不動產の管理處分及取得に關する件

不動產とは其の性質上位置を變更することの出來ないものであつて民法第八十六條に定むる土地及其の定着物を云ふ「管理」とは其の本來の用法に依り使用收益及保護の一切の行爲であつて「處分」とは單に有形的處分のみならず其物に關する權利を移轉し若は之に負擔を設定すること（地上權永小作權抵當權等を設定するが如し）をも含み「取得」とは買收寄附採納交換等總て不動產を市町村の所有と爲すことである。

行政實例

○國有林拂下前讓渡ノ議決ト本條第六號　本條第六號ハ現ニ市町村ノ所有ニ屬スル不動產ヲ謂ヘルモノニシテ國有山林ノ拂下ニ先タチ市町村會ノ讓受ニ關スル議決ハ不動產ニ關スル議決ト謂フヲ得ス

○不動產買受費用ト買受ノ手續　不動產買受ノ費用ハ市町村ノ豫算ニ編入シ市町村會ノ議決ヲ要スルハ勿論ナルカ尙ホ其ノ買入ニ付テハ更ニ市町村會ノ議決ヲ得ルヲ要ス

○抵當質入ト處分　不動產ノ處分トアル中ニハ抵當又ハ質入ヲ包含ス

○物權ノ設定ト不動產ノ處分　市町村有不動產上ニ物權ヲ設定スル行爲ハ不動產ノ處分行爲ニ屬ス

○町村內一部不動產賣渡手續　町村內ノ一部カ其ノ所有不動產ヲ處分セントスルニ際シ區會ノ設ナキ場合ハ本條第六號ニ依リ町村會表意機關トナリ處分行爲ノ議決ヲ爲スヲ得ヘク從テ町村長ハ其ノ決議書及許可書ヲ添附シ登記ヲ囑託スルヲ得

○縣道改修潰地買收價格ノ決定ト市町村會ノ權限　村カ寄附スル縣道改修潰地買收價格ノ決定ハ本條第六號ニ依リ委員ニ一任スト議決スヘキモノニアラス(大正四、一〇、一)

行政判例

○町村有不動產ノ讓渡ノ議決ト讓受人ノ資格　町村會カ町村有不動產ヲ讓渡スルコトヲ議決シ「(郡參事會)(郡長)カ之ヲ許可スル旨ノ議決ヲ爲シ」タル場合ニ於テ該不動產ヲ讓受クル者ノ資格如何ハ議決ノ效果ニ關スルコトアルヘキモ之カ爲メニ其ノ議決ヲ目シテ違法ナリト云フヲ得ス(明治四二、二、六)

司法判例

○立木賣却ニ關スル村會ノ議決ト其ノ賣却方法ニ關スル村長ノ職權　立木賣却ニ關スル村會ノ議決カ單ニ立木ノ賣却ニ止マリ其ノ賣却ノ方法ニ及ハサルトキハ其ノ方法ヲ決スルハ村長ノ職權ニ屬スルヲ以テ一旦定メタル方法ヲ改定變更スルモ更ニ村會ノ議決ヲ要スルモノニアラス(民事明治四四、九、二八)

○正當ノ手續ヲ經サル町村長ノ町村有不動產ノ管理處分　町村有不動產ノ管理處分及ヒ取得ニ關スル行爲ハ町村會ニ於テ議決スヘキ事項ニ係リ斯ル事項ニ付テ町村長ハ原則トシテ單ニ之カ發案及ヒ議決ヲ執行スヘキ權限ノミヲ有スルニ過キサルモノナレハ町村長カ町村會ノ議決ヲ經スシテ爲シタル是等ノ行爲ハ全ク其ノ權限ノ範圍外ニ屬シ町村ニ對シ其ノ效力無キハ勿論之ヲ以テ町村長ノ職務執行行爲ト爲スコトヲ得サルモノトス(民事大正八、一〇、九)

○未タ土地ト分離セサル立木ノ性質　土地ニ生立スル樹木ハ假令伐採ノ目的ヲ以テ讓渡セラルヽモ土地ト分離セサル限リ不動產タルヲ失ハス(民事大正八、五、二六)

〇同上　土地ニ生立スル樹木ハ假令伐採ノ目的ヲ以テ讓渡スルモ土地ト分離セサル限リハ不動產タルヲ失ハサルヲ以テ裁判所カ村長ノ爲シタル係爭山林拂下處分ヲ以テ町村制第四十條第六號ニ該當スルモノト認メ村會ノ議決ヲ經テ決行スヘキモノト爲シタルハ相當ナリ（同上大正八、一〇、九）

（ト）基本財產特別基本財產積立金穀等の設置管理及處分に關する事

基本財產特別基本財產積立金穀等は動產不動產の別なく其の管理處分に付ては市町村會の議決を經なければならない、基本財產と云ふのは財產の元本を使用する事なく其の收入を以て市町村費の財源に充當しやうとするものである、故に收益を目的とする財產は基本財產として管理しなければならない、特別基本財產とは一定の目的の爲に設けられた基本財產であつて學校の爲に設けられた學校基本財產の如きである、積立金穀は之に反し或一定の目的に使用する爲積立てられたものであつて其の目的とする事項を生じたときは元本全部を支出して其の費用に充當するものである、例へば將來役場改築の準備の爲に設くる役場改築準備積立金小學校改築の爲に蓄積する小學校改築準備積立金の如きである。

基本財產の處分に付ては市制第百六十七條町村制第百四十七條に依つて知事の許

可を受けなければならない、此の場合の管理と處分との區別に付ては意見區々であつて或は財產の体樣を變更するときは處分なりと云ひ或は基本財產の体樣に變更あるもの即ち土地が現金に變り有價證券に變ることあるも基本財產として存置して置く間は處分にあらずと云ふてをるが之を許可を受けしむるといふ監督上より見れば基本財產を全然費消する場合は勿論基本財產たる土地家屋を賣却し交換し又基本財產たる土地を他の公用財產とし使用目的を變更するが如きは處分として取扱ふべきである。

行政實例

○基本財產ト市町村會ノ議決　收益ノ爲メニスル財產ハ法律上當然市町村ノ基本財產タルモノニ付キ是カ爲メニハ別ニ市町村會ノ議決ヲ要セス

○基本財產ノ處分ト概括的許可　基本財產ノ處分ニ關シ豫メ市町村會ノ議決ヲ經テ概括的規定ヲ設ケ許可ヲ受クルニ於テハ其ノ處分ヲ爲スノ都度別ニ本條ニ依リ許可ヲ受クルニ及ハス

○市町村有財產ノ管理行爲ノ範圍　市町村有財產タル現金ノ貸付預入ハ勿論現金ヲ以テ有價證券ヲ買入ルルカ如キモ亦本條ノ所謂管理ニ該當スルモノトス

○基本財產ノ收入編入規定ト之ニ反スル町村會ノ議決　町村ノ基本財產蓄積條例中基本財產ヨリ生スル

收入ハ基本財産ニ編入スル旨規定アル場合ハ假ヒ町村會ノ議決ヲ以テスルモ該收入ヲ一般經費ニ支出スルコトヲ得ス

○前項ノ場合ト特別規定　町村ノ基本財産ヨリ生スル收入ヲ町村基本財産蓄積條例中ニ其ノ收入ヲ一般經費ニ支出シ得ル規定ヲ設ケアル場合ハ一般經費ニ支出スルモ差支ナシ

○繰替使用ト繰戻方法　前項ノ場合ニ繰替使用ヲ議決セシムルト同時ニ町村長ハ繰戻ノ方法ニ付町村會ノ議決ヲ經ヘキモノトス

○基本財産タル勸業債券ノ償還金ノ領收ト豫算ニ計上　市ノ基本財産タル勸業銀行債券當籤回收金ハ新ナル財産ニアラサレハ其ノ現金ハ市長ニ於テ領收スヘク歳入豫算ニ編入シ收支ヲ爲スヘキモノニアラス（大正七、六、二〇）

○基本財産タル現金ヲ以テ有價證券ノ買入ト豫算ニ計上　基本財産ノ現金ヲ以テ有價證券ヲ買入ルルハ基本財産ノ管理行爲ニ過キサレハ豫算ニ計上スルニ及ハス（大正八、五、一六）

行政判例

○將來設置セントスル學校ノ爲メニスル基本財産ノ設定　學校基本財産ヲ設クルハ既設ノ學校ノミニ限ラス將來設置セントスル學校ノ爲メニモ亦之ヲ設クルコトヲ得（明治三二、一〇、二三）

○監督官廳ノ許可ヲ經サル町村基本財産ノ處分　町村ノ基本財産ヲ處分スルニハ町村會ノ議決ヲ經テ（郡參事會又ハ郡長）ノ許可ヲ受クヘキモノトス從テ町村長カ此等ノ手續ヲ履行セス直ニ之ヲ學校敷地買入費ニ充當シタルハ違法ナリ（明治四二、六、一二）

(チ)歳入出豫算を以て定むるものを除くの外新に義務の負擔を爲し及權利の抛棄を爲すこと。

市町村に於て義務の負擔を爲すのは豫算の範圍内に於て爲すのが通常であるが特別の必要によつて豫算に入つてをらない義務の負擔を爲し又は翌年度以降に亙つて義務の負擔を爲す場合に於ては別に市町村會の議決を經なければならない其の主なる場合は左の如きものである。

一、數年に亙つて雇傭契約をすること

二、數年に亘り補助又は寄附の契約を爲すこと

數年繼續の補助指令を一時に爲す場合假令數年に亙る繼續費の議決はあつても之を以て直ちに數年分の補助指令を爲すことは出來ない別に翌年度以降の分に對しては予算外義務負擔の議決を爲すことを要するのである。

三、翌年度に亙る工事請負契約を爲すこと

四、數年に亙る土地家屋其の他の借入契約を爲すこと

單に土地家屋を借るのみであつて借賃を拂はず其の他何等の義務を負擔しない

場合は議決する必要はない

五、他人の債務を保證すること

權利の抛棄とは市町村が主張し得る一切の權利を抛棄し又は辨償義務を免除することを云ふのである

豫算外義務の負擔を爲し翌年度以降に亙つて支拂其の他の義務を負擔することは其の市町村の將來の財政を拘束するものであるから充分愼重な審議を爲さなければならない。

行政實例

○繼續費ト數年ニ亘ル補助指令　繼續費支出方法ニ依リ數年ニ亘ル補助費ノ支出方法ヲ定メタル場合ト雖モ數年ニ亘リ補助ノ指令ヲ爲スハ別ニ本條豫算外ノ義務負擔トシテ議會ノ議決ヲ要ス。

○私有地ノ無料借上ケト其ノ公課ノ負擔　市町村ニ於テ一私人ノ所有ニ屬スル土地ノ借上ヲ爲スニ當リ假令其ノ借上カ無料ニ屬スル場合ト雖モ該土地ニ屬スル公課等總テノ義務ハ將來市町村ニ於テ負擔ストノ契約ヲ爲スニ於テハ特ニ義務負擔ヲ爲スモノトス

○土地無料使用ト義務負擔　民有ノ土地ヲ無料ニテ借リ上クルニ當リ土地ノ公課其ノ他保存上ニ屬スル總テノ義務ハ其ノ所有者ニ於テ負擔スル場合其ノ借受契約ヲ締結スルハ本條ノ新ニ義務ノ負擔ヲ爲ストアルニ該當セサルモノトス

司法判例

○買増ト豫算外ノ義務負擔　市ハ歳入出豫算ヲ以テ定ムルモノヲ除クノ外新ニ義務ノ負擔ヲ爲スニハ市會ノ議決ヲ經ルヲ要スルモノナルヲ以テ新ニ義務ヲ負擔スル土地ノ買收行爲カ豫算ノ款項中ニ編入セラレタレハトテ豫算額以外ノ代金額ニ買増ヲ爲シタル行爲ヲ以テ市ニ對シ有效ナリト云フヲ得ス（民事大正二、六、四）

○豫算外ノ債務負擔又ハ權利ノ拋棄ト町村會ノ議決　歳入出豫算ヲ以テ定ムルモノヲ除クノ外新ニ債務ノ負擔ヲ爲シ若ハ權利ノ拋棄ヲ爲スコトハ町村會ノ議決ヲ經ヘキ事件ナルヲ以テ假令町村長カ其ノ意思表示ヲ爲スモ其ノ債務ノ負擔權利ノ拋棄ニシテ町村會ノ議決ヲ經タルモノニ非サル以上ハ町村ニ對シ效力ヲ生スルモノニ非ス（民事大正五、）

（リ）財產及營造物の管理方法を定むること但し法律勅令に規定あるものは此の限に在らず

此の財產は極めて狹い範圍のものであつて市町村財產中不動產は（ヘ）基本財產は（ト）の範圍となり其の他の財產を指すものであるから結局市制第八條町村制第六條の共用權のある秣刈塢溜池等の財產を云ふのである。營造物は其の市町村が自らの必要によつて設けたものを云ふのであつて、同じ一般公共の用に供するものでも小學校又は道路の如きは此の營造物の内には入らないのである。

以上の財產營造物の管理方法を定むることは特に法律勅令に依つて管理方法の定まつておるもの例へば市制第百十條町村制第九十條に規定されてある舊慣に依つて使用する財產營造物の使用方法の如きもの以外は市町村會の議決すべきものである。

（ヌ）市町村吏員の身元保證に關すること

市町村吏員の身元保證を徵するや否や及保證の程度方法等を議決すること。

市町村吏員と雖全部身元保證を徵するを要するものではない其の必要と認むるものに限り身元保證を徵するも妨げないのである而し常に現金の收支を取扱ふ收入役の如きは必ず身元保證を徵して置かなければならない其の保證の方法は現金有價證券等の物的保證と保證人による人的保證とがある。

行政實例

○市町村吏員ノ身元保證ノ意義　市町村吏員ノ身元保證ハ物上保證ハ勿論人的保證ヲモ包含ス

行政判例

○身元保證金徵收ト村會ノ事後承諾　村長カ收入役ノ身元保證金ヲ徵シタル後村會ニ對シテ事後承諾ヲ

求メタルハ違法ナリ（明治二八、五、一四）

（ル）市町村の訴願訴訟及和解に關する事

訴願訴訟及和解に關することは其の民事訴訟であると行政訴訟であるとを問はず又原告としても被告としても參加人としても總て市町村會の議決を經なければならない或訴訟に付一旦議決を經て訴訟を提起すれば其の後上級の裁判所に至るも引續き有效に訴訟行爲を爲すことが出來る今市制町村制上訴願訴訟を提起し得へき場合を揭ぐれば左の通りである。

一、市町村の境界爭論に關する府縣參事會の裁決に對する訴訟の提起（市制第五條町村制第四條）

二、市町村の境界不判明なる場合府縣參事會の決定に對する訴訟の提起（仝上）

三、市町村會の違法越權の議決又は選擧に關する府縣知事の處分又は府縣參事會の裁決に對する訴訟の提起（市制第九十條町村制第七十四條）

四、市町村會の議決が明かに公益を害し又は收支に關して執行することの出來ない場合若は緊急必要のある災害復舊費、傳染病豫防費其の他法令に依り命ぜら

れた費用等を削除減額したる場合の府縣知事の處分に對する訴願の提起（市制第九十條ノ二町村制第七十四條ノ二）

五、組合費分擔の異議に關する組合會の決定に對する訴願の提起（市制第百五十五條町村制第百三十五條）

六、同上の訴願に關する府縣參事會の裁決に對する訴訟の提起（同上）

七、市町村の監督に關する府縣知事の處分に對する訴願の提起（市制第百五十八條町村制第百三十八條）

八、强制豫算又は代執行に對し訴訟の提起（市制第百六十三條町村制第百四十三條）

九、市町村吏員の損害賠償に關する府縣參事會の裁決に對する訴訟の提起（市制町村制施行令第三十六條）

以上は市町村自らが提起するものであるが、其の他に被告となりて應訴する場合又は參加人たる場合があるのである。

行政實例

○訴願ト代理　訴願ハ關係ナキ他人ニ委任シ之ヲ提起スルモ法律上別ニ妨ナシ
○訴訟ニ付キ吏員ヲ代理セシムル場合ト町村長ノ權限　町村長ニ於テ町村ニ係ル訴訟ニ付町村吏員ヲシテ其事務ヲ臨時代理セシムルニ付キテハ別ニ町村會ノ同意ヲ得ルニ及ハス又監督官廳ノ許可ヲ受クルニモ及ハス町村長限リ適宜代理ヲ命スルコトヲ得
○市町村ノ訴願ト議員　市町村カ訴願ヲ爲ス場合ハ市町村會ノ決議ニ依リ市町村長ヨリ訴願スヘク議員一己ノ資格ヲ以テ之ヲ爲スヲ得サルモノトス

行政判例

○村長ノ職務上ノ行爲ニ起因スル訴訟費用ト村ノ負擔　村長カ村會ノ議決ニ從ヒテ爲シタル職務上ノ行爲ニ起因スル訴訟ノ費用ハ其ノ村ノ負擔ニ歸スヘキモノトス(明治二六、四、八)
○訴訟ヲ爲ス代理授權ノ欠缺ト事後ノ補正　法律上代理人カ訴訟ヲ爲スニ必要ナル授權ノ欠缺ハ事後ニ之ヲ補正シ得ルモノトス故ニ町村ニ於テ訴訟ヲ提起スルニ方リ豫メ町村會ノ議決ヲ經サルモ後日其ノ承諾ヲ得タル以上ハ該訴訟行爲ヲ無效ナリト云フヲ得ス(明治三六、五、一三)

司法判例

○依賴セラレタル辯護士ト町村トノ關係　辯護士ニ依賴シタル町村ト關係ハ委任ニ因ル代理關係タルニ外ナラサルヲ以テ依賴者ハ何等ノ理由ヲ明示スルヲ要セス辯護士ヲ解任スルコトヲ得ヘシ(民事明治三一)

○適法ナル市ノ訴訟提起ト上級審ニ於ケル訴訟ノ繼續　市カ訴訟ヲ爲スニ付キ當初市會ノ決議ヲ經タル以上ハ更ニ市參事會ノ決議ヲ要セサルハ勿論上級審ニ於テモ有效ニ訴訟行爲ヲ爲シ得ルモノトス（民事明治四三、二、四）

○村ノ提起セル適法ナル訴訟ト上級審ニ於ケル訴訟　村カ一旦村會ノ議決ヲ經テ訴訟ヲ提起シタルトキハ爾後其訴訟カ上級審ニ繫屬スルモ有效ニ訴訟行爲ヲ爲シ得ルモノトス（刑事大正五、三、一〇）

○適法ナル訴訟提起ト上級審ニ於ケル訴訟　（郡）ニ係ル訴訟ヲ爲スニ付（郡參事會）ノ爲セル議決ハ反對ノ趣旨ヲ明示セサル限リハ其效力ハ第一審ニ止マラス當該訴訟ノ終局マテ及フヘキモノナルヲ以テ審級ヲ異ニスル每ニ訴訟行爲ニ就キ各別ニ（郡參事會）ノ議決ヲ要スルモノニ非ス（刑事大正六、六、二八）

○市制第四十二條第十一號ニ所謂訴訟ノ意義　市制第四十二條第十一號ニ訴訟トアルハ民事訴訟及行政訴訟ノ類ヲ指スモノト解スヘク隨テ單ニ犯罪事實ヲ申告シ搜査機關ノ活動ヲ促シ犯人ノ處罰ヲ要求スルヲ以テ目的トスル告訴ノ如キハ其ノ範疇ニ屬セサルモノト謂ハサルヘカラス而シテ市制中告訴ヲ提起スルニ付必ス先ツ市會ノ決議ヲ經ヘキコトヲ命シタル規定存セサルカ故ニ市長ハ市カ其ノ犯罪ニ因リ受ケタル被害事實ニ付市會ノ決議ヲ待ツコトナク直ニ告訴ヲ提起スルヲ得ヘシ（刑事大正九、四、八）

○同一村內二箇部落間ノ訴訟ト其ノ代表者　同一町村ノ一部タル二箇ノ部落間ニ於ケル訴訟ニ付テハ同一町村長ニ於テ町村會ノ決議ヲ經テ兩部落ヲ代表スヘキモノトス（同上大正一二、四、四）

以上は市町村に於て議決すべき主なるものを例示的に擧げたに過ぎないので此の外市町村として行ふ事項は其の經費の伴ふものと否とに不拘總て市町村會の議決を經なければならない、市制第四十二條町村制第四十條列記以外市制町村制中に掲げられた事項で市町村會の議決すべきものを擧ぐれば左の通りである。

イ、市町村の名稱を變更すること（市制第七條町村制第五條）

ロ、村を町と爲し若は町を村と爲すこと（町村制第五條）

ハ、町村役場の位置を變更すること（町村制第五條）

ニ、市町村公民の要件たる住所二年の制限を特免ずること（市制第九條町村制第七條）

ホ、名譽職を辭し又は其の職務を執行せざる者に對する正當事由の認定議決（市制第十條町村制第八條）

ヘ、同上に對する公民權停止を爲すこと（市制第十條町村制第八條）

ト、市に選擧區を設くること（市制第十六條）

チ、市町村に投票分會を設くること（市制第十七條町村制第十四條）

リ、市町村に開票分會を設くること（市制第二十七條ノ四町村制第二十四條ノ四）

ヌ、傍聽禁止を爲すこと（市制第五十六條町村制第五十二條）

ル、議員の請求に依つて開いた會議又は閉會若は中止に議員中異議のあるものが

あるときは會議の議決に依り閉會又は中止を爲すこと（市制第五十七條町村制第五十三條）
ヲ、違反議員に對する出席停止を爲すこと（市制第六十三條町村制第五十九條）
ワ、町村長又は役助に收入役事務を兼掌せしむること（町村制第六十七條第五項）
カ、處務便宜の爲め區を設くること（市制第八十二條町村制第六十八條）
ヨ、臨時又は常設の委員を設くること（市制第八十三條町村制第六十九條）
タ、有給吏員の數を定むること（市制第八十五條第八十六條町村制第七十一條）
レ、市町村長又は市參事會に市會の權限に屬する事項の一部を委任すること（市制第四十三條第九十二條ノ二町村制第七十六條ノ二）
ソ、舊來の慣行に依り市町村住民中特に財產又は營造物を使用する權利を有する者あるとき其の舊慣を變更又は廢止し若は新に使用を許可すること（市制第百十條、町村制第九十條）
ツ、寄附又は補助を爲すこと（市制第百十五條町村制第九十五條）
ネ、非常災害の場合他人の土地を一時使用し土石竹木其の他の物品を使用し若は

収用すること(市制第百二十六條町村制第百六條)

ナ、市町村税の減免又は年度を超ゆる納税延期を爲すこと(市制第百二十八條町村制第百八條)

ラ、市町村債を起し又は一時借入金を爲すこと(市制第百三十二條町村制第百十二條)

ム、繼續費を定むること(市制第百三十五條町村制第百十五條)

ウ、市町村組合又は町村組合の設置變更等の協議を議決すること(市制第百四十九條乃至第百五十四條町村制第百二十九條乃至第百三十四條)

井、市町村吏員に賠償を命ずること(市制町村制施行令第三十三條乃至第三十五條)

ノ、延滯金の割合を議決すること(同施行令第四十五條)

オ、市町村税の徴收義務者を定むること(同施行令第五十三條)

ク、歳計剰餘金を基本財産に蓄積すること(市制町村制施行規則第三十七條)

ヤ、豫算各項の金額の流用(全施行規則第五十三條)

マ、市の歳入歳出に屬する公金の受拂に郵便振替貯金の法を用ふること（同施行規則第五十六條）
ケ、市町村公金の出納に市町村金庫を設くること（同施行規則第五十七條）
フ、市町村金庫事務取扱銀行を定むること（同施行規則第五十八條）
コ、市町村金庫事務取扱銀行より提供せしむる擔保の種類、價格及程度を議決すること（同施行規則第六十一條）
エ、金庫保管金の運用を許可し又其の利子を定むること（同施行規則第六十二條）
テ、收入役の保管に屬する歳計現金預入先を定むること（同施行規則第六十四條）
ア、財務に關する規定を設くること（同施行規則第六十五條）

行政實例

○市ハ云々町村ハ云々ト規定シタル事項ト市町村會　市制町村制中ニ往々「市ハ云々町村ハ云々」トアル事項ニ付テハ總テ市會、町村會ノ議決ヲ要スルモノトス

○町村會ト收入役責任免除ノ議決　町村收入役ニ於テ町村會ノ議決ニ從ヒ其ノ管掌ニ屬スル現金ヲ銀行ニ預入レタル場合ニ其ノ銀行破産シタル爲メ預金ノ回收ヲ爲スコトヲ得サルニ至リタル場合ニ於テ其ノ損失ハ收入役ノ當然責任ナルヲ以テ町村會ノ議決ヲ以テスルモ避クヘカラサル事故ニ原因シタル損

失ノ外免ル、コトヲ得ス

○部落有財產ノ分配ト町村會ノ議決　町村內部落有ノ原野山林ハ町村會又ハ區會ノ議決ヲ經ル場合ト雖モ町村長ニ於テ部落民ニ分配スルコトヲ得ス之レ部落有財產ハ逐次町村有ニ屬セシムヘキ方針ヲ以テ町村長ニ於テ管理スヘキモノナレハナリ

○生存中所得ノ專有ヲ條件トスル土地寄付願出　町村基本財產中ニ生存中其ノ所得ヲ專有ストノ條件ヲ付シ土地ノ寄付願出アル場合ハ町村會ノ議決ヲ經テ寄付ヲ受領スルコトヲ得

○寄附金受領ト市町村會　市町村ニ於テ寄附金ヲ受領スルハ市町村會ノ議決ヲ要ス

○市町村ニ歸スル事件ノ內容　國府縣ノ行政ニシテ町村ナル團體ニ屬セラレタル事務ハ町村制第三十九條ニ所謂町村ニ關スル事件トアルニ該當スルモノトス

○役場改築ノ設計ヲ議決範圍ニ於テ變更　町村長ノ提案ニ對シ町村會カ町村役場改築ノ設計ヲ議決シタル後町村長ニ於テ更ニ其ノ設計ヲ變更セントスルトキハ其ノ金額ハ假ヒ當初町村會ニ於テ議決シタル範圍內ト雖モ町村會ノ議決ヲ經ルニアラサレハ之レヲ變更スルコトヲ得ス

○繼續費支出方法ノ變更及豫算ノ追加更正　繼續費ノ每年度支拂殘額ヲ繼續年度ノ終リ迄逐次繰越シ使用スルコトヲ得ルハ市制町村制施行規則第四十六條ノ定ムル所ニシテ理事者ノ權限ニ屬シ市町村會ノ議決ヲ經ヘキ限リニ非スト雖モ此ノ方法ニ依ラス既定ノ支出方法ヲ變更シ及豫算ノ更正追加ヲ爲ス場合ニ於テハ理事者ハ必ス市町村會ノ議決ヲ經サル可カラス而シテ繼續豫算ノ更正追加ヲ爲ス場合ニ於テハ各年度ノ支出方法ノ變更ヲ要スルハ勿論ナルカ故ニ單ニ豫算ノ追加更正ノミヲ爲シテ各年度支出方法ヲ其ノ儘据置クカ如キハ適法ノ處置ニ非ス

○町村組合ヲ設クル爲メノ協議ト町村會ノ議決　町村組合ヲ設クル爲メ協議ヲ爲ス場合ハ町村會ノ議決

ヲ經ルヲ要ス

○年度開始前ノ物品購入契約　町村長ハ年度開始前翌年度豫算議決前ニ於テ豫メ物品購入ノ契約ヲ爲ストキハ町村會ノ議決ヲ經ルヲ要スルモノトス

○町村長收入役其他書記ノ給料額ト町村會ノ議決　町村長收入役其ノ他書記等ノ給料額ハ歳入出豫算ノ外ニ別ニ町村會ノ議決ヲ以テ定ムルコトヲ要ス

○市町村會ノ議決ト監督官廳ノ臨場　市町村會ノ議決公益ニ害アリト思量スルトキハ監督官廳ハ官吏ヲシテ適宜議場ニ臨場セシムルモ差支ナシ

○町村會ノ要求ニヨリ助役發案シタル場合ト決議ノ效力　町村會開會ノ當日町村長ニ故障アリ助役代リテ町村會ヲ開キタルニ當日或ル事件ニ付議會ヨリ提案請求ノ建議アリシヲ以テ助役ニ於テ之ヲ容レ新ナル提案ヲ爲シ町村會亦直ニ之ヲ可決シタル場合其ノ助役ノ爲シタ處置ハ町村會ノ爲シタル議決ト共ニ適法ナリ

○町村會ノ議決ト提案ノ否決　町村長ノ提案ニ對シ町村會ノ爲シタル否決ハ一種ノ議決ナリ

○寄附ノ受納ニ關シ豫メ市町村會ノ議決ヲ經タル場合其ノ受領權限　市町村小學校建築ノ場合ノ如キ其ノ市町村住民ノ寄付ニ係ル建築費ノ受納ニ關シ豫メ市町村會ノ議決ヲ經ルニ於テハ一々市町村會ノ議決ニ付セサルモ市町村長限リ受納シ別ニ妨ケナキモノトス

○成立セル請負契約ノ相手方ノ更替ト町村會ノ權限　一旦請負契約ノ成立シタル後契約ノ內容ヲ變更スルコトナク唯請負人ノミヲ更替スルハ町村ノ事務ノ執行ニ過キサルカ故ニ町村長ノ權限ニ屬シ本條及第四十條ハ斯ル事項ニ付町村會ノ議決ヲ必要トスル趣旨ニ非ス（大正五、二、九）

行政判例

○請負契約ノ內容變更ト町村會ノ議決　町村工事ノ請負契約ノ成立シタル後其ノ內容ヲ變更セスシテ單ニ請負人ヲ更替セシムルニハ町村會ノ議決ヲ經ルコトヲ要セス（大正五、二、九）

司法判例

○不適法ナル議案審議上ノ職務行爲ニ對スル暴行　村會ニ於ケル議案ニシテ不適法ノモノナリトスルモ是カ爲ニ村會ノ成立ヲ違法ナラシメ又ハ村會議員ノ職務行爲ヲ不法ナラシムルコトナケレハ其ノ職務行爲ニ關シテ行爲不行爲ヲ強制スル爲メ暴行ヲ爲シタル者ノ罪責ニ何等ノ影響ヲ及ホスコトナシ（刑事明治四三）

○市ト一個人トノ民法上ノ契約　市ハ假令其ノ管理ニ屬スル河川ノ使用占用ニ付特ニ一個人ニ對シ民法上ノ契約ヲ爲スヲ得サルモノナリトスルモ大阪市ニ於テハ其ノ見解ヲ異ニシ曩ニ大阪巡航株式會社ト報償金契約ヲ締結シタルモノナレハ右報償金契約ニ附隨セル報償金減額ノ議案ノ如キハ純然タル民法上ノ契約ニ關スル事項トシテ市會ニ提出セラレタルモノニシテ市會議員ハ該議案カ市會ノ議ニ附セラルヘキモノナルヤ否ニ付テモ自由ナル意見ヲ以テ之ヲ審議スルノ職責アルモノニシテ議案ノ原因タル契約其ノモノカ元來市ノ爲ス能ハサル性質ノモノタリ又其ノ契約ヲ爲スニハ成規ノ手續ヲ履踐セサル事アリトスルモ是ヲ以テ其ノ議案ニ付テハ何等職務權限ナキモノナリト云フヲ得ス（刑事明治四四、一〇、三一）

○村會ノ決議ヲ經サル村長ノ行爲ト追認ノ效力　村長カ村會ノ決議ヲ經スシテ村ノ爲メ爲シタル法律行爲ト雖モ後日村會カ之ニ對シ承諾ヲ與ヘタルトキハ其ノ行爲ハ有效トナルモノトス（民事大正元）

○市會ノ議決ヲ經サル市代表者ノ行爲　市代表者ノ爲シタル行爲ナルカ爲メ法律上ノ要件タル市會ノ議

決ヲ經サルモ市ニ對シテ有效ナリト論スルヲ得ス（民事大正二、五、三〇）

○市長ト會社取締役トノ間ニ締結セル會社財産讓渡契約ノ效力發生條件　市長及會社取締役カ會社營業ノ廢止ヲ目的トスル會社財産ノ讓渡契約ヲ締結スルモ市會ノ議決及株主總會ノ承認ヲ經サル間ハ市及會社ヲ羈束スヘキ效力ヲ生セサルモ之ヲ經ルトキハ當然其ノ效力ヲ生スルモノトス（民事大正二、五、三〇）

○市會ノ議決ヲ經サル市代表者ノ行爲ノ市ニ對スル效力　市代表者ノ爲シタル行爲ナルカ爲メ法律上ノ要件タル市會ノ議決ヲ經サルモ市ニ對シ有效ナリト論スルヲ得ス（同上大正三、六、四）

○所謂町村會ノ議決ノ義　町村會ノ議決トハ町村制ノ規定ニ遵テ爲ス議決ノ謂ナレハ其ノ規定ニ適ハル所ノ議決ハ町村會ノ議決アリト爲スニ足ラサルモノトス（民事大正五、一一、二七）

尚此の外市町村會の同意又は承認を經て施行すべき事項が左の通りある同意又は承認といふも其の決定方法は議決と異なるものではない同意するか否か承認するか否かは出席者の過半數に依つて決し可否同數のときは議長が決するのである。

イ、市町村長が其の事務の一部を助役に分掌せしむる場合（市町村自体の事務に就てのみ市町村會の同意を要し市町村長に對する委任事務に就ては其の同意を要しない）（市制第九十四條町村制第七十八條）

ロ、市町村長が收入役の事務の一部を副收入役に分掌せしむる場合（市町村自体の出納其の他の會計事務に就てのみ同意を要し其の他の委任による事務については同意を要しない（市制第九十七條町村制第八十條）

ハ、市長市助役有給町村長有給助役等の任期中退職を承認すること（市制第七十三條町村制第六十四條）

ニ、財産の賣却貸與工事の請負及物件勞力其の他の供給に關し、競爭入札に依らざることに同意すること（市制第百十四條町村制第九十四條）

行政實例

○議決ト同意　町村會ノ同意ト云フハ町村會ニ於テ議決ノ上其ノ意見表示ヲ爲スニ過キサルモノニ付キ其ノ實質ハ議決ト異ナラサルナリ

○事務分掌ト同意　事務分掌ナルモノハ其ノ分掌セラレタル吏員其ノ人ノ職務責任ニ關係ヲ有スルモノニ付其ノ職ニ在ル者ヲ指名シ同意ヲ求ムヘキモノトス

二、法律勅令に依つて其の權限に屬する事件

法律勅令に依り其の權限に屬する事件とは法令に依つて市町村に委任せられた事項でなくして直接市町村會の權限に屬せしめたものであつて例へば府縣制第百九條に

依り府縣税賦課の細目を議決するが如きものである。

第二節　選　　擧

市町村會に於て選擧するものは市制町村制其の他の法令に規定する所であつて其の方法は市制第五十五條に依り市制第二十五條第二十八條第三十條を準用し町村制第五十一條に依り同第二十二條第二十五條第二十七條の規定を準用して市町村會議員選擧の塲合と同じく單記無記名投票の方法に依り所要人數を一の投票に依つて選擧し選出すべきものゝ定數（定數とは其の選擧に於て選出する員數ではなくして其の職員の法定の數を云ふのである、例へば市參事會員の定數は通常十人なるを以て其の中一人の補闕選擧を行ふ塲合に於ても定數は十人である）を以て有効投票の總數を除して得たる數の六分ノ一以上の得票者の中で最多數を得た者所要人數だけを當選者とするのである。

市町村會に於て行ふ選擧は右の通投票によるのを原則とするも、特別の方法として議員中に一人も異議を唱ふるものゝない塲合は投票を行はず指名推選の方法を用ふる事が出來る、尙市町村長の選擧及市町村長缺員の場合に爲す助役又は收入役副收入役の選擧について今囘改正せられた點について說明しやう。

從來之等の選擧に就ては現任者の任期滿了後選擧しては市町村會の招集本人の就職承諾其の他の事情の爲一時缺員の期間を生ずることのあるのを慮り、現任者の在職中に後任者を選擧し任期滿了の翌日より就職せしむるを通常としてゐる、ところが其の現任者在職中に後任者の選擧を爲し得るといふことを利用して數ケ月前に選擧を爲すが如きことを敢てするものが出づるに至つたのであるが如斯は適當でないから、內務省としても數ケ月前に行ふ選擧は違法であるといふ事になつてゐるのであるが、之は法に明文があるわけではなく解釋に依つて取扱ふのであるから　今囘改正に依つて之等の點を明かにし現任者在職中に後任者を選擧する場合に於ては任期滿了の日前二十日以內（卽ち五月二十日の任期滿了の場合は四月三十日以後でなければ選擧は出來ない）又現任者の退職申立のあつた場合には其の退職すべき日前二十日以內（例へば五月二十日に退職すべき旨を四月二十九日に申立てゝも四月三十日以後でなければ選擧することは出來ない）でなければ選擧することは出來ないやうに制限を加へられたのである、又當選者の就職の時期に就ては大正十五年の改正以前は市町村長助役及市の收入役は府縣知事の認可を町村の收入役は郡長の認可を要しておつたから其の任期も認可の日から起算すればよかつたのであるが、認可制度が廢せられて後は市町村會で選擧又は決定せらるゝのみであるから其の就職任期の起算日につき疑義を生ずるに至つたのであるが一般的の理論に隨つて就職承諾の日からといふことに解釋してをるけれども總ての疑問を一掃する爲め明文を設く事が適當であるから、今回の改正に依つて當選者に對しては市町村長が直に當選の告知を爲し、其の當選告知を受けた者は告知を受けた日から二十日以内に當選に應ずるや否を市町村長に申立て（即ち四月三十日に當選の告知を受くれば五月二十日迄に承諾の申立を爲すこと）二十日以内に承諾の申立がないときは當選を辭退したものと看做さるゝのである。此の場合官吏又は待遇官吏にして當選した者は所屬長官の許可を受けなければ承諾することは出來ないのである（市制第七十三條第七十九條第二項町村制第六十三條第六十七條第三項）

其の他選擧の方法に就ては第七章第三節選擧の部に於て詳說する今市町村會に於て選擧すべき事項を擧ぐれば左の通りである。

一、市町村長の選擧（市制第七十三條町村制第六十三條）
二、市町村長職に在らざる場合の助役の選擧（市制第七十五條町村制第六十三條）
三、市町村長職に在らざる塲合收入役副收入役の選擧（市制第七十九條町村制第六十七條）
四、名譽職市參事會員選擧（市制第六十五條）
五、市町村の事務書類等の實地檢査委員選擧（市制第四十五條町村制第四十二條）
六、町村出納臨時檢査立會議員選擧（町村制第百二十一條）
七、市會議長及副議長又は特に條例を以て設けられた町村會議長及其の代理者の選擧（市制第四十八條町村制第四十五條）
八、假議長の選擧（市制第四十九條町村制第四十五條）
九、市會議員中より選出する都市計畫地方委員會委員の選擧（都市計畫委員會官制第八條）

第三節　決　　定

決定の内には各種異議申立の決定市町村會議員被選擧權有無の決定及市制町村制上市町村會に於て定むる權限になつてゐる事項がある。

(一)市町村會に於て定むべきもの

市町村長の推薦に依つて定むるのであつて市町村會に於て勝手に定むる事は出來ない之は助役收入役委員區長等は總て市町村長の補助機關であるから市町村長の意に反した者を吏員と爲すことは市町村の事務を圓滑に遂行する所以でないから市町村長に候補者の選擇權を與へたものである、而し市町村長が推薦する場合でも一人の助役に付て候補者二人を推薦することは出來ない、必ず最も適任と思ふ者一人を推薦しなければならない、其の市町村長が推薦した者を市町村會が否決したときは何回にても同意を得べき者を推薦するより外に仕方はない。

尙助役、收入役、副收入役、區長委員の決定の時期及其の就職手續等に關しては前節選擧の場合に說明したのと同じやうに任期滿了又は退職すべき日前二十日以內に決定すべきこと、又決定したならば市町村長は直ちに本人に告知すべきこと、告知を受けた者は告知を受けた日から二十日以內に決定を承諾する旨を市町村長に申立つべきことと其の告知を受けてから二十日以内に承諾の申立がないときは辭退したものと看做さるゝ等の制限があるのであるから、第二節選擧の部及第七章第二節議事の部を參照せられたい。

今市町村會で定むべき權限になつてゐるものを擧ぐれば左の如くである。

イ、助役（但し市町村長が在職してをらないときは市町村會で選擧すること）（市制第七十五條第三項町村制第六十三條第二項）

ロ、收入役及副收入役（但し市町村長が在職しないときは市町村會で選擧すること助役の場合と同一である）（市制第七十九條第二項町村制第六十七條第三項）

ハ、臨時及常設の委員（市制第八十三條町村制第六十九條）

ニ、區長及區長代理者（市制第八十二條町村制第六十八條）

ホ、收入役代理者（市制第九十七條第五項町村制第八十條第二項）

ヘ、市參與（市制第七十四條第二項）

（二）市町村會で決定すべき事項

此の決定は市町村長が其の事件を市町村會の決定に付して後、市町村會に於て決定するのであつてそれ以前に於て決定することは出來ない（但し市町村會議員の被選擧權有無の決定は市町村會が自ら決定することが出來る）市町村長が決定に付するといふのは市町村會議長に送付すれば宜しいので例へば市町村長が市町村稅賦課に關する異議の申立を受けたときは當時市町村會開會中でなくとも議長に送付し置き其の後一定の期限內に市町村會を開いて決定すれば差支へない。

市町村長が決定に付するといふのは議長に送付すればよいのであるから市町村長は決定案を附議すべきものではない市町村會は其の送付を受けたときは自ら發案して決定すべきものであるが便宜上市町村長が決定案の草稿を作つて之を決定案とすることは差支ない而して其の決定は文書を以て爲し其の決定理由を記して本人に交付しなければならないので其の內容となるべき議決をしても文書の決定をしなければ之を決定といふことは出來ない決定は前述の如く市町村長が決定に付して後決定するのが通常であるが市制第三十八條町村制第三十五條に依る議員の被選擧權の有無及市制第三十二條第六項町村制第二十九條第五項に揭ぐる議員たることを得ざる者に該當するや否やの決定は市町村長が該當者ありと認めて決定に付した場合のみな

らず市町村會が自ら其の議員中に該當者があると認めたときは市町村長から決定に付せらるると否とに不拘發案して決定することが出來る。

此等の決定を爲したときは市町村會議長の名を以て決定書を異議申立人又は被選擧權喪失の決定を受けた本人に交付すればよいのである。

市町村會に於て決定すべきものを擧ぐれば左の通である。

イ、市會町村會議員の選擧又は當選の効力に關する異議申立の決定（市制第三十六條第一項町村制第三十三條第一項）

市町村長は異議の申立を受けた日から七日以内に市町村會の決定に付し市町村會は其の送付を受けた日から十四日以内に決定しなければならない

ロ、市町村稅及夫役現品の賦課使用料手數料及加入金の徵收に關する異議申立の決定（市制第百三十條町村制第百十條）

市町村長は異議の申立を受けた日から七日以内に市町村會の決定に付し市町村會は其の決定に付せられた日から三月以内に決定しなければならない

ハ、財產又は營造物使用權利に關する異議申立の決定（市制第百三十條町村制第百

十條)
決定期間に付ては市町村税の場合と同じ
ニ、費用辨償報酬給料旅費退隱料退職給與金死亡給與金又は遺族扶助料の給與に關する異議申立の決定(市制第百七條第二項町村制第八十七條第二項)決定の期間は市町村税の場合と同一である
ホ、市町村會議員被選擧權の有無又は議員との兼職を禁せられた職に該當するや否の決定(市制第三十八條町村制第三十五條)
市町村長は此の該當者ありと認むるときは之を市町村會の決定に付し市町村會は其の送付を受けた日から十四日以内に決定しなければならない又市町村會自ら議員中に該當者があると認めたときは自ら發案し決定することが出來る
ヘ、市町村税徴收義務者の拂込義務免除の件(市制町村制施行令第五十七條)

行政實例

○異議ノ申立ニ對スル決定書案ノ揆案　市制第二十一條ノ三第一項ニ依リ異議ノ申立アリタル場合其ノ異議ニ對スル決定書案ハ市長ニ於テ發案スヘカラサルト同時ニ市會ノ爲シタル決定ニ不服アリテ更ニ

決定

府縣參事會ニ訴願シタル場合モ該訴願ニ對スル裁決書案ハ府縣知事ニ於テ提案スヘキモノニアラス

○異議ノ申立ニ對スル決定若クハ裁決ノ名義者　市制第二十一條ノ三第一項ニ依リ異議ノ申立アリタル場合其ノ異議ニ對スル決定案竝訴願ニ對スル裁決案ハ市長府縣知事ニ於テ提案スヘカラサルモノナルカ故ニ市長府縣知事ノ名義ニ依リ決定若ハ裁決ヲ爲スヲ得サルハ勿論ナリト雖モ書類ノ交付ハ理事者ニ於テ取計ヒ何等差支無モノトス

○收入役ノ選任ト推薦スヘキ人數　收入役ノ選任ニ當リ町村長ノ推薦スヘキ人員ハ選任スヘキ定數即チ一人ニ限ルモノトス

○收入役ト無給　收入役ハ無給トスルヲ得サルモノトス

○收入役カ助役ニ當選シタル場合　收入役カ助役ニ當選シタル場合ニ於テハ收入役在職ノ儘ニテハ之ニ應スルコトヲ得サルモノトス

○町村會ニ於ケル議員中被選擧權ヲ有セサルモノアル場合ノ發案及決定權限　町村會ニ於テ其ノ議員中被選擧權ヲ有セサルモノアリト認ムルトキハ町村長ニ通知スルヲ要セス自ラ發案決定スルヲ得ヘキモノトス

○市長ノ推薦ニ依ル助役ノ定メ方　市會ハ市長ノ推薦ニ依ル以外ノ者ヲ助役ト定ムルコトヲ得ス

○助役ノ推薦　市長ニ於テ助役ノ推薦ヲ爲ストキハ必ス其ノ員數相當數ノ候補者ヲ推薦スヘク多數ノ候補者ヲ推薦シ其ノ中ニ就キ市會ヲシテ定メシムルカ如キハ法律ニ違フモノトス

○決定書ノ署名方式　町村制ノ規定ニ依ル町村會ニ於テ審議ノ決定ヲ爲シタルトキハ該決定書ノ署名ハ何町村會議長何町村長氏名トシテ申立人ニ交付スヘキモノトス

○異議決定書ノ交付方法　選擧又ハ當選ノ效力ニ關スル異議ノ決定書ハ町村長ノ手ヲ經テ申立人ニ交付

スルト又町村會ニ於テ直接本人ニ交付スルトハ適宜ニナスヘキモノナリ

○**異議ノ申立期間經過ト町村長ノ處分**　町村長ニ於テ町村税ノ賦課ニ關スル異議ノ申立ヲ受ケタル場合徴税令書ノ交付後既ニ三ケ月ノ期間ヲ經過シタルトキト雖モ町村長ハ必ス町村會ノ決定ニ付スヘキモノニ付町村長限リ却下スルハ違法トス

○**名譽職町村長及助役ヲ有給ト爲シ若ハ有給ヲ無給トスル場合**　名譽職町村長及助役ヲ有給トシ若ハ有給ヲ止ムル場合ニ於テハ共ニ改選スルヲ要ス其ノ任期中ノ町村長助役ノ職ハ新條例實施ノ日若ハ舊條例廢止ノ日ヨリ自ラ解任スルモノトス

○**選擧又ハ當選ノ效力ニ關シ異議ノ申立アル場合ニ於ケル町村長ノ爲スヘキ手續**　選擧人市町村會議員ノ選擧又ハ當選ノ效力ニ關スル異議ノ申立ヲナシタルトキハ市町村長ハ單ニ異議ノ申立書ヲ市町村會ニ送付セハ可ナルモノナリ

○**助役候補者ノ定數以上ノ推薦**　町村長ニ於テ助役ノ推薦ヲ爲スニ當リ定數以上ノ候補者ヲ推薦シ其ノ中ニ付キ町村會ヲシテ定メシムルコトヲ得ス必ラス定數ノ候補者ヲ推薦スルモノトス

○**町村長ノ推薦以外ノ助役**　町村會ニ於テ町村長ノ推薦外ニ係ル者ヲ以テ助役ト定ムルコトヲ得ス助役ハ町村長ノ推薦ニ依リ町村會ニ於テ定ムヘキハ法律ノ定ムル所ニ付推薦以外ノ者ヲ以テ助役ト爲スハ違法トス

○**町村長ノ助役推薦ト町村會ノ否認**　町村長ノ推薦外ノ者ヲ助役ト爲スヲ得スト雖モ町村長ノ推薦ニ對シテハ町村會ハ必ス指定セサルヘカラサルモノニアラス町村長ノ推薦ニ對シ助役ト爲スト否トハ全ク町村會ノ權限ニ屬スルヲ以テ町村會ニ於テ定ムヘカラスト認定スルトキハ之ヲ否認スルハ固ヨリ差支無シトス

決　定

決定

○助役候補者推薦ヲ幾度モ否決シタル場合　町村會ニ於テ町村長ノ推薦セル助役候補者ヲ否定シ幾度之ヲ推薦スルモ其ノ都度否定スルトキハ知事ニ具狀シ其ノ指揮ヲ得テ之ヲ定ムルコトヲ得ス結局此ノ如キ場合ニ於テハ町村會ノ定ムル迄幾度ニテモ之ヲ推薦スルノ外ナキモノトス

○助役候補者ノ推薦ト町村會ノ否決後再ヒ同一人ヲ推薦　町村會ニ於テ町村長ノ推薦シタル助役候補者ヲ不適任者トシテ之ヲ否定シタル場合町村長ニ於テ別ニ適任者ナシト認ムルトキト雖再ヒ同一人ヲ推薦スルカ如キハ穩當ナラス

○助役ト未成年者　有給吏員ハ年齡ニ制限ナシト雖助役ノ如キ重要ノ職務ニ當ラシムルニ未成年者ヲ以テスルハ不適當ナリ

○町村長臨時代理者並ニ事務管掌者ト助役ノ推薦　町村長臨時代理者並ニ事務管掌者ハ助役ノ推薦ヲ爲スコトヲ得ス

○臨時代理者又ノ派遣官吏タル場合ト助役ノ推薦　臨時代理者又ハ派遣官吏ハ助役ノ推薦ヲ爲スコトヲ得サルモノナルカ第六十三條第二項ニ所謂町村長職ニ在ラサルトキニ該當スルヲ以テ此ノ如キ場合ニ於テハ同條第一項ニ依リ町村會ニ於テ選擧ヲナスヘキモノトス

○本條ノ異議申立ニ對スル市會ノ決定ト其ノ決定案　市制第二十一條ノ三第一項ノ異議決定ハ市長ニ於テ異議申立ヲ市會ニ送付スヘキモノニシテ該決定案ヲ提出スヘキモノニアラス（大正二、一二、一八）

○助役有給條例廢止許可以前ニ名譽職助役ノ選定　助役有給條例ノ廢止許可以前ニ豫メ條例議決ト同時ニ名譽職助役ヲ選定スルハ不可トス（大正一五、一、二〇）

○本條第一項ノ決定ニ付スヘシノ意義　町村制第十八條ノ三ニ依ル異議申立ヲ三日以內ニ町村會ノ決定ニ付スヘシトアルハ本年七月五日付內務省和地第三四號通牒ノ例ニ依リ三日以內ニ町村會議長ニ送達

セハ足ルモノナリ（大正一五、九、四）

○本條ニヨル町村會ノ決定書ノ記載方　決定書ハ何某ハ被選擧權ヲ有セサルニ至ルト判定シアル以上末文ニ村會議員ノ職ヲ失フモノトストノ文詞アルモ町村制第三十五條ノ決定タルヲ妨クルモノニ非ス（昭和二、六、九）

○本條第三項ニ所謂第一項ノ決定ヲ受ケタル者ノ意義　町村會議員被選擧權ノ喪失ノ決定ニ付テハ町村會ニ於テ理由ヲ附シタル決定書ヲ議決シ之ヲ本人ニ交付スルニ非サレハ其ノ本人ハ未タ該決定ヲ受ケタル者ト謂フヲ得サルモノトス（昭和二、七、二一）

○本條ニ依ル町會ノ決定ニスルノ權及之カ決定權ノ拋棄　改正前ノ町村制第三十五條ニ依ル町長ノ町會ノ決定ニ付スルノ權及町會ノ決定權ハ之ヲ拋棄スルコトヲ得サルモノトス（昭和二、一一、五）

○本條第二項ニヨル附議ト證據又ハ資料ノ提出　町村長カ町村會議員中被選擧權ヲ有セサル者アリト認メ之ヲ町村會ノ決定ニ付スルニ當リ證據又ハ參考ト爲ルヘキ資料ヲ提供スルコトハ必要條件ニ非ス（昭和三、一一、二四）

行政判例

○異議ノ決定ト文書ニヨル形式的要件　本條（第五項）ニ依レハ異議ノ決定ハ文書ヲ以テ之ヲ爲シ其ノ理由ヲ附シ之ヲ申立人ニ交付スヘキモノニシテ異議ノ決定ハ文書ヲ以テ之ヲ爲スコトヲ其成立ノ要件ト爲スノ法意ナルヲ以テ異議申立ニ對スル決定書ヲ議決セスシテ異議申立ヲ絕對的否認スルモノト決定スル旨決議ヲ爲シタルモノナルコト明ナレハ村會ノ決定ハ法定ノ成立要件ヲ欠缺シ全然其成立ヲ認ムルコトヲ得ス從テ之ニ對シテ爲シタル訴願及之ニ對スル裁決ハ共ニ違法ナリ（大正四、三、三〇）

○不成立ノ決定補充ノ爲メニスル再決定ノ效力　不成立ノ決定ヲ補充スル目的ヲ以テ更ニ決定ヲ爲スモ其ノ效力ハ決定書ヲ交付シタル日ヨリ發生シ既往ニ遡リテ不成立ナル決定ノ效力ヲ發生セシムルコトヲ得サルヲ以テ不成立ナル決定ニ對シテ爲シタル訴願及之ヲ受理シテ爲シタル裁決ハ之ヲ違法ニアラスト云フコトヲ得ス（同上）

○一定ノ申立ノ趣旨ノ不明瞭ナル異議申立書ノ效力　異議申立書中ノ一定ノ申立カ明瞭ヲ缺クモ申立書全般ヨリ特定ノ賦課ノ取消ヲ求ムルノ旨趣ヲ認メ得ヘキトキハ其賦課ノ當否ニ付キ決定ヲ爲スヘキモノトス（大正七、二、八）

○不法ニ開會セラレタル町村會決定ノ效力　町村會議員ノ當選ノ效力ニ關スル異議ノ申立ニ對シ決定ヲ爲シタル町村會カ適法ニ開會セラレタルモノニ非サルトキハ更ニ適法ノ村會ヲシテ決定ヲ爲サシムヘキモノトス（大正一一、五、二）

○本條末項ノ意義　町村制第三十五條末項ノ規定ハ町村會議員ノ被選擧有無ノ決定ハ文書ヲ以テ爲スコトヲ其ノ成立要件ト爲スモノト解スヘキモノトス（大正一一、九、二六）

第四節　檢　査

市町村會は市町村の意思機關たるを本則とするけれども内部に於ける執行機關と議決機關とは相牽制し監督して以て完全なる自治の運用を爲さしむる爲め市町村會に市町村長其の他の執行機關の執行した事務の檢査を爲さしむることゝ爲したのであつて、

其の検査の範圍は市町村自体の公共事務即ち固有事務に限り國其の他の公共團体より委任せられた事務は検査することは出來ない、例へば戸籍事務衆議院議員選擧事務の如きは町村會に於て検査することは出來ない、市町村會の検査を行ふ方法は左の通りである。

一、市町村の事務に關する書類及計算書を検閲すること（市制第四十五條第一項町村制第四十二條第一項）

此の検閲する範圍は市町村の事務の全般に亘るものであつて市町村會の議決權限に屬するものたると否とに不拘検査することを得るのである、其の書類及計算書とは事務執行の原議決定書往復文書臺帳統計表賦課書類徴收簿日計簿收支命令書入札書類等をいふ。

二、市町村長の報告を徴して事務の管理議決の執行及出納の検査（市制第四十五條第一項町村制第四十二條第一項）を爲すこと。

市町村長より報告を徴して事務管理の狀況、市町村會の議決を適正に執行してゐるや否や又收入役の出納事務は確實なりや否等を検査すること。

以上一、二は書面により監督であつて市町村會が行ふものであるから市町村會の開會中に會議場に於て爲さなければならない。

三、市町村の事務に關し委員を選擧して書類計算書事務管理議決の執行及出納を實地に就き檢査すること。

市町村會が之等の事務に就て書面の上での檢査は前述の通りであるが尚委員を選擧して實地について檢査することが出來る、此の實地檢査は委員を選擧して行ふものであるから市町村會の開會中であることは要しない、而して實地檢査を爲すときは市町村長又は其の指名した吏員立會の上執行するのである。

四、出納臨時檢査立會（市制第百四十一條町村制第百二十一條）

市町村長は一會計年度二回以上臨時に收入役の出納檢査を爲さなければならない、此の場合町村では町村會で選擧した議員二人以上、市では名譽職參事會員で互選した參事會員二人以上が立會ふて檢査をするのである。

行政實例

○町村內ノ區會會員ト其ノ區ノ出納檢査　町村內區ノ區會議員ハ其ノ區ノ出納ニ關シ出納檢査ヲ爲シ得

ルモノトス

○町村出納檢査ノ爲メニ選擧スル委員ト議員ノ全部　町村ノ出納檢査ノ爲メ町村會ニ於テ委員ヲ選擧シ之ヲシテ專ラ該檢査ニ從事セシムルハ固ヨリ差支ナカルヘシト雖町村會ニ於テ議員全部ヲ委員トシ出納檢査ヲナスカ如キハ町村會第四十二條ノ規定ニ違背スルモノトス

○實地檢査ト委員ノ選擧　市町村會カ實地ニ就キ市町村事務ノ管理議決ノ執行出納ノ檢査ヲ爲サントスルトキハ必ラス議員中ヨリ委員ヲ選擧シ之ヲシテ爲サシム可キモノトス

○本條事務ノ範圍　本條ノ事務ハ市町村事務ヲ指スモノニシテ市制第九十三條、町村制第七十七條國府縣其ノ他公共團體ノ事務ヲ包含セス

○町村會ノ書類ノ檢閲權ト國府縣ノ行政事務ニ關スル書類　町村會ハ町村ノ事務ニ關スル書類ノミヲ檢閲スルコトヲ得ルモノナレハ國府縣ノ行政事務ニ關スル書類ハ假ヒ町村長ノ取扱ヒタルモノト雖之ヲ檢閲シ得サルモノトス

第五節　意見の陳述

市町村會は其の本來の職責たる市町村の意思決定の外に其の市町村の利害公益に關係ある事件に付き關係行政廳に意見を陳述する權限をもつてゐる、而して其の意見の陳述といふ内には行政廳の諮問に對して答申する場合と其の市町村の公益に關する事件に付き發動的に意見書を關係行政廳に提出する場合とがある。

一、市町村の公益に關する事件の意見書提出（市制第四十六條町村制第四十三條）

市町村會は其の市町村の公益に關する事件に付て關係行政廳に意見書を提出することが出來る、關係行政廳といふのは其の市町村の公益に關する事件に關係ある行政廳の事であつて鐵道に付ては鐵道大臣通信施設に付ては遞信大臣港灣施設に付ては內務大臣等夫々の行政廳を指すものである、行政廳といふ範圍は行政官廳の意味ではなくして府縣自治体の長たる府縣知事又は市町村長の如きも此の行政廳の內に包含せらるゝのであるから其の市町村內に府縣自治体の或施設を望むが如き場合には府縣知事に意見書を提出することが出來る、此の點は昭和四年の改正に依つて從來の「市町村長又は監督官廳」とあつたのを「關係行政廳」に改められて意見書提出先の範圍を擴張したのである、市町村の公益に關する事件といふのは其の市町村としての公益であつて例へば市町村に上水道を布設し電氣市營を爲し、公設市場を設け又は其の市町村に國の施設たる鐵道の敷設を要望するが如きものである故に公益に關する事件と云ふも市制町村制を改正し又は地方稅制を改正するが如き一般的のもので其の市町村特別の公益に關係しないものは之には該當しないのである。

意見書は市町村會の意見書であるから其の發案は市町村會で爲すべきもので市町村長の發案すべきものではない、其の發案の方法に就ては會議に於て動議提出の方法によるのを普通とする、而して其の議決した意見書を夫々の關係行政廳に提出するときは議長名を以てすることを要するのである。

二、行政廳の諮問に對する答申(市制第四十七條町村制第四十四條)

市町村會は行政廳から諮問のあつたときは必ず答申する義務を有するのであるが、若し答申しないとき、又は市町村會議員の現在數が定足數に達しない爲め市町村會が成立しないとき若は議員が招集に應じないか天災事變等の爲め市町村會を招集することが出來ないときは當該行政廳は其の意見の答申を俟たずして處分することが出來るのであるから、市町村會は其の諮問を受けたときは利害を考慮して必ず指定期限内に答申しなければならない、現行法上諮問せらるゝ主なるものを擧ぐれば左の通りである。

イ、市の廢置分合を行ふに付内務大臣の諮問(市制第三條)

ロ、市の廢置分合の場合財産處分を行ふに付府縣知事の諮問(市制第三條)

ハ、町村の廢置分合及市町村の境界變更並之に伴ふ財產處分に付府縣知事の諮問（市制第四條町村制第三條）

ニ、所屬未定地の編入に付府縣知事の諮問（市制第四條町村制第三條）

ホ、市制第六條の市の區の境界に付府縣知事の諮問（市制第六條）

ヘ、市町村の一部の財產營造物に關し區會又は區總會を設くる爲め市町村條例を設定するに付府縣知事の諮問（市制第百四十五條町村制第百二十五條）

ト、市町村組合又は町村組合に關する公益上必要なる處分に付府縣知事の諮問（市制第百四十九條以下町村制第百二十九條以下）

チ、府縣の廢置分合又は境界變更に伴ふ財產處分に付內務大臣の諮問（府縣制第三條）

リ、公有水面埋立免許に付府縣知事諮問（公有水面埋立法條三條）

ヌ、市町村道の路線の認定變更廢止に付諮問（道路法施行令第二條）

ル、學區の廢止に付府縣知事の諮問（地方學事通則第四條）

オ、傳染病毒汚染の建物の處分及土地の使用に付府縣知事の諮問（傳染病豫防法

第十九條ノ二)

ワ、消防組の分割手當被服其の他に付府縣知事の諮問(消防組規則第五條第十一條第十二條)

訓令通牒

○市町村會ノ諮問省略方　消防組規則第五條第十一條第十二條ニ依リ府縣知事ニ於テ市町村會ノ諮問ヲ爲スヘキ場合ニ際シ諮問ニ付セラルヘキ事項ニ付市町村會既ニ其ノ必要ヲ認メ決議ヲ爲シタルカ爲メ決議録ヲ添付申出アリタル等市町村會ノ意思明瞭ナルトキハ更ニ諮問スルコトナク處理ヲ行ヒ差支無之コトニ省議決定候條右御含ノ上相當御措置相成度依命此段及通牒候也(大正元、一一、一六、警第九六號)

行政實例

○本條第二項ト訓令ニ基キ意見ヲ徵スル場合　市制第四十七條第二項町村制第四十條第二項ハ法令ノ規定ニ基キ市町村會ノ意見ヲ徵スル場合ニ適用スヘキノ規程ニシテ訓令ニ基ク場合ニ同條ノ適用ナキモノトス

○意見ヲ徵シテ處分スヘキ場合　市町村會ノ意見ヲ徵シテ處分ス可キ場合トハ法律命令ノ規定ニ依リ意見ヲ徵ス可キ場合ヲ指シタルモノニシテ行政廳ノ見込ニ依テ適宜意見ヲ徵スルカ如キ場合ヲ包含セス

○諮問ニ對スル答申ノ發案權　町村會ニ對シ行政官廳ヨリ諮問アリタル場合其ノ諮問ニ對スル答申案ハ

意見の陳述

町村會ニ於テ發案スヘキモノニシテ町村長ニ於テ發案スヘキモノニアラス

○**町村會成立セス又ハ招集ニ應セサルトキノ趣旨**　町村會成立セストハ議員ノ過半數缺員ニシテ會議ヲ招集スル能ハサル場合ヲ云ヒ其ノ招集ニ應セストハ過半數ノ議員在職スルモ町村長ノ招集ニ應シ出席シタル議員半數ニ至ラサルヲ云フ

○**市町村會ノ議決ニ依ル區會ヲ設置スル場合ト市町村會ノ意見**　市町村會ノ議決ニ依リ區會設置ノ申請アリタル場合ニ於テ更ニ其ノ市町村會ノ意見ヲ徴スヘキモノトス

○**區會ノ設置ニ付キ市町村會ノ意見ヲ徴スル場合**　區會ノ設置ニ付市町村會ノ意見ヲ徴スル場合ハ設置ノ方法即チ條例ニ規定スヘキ事項ニ付テモ之ヲ徴スヘキモノトス

○**監督官廳ニ提出スル意見書ノ經由者**　市町村會ニ於テ市町村ノ公益事件ニ關シ意見書ヲ監督官廳ニ提出セントスルトキハ市町村長ヲ經由スルヲ要スルモノトス

○**意見書提出ノ爲メ議員上京ノ旅費支辨方**　町村會ニ於テ町村ノ公益ニ關スル事件ニ關シ意見書ヲ内務大臣ニ提出シタルトキハ其ノ趣旨ノ陳述ヲ爲サシムル爲メ町村會議員ヲ上京セシムルハ假ヒ町村會ノ議決ニ依ルト雖モ町村會ハ議員ヲシテ上京セシムルコトヲ得サルヲ以テ從テ該議員ノ旅費ハ町村費ヲ以テ支辨スルコトヲ得サルモノトス

○**意見書ノ發案**　本條ノ意見書ハ市町村會ニ於テ發案スヘキモノニシテ市長町村長ヨリ發案スヘキモノニアラス

○**町村會ノ發案請求權**　町村行政ニ關シ町村會ニ發案權ナキ事項ニ付テハ町村會自ラ發案スルコトヲ得サルハ勿論ナリト雖町村長ニ對シ其ノ發案請求ノ建議ヲ爲スハ別ニ妨ケナキコトナリトス

○**公益ニ關スル意見書議定ノ爲メ會議ノ招集請求**　町村制第四十三條ニ所謂町村ノ公益ニ關スル意見書

議定ノ爲メニハ町村會議員ノ定數三分ノ一以上ノ連署ヲ以テ町村長ニ對シ會議ノ招集ヲ請求スルコトヲ得ルモノトス

○市町村會ト帝國議會ヘ請願　市町村會ハ帝國議會ニ對シ請願權ナシ

○官吏ノ任免黜陟ニ關スル建議　市會町村會ハ監督官吏ノ任免黜陟ニ關スル意見書ノ議決ヲ爲スコトヲ得サルモノトス

○土木費支辨ノ建議　市町村ノ支辨ニ屬スル土木費ヲ府縣ノ支辨ニ移サントスル事項ハ本條ニ依リ監督官廳ニ建議スルコトヲ得ルモノトス

○港灣改築等ニ關スル建議　市會カ市ノ發達ヲ圖ルノ目的ヲ以テ監督官廳ニ對シ其ノ港灣ノ改築ヲ求メ又ハ其ノ港灣ヲ特別輸出港ニ指定セラレンコトヲ求ムルカ如キモ亦本條ニ依リ意見書ヲ提出スルコトヲ得ルモノトス

○建議ト出頭面陳　市會町村會ハ內務大臣又ハ府縣知事ニ對シ或事項ノ建議ヲ爲サントスルニ當リ議員中ヨリ委員若干名ヲ選出シ上京又ハ府縣廳ニ出頭セシメ建議ノ主旨ヲ面陳セシムルカ如キコトハ之ヲ爲スコトヲ得ス

○市ニ直接利害關係アル事項ニ關スル縣令改正ノ請願　市會ノ議決ヲ以テ市ノ利害ニ直接ノ關係アル事項ヲ主眼トシテ縣令改正ノ請願ヲ爲スハ本條ノ範圍ニ屬スルモノトス

○法律ノ制定改廢ニ關スル意見書　市町村會ハ法律ノ制定又ハ其ノ改廢ヲ議論スルヲ得スト雖モ自ラ市町村ニ直接ノ利害關係アルノ故ヲ以テスル意見書ハ尙ホ本條ニ依リ提出スルヲ妨ケス

○國稅廢止ニ關スル意見書ノ提出　市會及市制第六條ノ市ノ區會ハ國稅ノ廢止ニ關スル事件ニ付意見書ヲ提出スルヲ得サルモノトス（大正三、六、一九）

○庭園税等賦課貫徹ノ爲メ外部ニ行動　市制第六條ノ市ノ區會カ庭園税賦課ニ關スル區會ノ意見貫徹ノ爲メ實行委員ヲ設ケ外部ニ對シ行動ヲ爲スカ如キハ適當ナラス（大正八、一、二〇）

○遊興税等ノ新設ニ關スル意見書ノ提出　市制第六條ノ市ノ區會ニ於テ遊興税ノ新設ニ關シ意見書ヲ提出スルハ其ノ權限ヲ超ユルモノトス（大正八、一一、一七）

○税制改正ニ關スル意見書ノ提出　市制第六條ノ市ノ區會ニ於テ現行税制中改正ニ關スル意見書ヲ提出スルハ其ノ權限ヲ超ユルモノトス（大正八、一二、四）

行政判例

○市民ノ建議又ハ請願書受理ト市會ノ權限　凡ソ市會ハ適當ノ發案者ヨリ議題ノ提出アルニ當リ之ニ就テ審議決定スルコト當然ノ職務ニシテ市民ノ建議又ハ請願書ヲ受理シ以テ取捨スルハ行政ノ處分ニ屬スルモノナリ故ニ法律ニ明許シアラサル限ハ其ノ建議請願カ假令議會ノ議決スヘキ事項ニ關係アルモ市會ニ於テ之ヲ受理取捨スルハ行政上ノ權限ヲ侵スモノト謂ハサルヲ得ス（明治二七、五、五）

○國又ハ縣ニ屬スル事業ニ關シ町村ノ意見書提出　國又ハ縣ニ屬スル事業ニ關スルモノト雖モ其ノ町村ノ利害ニ關係アルモノハ本條ニ依リ町村ヨリ意見書ヲ提出スルコトヲ得而シテ町村會カ町村ノ公益ニ關スル事件ニ付意見書提出ノ爲メ起草委員ヲ選定スルモ越權ニアラス（明治二八、六、八）

○縣農學校ノ移轉ニ關スル意見書ノ提出　農學校ノ所在地神野村ハ佐賀市ノ隣接村ニシテ佐賀市ノ經營ニ屬スル四小學ノ中二個ハ神野村ニアルコトハ爭ナク佐賀市カ神野村ヲ併合セント企劃シタルコトモ爭ナキ所ナルヲ以テ此等ノ事情ヲ綜合シテ觀察スルトキハ佐賀市ハ農學校同校職員及生徒ニ對スル物資及宿舍ノ供給ニ因ル經濟上ノ關係ニ於テノミナラス其ノ他ノ點ニ於テモ直接ニ農學校ノ神野村ニ設

設シアルニヨリテ影響ヲ蒙ルモノト認ムルコト相當ニシテ佐賀市會カ佐賀縣農學校ノ移轉ヲ以テ本條ニ所謂市ノ公益ニ關スル事件ナリトシタルヲ不當トナスヘキニアラス從テ佐賀市會ハ之ニ付意見書ヲ提出シ及意見書起草委員選定ノ議決ヲ爲スハ適法ナリト爲サヽルヘカラス（大正九、一〇、七）

第六節　會議規則及傍聽人取締規則の設定

市町村會は其の内部の行動に關して自ら規定を設けて其の規定によつて會議を行ふものである、即ち會議の順序手續等を規定する會議規則及會議場の秩序維持の爲め傍聽人取締規則を設けなければならない。會議規則を定めたときは將來會議を規律するものであつて會議は必ず其の規則に依つて行はなければならない其の會議規則に反するときは議決又は選擧の效力にも影響を及ぼすことがあるから充分注意しなければならない然るに各町村に於て設けてある會議規則を見るに往々其の條文の完全ならざる爲め實際會議の運用に當つて誤るが如き例もあるから會議規則の設定に就ても注意して不備の點なきを期すべきである此の會議規則には市制町村制及會議規則に違反した議員に對して市町村會の議決を以て五日以内出席を停止するといふ規定を設くることが出來る（市制第六十三條町村制第五十九條）

○會議規則例

何市（町村）會會議規則

第一章　總則

第一條　議員ハ會議ノ時刻前ニ會場ニ參集シ出席簿ニ捺印スヘシ

第二條　會議ハ通常午前何時ニ始メ午後何時ニ終ル但シ議長ノ意見又ハ會議ノ議決ニ依リ之ヲ伸縮スルコトヲ得

第三條　議員ノ席次ハ總選擧後最初ノ會議ニ於テ抽籤ヲ以テ之ヲ定ム
補闕議員ハ前任者ノ席次ニ依ル補闕議員二人以上アルトキハ抽籤ヲ以テ之ヲ定ム

第四條　議長ハ會議ノ初ニ當リ書記ヲシテ出席議員及缺席議員ノ數ヲ調査シ之ヲ議場ニ報告セシム

第五條　會議中議長ハ議長ト呼ビ議員ハ其ノ席次ノ番號ヲ唱フベシ

第六條　會議中議題外ニ起リタル事件ハ議長之ヲ處分シ又ハ會議ニ諮ヒテ之ヲ決ス

第七條　議員ハ會議中濫リニ議席ヲ退クコトヲ得ス

第八條　會議規則ノ疑義ハ議長之ヲ決ス但シ出席議員三分ノ一以上ノ異議アルトキハ會議ノ議決ニ依リ之ヲ決ス

第二章　會議日程

第九條　議長ハ會議日程ヲ定メ會議ノ前日又ハ當日會議以前ニ於テ議員及市(町村)長ニ通知シ又ハ會議ニ報告ス

第十條　議員緊急事件ノ爲メ會議日程變更ノ動議ヲ提出シ他ノ議員何人以上ノ同意アルトキハ直ニ之ヲ議題トシテ其ノ可否ヲ決ス

議長緊急事件ナリト認ムルトキハ直ニ之ヲ會議ニ諮ヒ會議日程ヲ變更スル事ヲ得

第三章　讀　會

第十一條　議事ハ第一讀會、第二讀會、第三讀會ノ順序ヲ經テ之ヲ決ス　但シ議長ノ意見又ハ會議ノ議決ニ依リ三讀會ノ順序ヲ省略スルコトヲ得
第十二條　第一讀會ハ議案ノ大体議トシ第二讀會ヲ開クヤ否ヲ決ス
第二讀會ヲ開クヘカラストト決シタルトキハ其ノ議案ヲ廢棄シタルモノトス
第十三條　第二讀會ニ於テハ議案ノ細目ニ付逐次議決ス
第十四條　第三讀會ニ於テハ議案ノ全体ニ付其ノ可否ヲ決ス

第四章　建議及動議

第十五條　第一讀會及第二讀會ニ於ケル動議ハ直ニ之ヲ議題トシ第三讀會ニ於ケル動議ハ他ノ議員何人以上ノ賛成アルニ非サレハ議題トナスコトヲ得ス
第十六條　建議ノ發議ハ其ノ案ヲ具ヘテ議長ニ提出スヘシ
建議ハ何名以上ノ賛成アルニ非サレハ議題ト為スコトヲ得ス
第十七條　選擧執行ノ動議ハ議員何名以上ノ賛成アルトキハ之ヲ會議ニ諮ヒ其ノ可否

ヲ決ス

第五章　修　　正

第十八條　修正案ハ原案ニ先チテ採決スヘシ
同一ノ議題ニ付數箇ノ修正案アルトキハ原案ニ最モ遠キモノヨリ順次之ヲ採決ス
第十九條　原案修正案共ニ過半數ノ賛成ヲ得サル場合ニ於テ尚其ノ議案ヲ廢棄スヘカラサルモノト認ムルトキハ議長ノ意見又ハ會議ノ議決ニ依リ調査委員ニ付託シ更ニ修正案ヲ立案セシメ之ヲ會議ニ付スルコトヲ得
第二十條　否決セラレタル修正案ハ同一會期中再ヒ之ヲ提出スルコトヲ得ス
第二十一條　修正ノ動議ハ第二讀會ニ於テ之ヲ提出スヘシ
第二十二條　第三讀會ニ於テハ文字ノ更正若ハ議案中互ニ抵觸スル事項又ハ法令ニ違背スル事項ヲ訂正スルノ外修正ノ動議ヲ提出スルコトヲ得ス

第六章　發言及討論

第二十三條　議員發言セントスルトキハ議長ノ許可ヲ受クヘシ
第二十四條　討論質疑ハ議長ニ向ツテ之ヲ爲シ議員互ニ應答スルコトヲ得ス

第二十五條　討論ハ議題外ニ渉ルコトヲ得ス若シ議長ニ於テ議題外ニ渉ルト認ムルトキハ之ヲ制止スルコトヲ得

第二十六條　討論未タ終ラスト雖議長ニ於テ論旨既ニ盡キタリト認ムルトキハ會議ニ諮ヒ採決スルコトヲ得

第七章　委　員

第二十七條　議案審査上必要アルトキハ委員ヲ設ケ議案ノ調査若ハ修正ヲ爲サシムルコトヲ得

第二十八條　委員ハ無記名投票ニ依リ選擧シ又ハ指名推選ニ依リ會議ニ於テ之ヲ定ム

第二十九條　委員ニ選定セラレタルモノハ正當ノ事由ナクシテ其ノ任ヲ辭スルコトヲ得ス

第三十條　委員會ハ委員定數ノ半數以上出席スルニ非サレハ開會スルコトヲ得ス

第三十一條　委員會ハ委員長一名ヲ互選シ之ヲ議長ニ報告スヘシ
委員長ハ委員會ヲ招集シ委員會ノ議長トナリ其ノ會議ヲ整理ス
委員長故障アルトキハ年長ノ委員其ノ職務ヲ代理ス年齢同シキトキハ抽籤ヲ以テ

之ヲ定ム

第三十二條　委員會ノ議事ハ出席委員ノ過半數ヲ以テ之ヲ決ス可否同數ナルトキハ委員長之ヲ決ス

第三十三條　委員會ノ經過及結果ハ委員長之ヲ會議ニ報告スヘシ

第三十四條　委員會故ナク附託事件ノ審議ヲ爲サス又ハ報告ヲ怠リタルトキハ委員ノ改選ヲ爲スコトヲ得

第八章　採決

第三十五條　宣告ノ際議席ニ在ル議員ハ可否ノ數ニ入ラサルコトヲ得ス表決ノ際議席ニ在ラサル議員ハ表決ニ加ハルコトヲ得ス

第三十六條　可否ハ起立ニ依リテ之ヲ採決ス但シ議長ノ意見又ハ會議ノ議決ニ依リ無記名投票ノ方法ニ依ルコトヲ得

第九章　秩序維持

第三十七條　議員ハ會議中喧噪ニ亘リ其ノ他議事ノ進行ヲ妨クル擧動ヲ爲ス事ヲ得ス

第三十八條　議員ハ會議場ニ於テハ帽子襟卷等ヲ着シ又ハ外套傘杖ノ類ヲ携帶スヘカ

ラス

第三十九條　議員會議中ニ着席又ハ退席セントスルトキハ其ノ旨議長ニ申告スヘシ

第十章　會議錄

第四十條　會議錄ニハ左ノ事項ヲ記載スルモノトス

一、開會閉會ニ關スル事項及其ノ年月日時刻
二、會議開閉ニ關スル事項及其ノ年月日時刻
三、出席及欠席議員ノ番號氏名
四、議事ニ參與シタル者ノ職氏名
五、書記ノ氏名
六、會議ニ付シタル事件名
七、選擧ノ顚末
八、議決ノ顚末
九、其ノ他會議ノ顚末ヲ知ルニ必要ナル事項

第四十一條　會議錄署名議員ハ何名トシ毎會期之ヲ定ム

第十一章　罰則

第四十二條　市制第五十八條(町村制第五十四條)第二項ノ規定ニ違背シタル者ハ會議ノ議決ニ依リ五日以內出席ヲ停止ス

○傍聽人取締規則例

何市(町村)會傍聽人取締規則

第一條　會議ノ傍聽ヲ爲サントスル者ハ受附ニ於テ其ノ指揮ヲ受クヘシ

第二條　傍聽人員ハ議長之ヲ制限スルコトヲ得

第三條　左ノ各項ノ一ニ該當スル者又ハ該當スト認ムル者ハ傍聽ヲ許サス

一、瘋癲　白痴及亂醉者

二、兇器戎器其ノ他危險ノ虞アル物品ヲ携帶スル者

第四條　傍聽人傍聽席ニ於テハ左ノ事項ヲ遵守スヘシ

一、帽子、襟卷又ハ外套ノ類ヲ着スヘカラス

二、傘、杖ノ類ヲ携帶スヘカラス

三、私語飮食又ハ喫煙スヘカラス

四、議員ノ言論ニ對シ可否ヲ表シ其ノ他會議ノ妨害ト爲ルヘキ所爲アルヘカラス

第五條　前各條ノ外係員ノ指揮ニ從フヘシ

第六條　傍聽人本則ニ違背スルトキハ議長ハ之ヲ制止シ命ニ從ハサルトキハ退場ヲ命スヘシ

行政實例

○町村制第五十九條第二項ノ處分ニヨリ半數以上ノ出席ヲ缺キタル場合　町村制第五十九條第二項ニ依リ議員ノ出席ヲ停止シタル爲メ第四十八條ニ所謂議員定數半數以上ノ出席ヲ缺キタルトキハ會議ハ之ヲ開クコトヲ得サルモノトス

○會議規則傍聽人取締規則ト發案權　市町村會カ議ス可キ議案ハ市町村長ニ於テ發案スルヲ常例ト爲スモ會議規則及傍聽人取締規則ノ如キハ其ノ變例ニ屬シ市町村會自ラ發案議決ス可キモノナリ

○會議規則ト議長ノ權限制限　會議ノ整理上必要ト認ムルトキハ其ノ會議規則中議長發言セントスルトキハ議長席ヲ他ニ讓リ議員席ニ着クヘシ但シ此ノ場合ニ於テハ議長ハ其ノ議題ノ議事ヲ終ルマデ議長席ニ復スルコトヲ得ストノ規定ヲ設クルモ妨ケス

○小會議又ハ委員ヲ置クノ規定　市町村會ハ議會内部ニ於ケル議事ノ便宜上ヨリシテ會議規則中小會議又ハ委員ヲ置クノ規定ヲ設クルモ法律上別ニ妨ケナシトス

○會議規則ト開會日ノ限定　町村ノ會議規則ヲ以テ町村會開會ノ期日ヲ限定スルコトヲ得ス

○會議規則ト確定議ノ順序　町村會議規則中會議ノ議決ハ總テ一讀會二讀會三讀會ヲ經テ確定議ト爲ス旨規定アル場合町村會カ町村ノ公益ニ關スル意見書議決ノ場合ニ於テモ會議規則ノ定ムル所ニ依リ會議ノ議決ヲ經ヘキモノナリ

○出席停止期間ノ定メ方　町村會議規則ノ定ムル處ニ依リ町村會ノ議決ヲ經テ五日以內出席ノ停止ヲ爲スヘキ場合ハ其ノ五日ハ必ス引續キ停止スルヲ要シ例ヘハ十日間隔日ニ停止スルカ如キハ違法ナリ

○停止期間ト次會ノ會議　町村會ノ議決ヲ以テ議員ニ對シ五日間ノ出席停止ヲ爲シタル後二日目ニ町村

會ヲ閉チタルトキト雖モ殘停止期間ハ次會ノ會議ニ引續クモノニアラス

○町村會議規則ト町村長ノ發案資格　町村會議規則ハ町村長ニ於テ發案スヘキモノニアラス但シ町村長ニ於テ町村會議長ノ資格ニ於テ發案スルハ差支ナシ

○議事規則ニ違反シテ確定シタル議案再度ノ附議方法　町村會議規則中議事ハ三讀會ヲ經テ確定議トスル旨規定シアルニ拘ハラス町村ノ收入豫算議決ノ際議長代理者ニ於テ單ニ一讀會ヲ經タルノミノモノヲ誤テ確定議ヲ經タルモノトシ次イテ町村長代理者トシテ町村會ヲ閉會シタルトキハ町村長ハ更ニ町村會ヲ召集シ該議案ヲ討議スルノ外ナキモ此ノ如キ場合ニ於テハ議事ハ第二讀會ヨリナスヘキニアラス第一讀會ヨリ更ニナスヘキモノナリ

行政判例

○會議規則等ノ發案權　本條ノ如キ事項ニ付テハ市會モ又發案權ヲ有スル（明治二八、九、一四）

第三章　招集及會議事件告知

第一節　招集者

市町村會は一定數の自然人を以て組織せられ常時會議を開いてゐるものではないから必要に應じて議員が集合して市町村會を成立せしめなければならない其の議員の集合

を促す行爲即ち招集が必要となつて來るのである故に法は此市町村會の招集を市町村の首長たる市町村長の權限に屬せしめ必要に應じて市町村會を招集せしめるのである此の招集權を市町村長に專屬せしめたのは市町村長は市町村の首長として常時市町村の事務に携はつてゐるものであるから之に招集權を與ふる事が最も適當とせられた譯である故に市町村長の招集に依らずして議員が集合しても之は單に個人の寄合であつて市町村會と云ふ事は出來ない。市町村會を招集すると否とは全く市町村長の自由であるが唯議員定數の三分の一以上（定數とは現在する議員の意ではなくして缺員ある場合は缺員の數をも加へた市制第十三條町村制第十二條に定むる數をいふのである）より會議に付すべき事件を示して請求のある時は市町村長は之を招集しなければならない從前の規定に於ては單に議員定數の三分の一以上から招集の請求をすれば足り其請求に會議事件を示すの必要はなかつたのであるが昭和四年の改正に依つて會議事件を示して市町村長に招集の請求を爲すべき事に改められたのであるから此點特に注意を要する、其の招集請求者の數は議員定數の三分の一以上であるから議員定數十二名の內二名缺員あるも矢張り十二名の三分の一即ち四名以上の請求がなければならない市町村長は制規の請求を受けたならば必ず招集しなければならないのであるが萬一市町村長が無理に之を招集しないやうな場合は市制第百六十一條町村制第百四十一條に依つて監督官廳が必要なる命令を發し又は處分を爲すか若は市制第百六十三條第二項町村制第百四十三條第二項に依つて監督官廳が招集するより外はない。

市町村會議員が招集請求を爲すことが出來るのは議員に發案權のある事件に限るのであるから從前は議員の發案權の範圍が極めて狹く僅かに選擧及市町村會自体の意志を以て獨立に外部に對抗する場合のみであつたが今回の改正に依つて歳入出豫算以外は總ての事件に付て發案權を有する樣になつたのであるから招集の請求も歳入出豫算以外の事件については總て招集請求を爲し得ることになつた譯であるかくの如く議員に發案權のない事件に付て招集請求を爲し得ないのは性質上當然の事であつて議員に發案權のない場合は議員の請求に依り招集するも市町村長が發案しなければ其招集は何等の效果をも生しないからである（市制第五十一條町村制第四十七條）要するに議員が市町村會の招集を請求するときは議員定數三分の一以上が連署し議員が發案し得る事件名を示して請求すれば宜しいのである。

行政實例

○議員ノ三分ノ一以上ニヨル招集ノ請求アリタル場合ト町村長ノ職責　町村ノ公益事件ニ關スル意見書議決ノ爲メトシテ町村會議員三分ノ一以上ヨリ町村會招集ノ請求アリタルトキハ假令町村長ニ於テ其ノ事件ガ町村ノ公益ニ關セスト認ムルト雖モ町村長ハ招集スルヲ要スルモノトス

○町村公益ニ關スル意見書ノ議定ノ爲メ會議ノ招集請求　町村制第十三條ニ所謂町村ノ公益ニ關スル意見書議定ノ爲メニハ町村會議員ハ町村制第四十七條ニ依リ議員定員ノ三分ノ一以上ノ連署ヲ以テ町村長ニ對シ會議ノ招集ヲ請求スルコトヲ得ルモノトス

○同上意見書ノ發案權　前項請求ニ應シ町村長ニ於テ町村會ヲ招集シタル場合ニ於テハ意見書ノ發案ハ議員ニ於テ之ヲ爲スヘキモノトス

○會議ノ招集ヲ請求スル方式　町村會ニ於テ町村長ニ對シ會議ノ招集ヲ請求スル場合ハ必スシモ書面ヲ以テスルコトヲ要スルモノニアラス口頭ヲ以テスルモ議員ノ適宜ナリ

第二節　招集及會議事件告知手續

市町村會の招集及會議事件は開會の日前三日目迄に告知し本人に到達しなければならない此の告知に三日の期間を置くのは議員に對し考案の餘裕を與へて會議の用意をなさしむる爲である（即ち開會の日と告知到達の日との間に中二日以上を置く事）告知書

には招集の場所、日時及會議事件を必ず明示し會議規則に會議時間を規定してあるときは開會時刻は其の時間内でなければならない事件の告知を三日以内に爲すべき制限は市町村長に發案權の專屬してある事件に限るのであつて市町村會が發案し得る事件については制限は適用しないと云ふのが從來の定說であるが此の制限規定は前述の通り理事者に於て發案する場合豫め會議事件を通知して會議の準備を爲さしむるの趣旨なるを以て議會に發案權ある事件と雖市町村長に於て發案する場合は等しく此の制限に依つて招集するを適當なりと思ふ要するに此の制限は市町村長に於て發案する場合に限るのであつて市町村會が發案し得る事件（歲入出豫算を除くの外總ての事件に付て發案權を有す第四章參照）に付て市町村會自ら發案する場合は此の制限はない而し會議の事件は議會に於て發案する場合に於ても市町村會の招集は必ず前三日目迄に爲すを要するから招集と會議事件とを同時に告知する場合は其の告知が前三日目迄の内でなかつたならば會議事件は市町村會に於て發案し適法な議案であつても招集の告知が三日前でないから適法な市町村會の成立が出來ないことになるのである。

開會の日前三日目迄に告知を要すると云ふのは普通事件の場合であつて、其の事件が急施を要するときは其の制限期間を置かずとも必要に應じ直ちに招集し付議することが出來る、市町村會開會中であつても急施を要する事件であれば豫め議員に告知しなくとも直に付議し急施事件でなくとも會議に付する日前三日目迄に告知して置けば附議することが出來る。

市町村會の開會中に事件の告知を爲す場合市町村長から議長に告知し議長から議員に告知の手續を採つてゐる向きがあるが、此の場合でも矢張市町村長から議員に告知すべきものである、但し開會中に急施事件を附議する場合は豫め市町村長が各議員に告知することなく直ちに附議することが出來るのである。

招集告知後事件の追加告知を要するときは追加告知を爲す日が開會の日の三日前でなくとも開會後其の事件を附議する日が追加告知の日より三日後であれば差支へない、此の場合に於ても急施事件であれば右の期間はなくとも附議することが出來るのは前の場合と同一である。

事件が急施を要するものなりや否は事件の客觀的性質に依るべきものであつて單に市町村長の認定によるべきものでないから、市町村長が急施事件であるとして附議しても事件の性質が急施を要するものでなければ其の議決は違法の議決たるを免れない。市町村長は場合に依つては會期を定めて招集することが出來る（市制第五十一條第二項町村制第四十七條第二項）此の場合に從前の規定に依れば一旦會期を定めて招集したる以上其の後更に會期を延長することは出來なかつたのであるが、今回の改正に依つて此の點を改められ一旦會期を定めて招集したるも其の會期の終了するに當り附議事件を生じ、又は其の他の必要があつた場合には市町村長は更に期限を定めて會期を延長することが出來る樣になつたのである。

會期を定めて招集する必要は一定の期限内に議了を要する事件のある場合徒らに市町村會が會期を延ばし、議決を遲延せしむることを制する爲であつて此の場合は招集と同時に會期を告知するを要し會期内に其の事件を議了しないときは市制第九十一條第三項町村制第七十五條第二項に依つて市町村長は府縣知事に具狀して指揮を受け、其の議決すべき事件を處分又は處置することが出來る。

市町村長が市町村會を招集しても議員が其の招集に應じないか又は一部の議員が招集に應じたのみで議員定數の半數以上（即ち十二人の定數の町村は六人以上であつて六

人招集に應ずればよい）に達しない場合は會議を開くことが出來ず、其の招集は何等の效果をも發生しないから再び招集しなければ招集の目的を達し得られないわけである、夫れで此の場合は同一事件に付再び開會の日前三日目迄の期間を置いて招集するのである（尤も急施事件であれば此の期間を置く必要のないことは第一回の招集と同一である）かくて同一事件に付て再招集を爲したときは出席議員が定足數に達しなくとも開會することが出來るのである。

議員が招集に應じて一度會議場に出頭したが未だ開會しない前に退場し、開會するとき議場にをらない場合は既に招集に應じたものであるから再招集の手續をとるの必要はなく、議長が出席を催告して開會すれば宜しいのである、唯注意すべきことは會議場が役場内なる場合役場に出頭し暫くして歸りたる場合の如き市町村會の招集に應じたるものなりや又は他の用事を以て役場に出頭したるものなりやは其の當時の狀況に依つて判斷しなければならない、招集に應じた旨を明示した場合は疑問はないが單に役場の事務室に於て雜談したのみにて退場した場合の如きは招集に應じたものであるかどうかといふことは實際上困難な問題である。

市町村會を招集するに當つて注意すべき要點を擧ぐれば左の通である。
イ、開會の日と招集告知の日との間に中二日以上を置くことと急施市件の爲め此の期間を置くことが出來ないときは急施である旨を告知書に記入すること。
ロ、告知書には開會の日時、會場、會議事件を必ず記入し急施事件なるときは急施の旨を、會期を定めて招集するときは其の會期を記入すること。
ハ、告知書は必ず開會の日前三日目迄に各議員に到達すること一人にても到達しないときは其の市町村會の招集は違法になるのである。
ニ、會議規則に會議時間を定めてあるときは開會の時刻は必ず其の時間内なることホ、再招集の場合は會議事件は第一回の招集告知と同一事件なること。

○招集告知書例

其ノ一

何第何號

左記事件ニ付(急施ヲ要シ)何月何日午前(午後)何時何々(會場名ヲ記ス)ニ市(町村)會

ヲ招集致候條此段及告知候也

昭和何年何月何日

何市(町村)長　何　某㊞

何市(町村)會議員何某殿

記

一、昭和何年度歳入歳出追加豫算

一、、、、、

○招集告知書例

其ノ二

何第何號

左記事件ニ付市(町村)會議員何某外何人ヨリ請求アリタルニ付何月何日午前(午後)何時何々(會場名ヲ記ス)ニ市(町村)會ヲ招集致候條此段及告知候也

昭和何年何月何日

何市(町村)長　何　某㊞

何市(町村)會議員何某殿

記

一、何々條例改正ノ件

二、、、、、

○招集告知書例

其ノ三

何第何號

左記事件ニ付何月何日ヨリ何月何日迄何日間ノ會期ヲ以テ何月何日午前（午後）何時何々（會場名ヲ記ス）ニ市（町村）會ヲ招集致候條此段及告知候也

昭和何年何月何日

何市（町村）長　何　某㊞

何市（町村）會議員何某殿

記

一、何々、、ノ件

二、、、、、

○再招集告知書例

何第何號
何月何日午前(午後)何時ヲ期シ招集シタル本市(町村)會ハ應招者議員定數ニ滿タス開會シ得サリシヲ以テ左記事件ニ付更ニ何月何日午前(午後)何時本市(町村)會ヲ何々(會場記入)ニ招集致候條此段及告知候也
昭和何年何月何日
何市(町村)長　何　某㊞
何市(町村)會議員何某殿
記
一、昭和何年度歳入歳出追加豫算
一、何々、、、、

○會議事件追加告知書例

何第何號
目下開會中(何月何日開會)ノ本市(町村)會會議事件左ノ通追加致候條此段及告知候也

昭和何年何月何日　　何市(町村)長　何　某㊞

何市(町村)會議員何某殿

記

一、何々、、、、

何第何號

○開會中ニ急施事件附議書例

何市(町村)會

左記事件急施ヲ要スルニ付目下開會中ノ會議ニ付ス

昭和何年何月何日　　何市(町村)長　何　某㊞

記

一、何々、、、、

行政實例

○議員ヨリ町村長ニ對シテ町村會ノ招集ヲ請求シ得ルヤ否　町村會議員カ町村長ニ對シテ町村會ノ招集ヲ
招集及會議事件告知手續

招集及會議事件告知手續

請求スルコトヲ得ルハ舊町村制ノ當時ト同シク自己ニ發案權ノ存スル場合ニ限ル義トス

○會期中ト曜日アル場合ト期間　町村長ニ於テ會期ヲ五日ト定メ町村會ヲ招集シタル場合其ノ會期間ニ日曜日ノ挾マレルトキト雖該日曜日ハ會期中ニ包含スルモノナルカ故ニ會期ヲ定ムル場合ハ可成丈ケ何日ヨリ何日迄ト云フカ如ク明定スルヲ可トス

○市制第五十一條第四項ノ意義　市制第五十一條第四項ハ理事者ニ對スル制限的規定タルニ止マリ市會ニ對シテ別ニ何等制限的規定ナキヲ以テ市會ニ於テ急ニ議決ヲ要スル事件アリト認ムルトキハ適宜自ラ發案シ直ニ其ノ會議ニ於テ議決スルコトヲ得ルモノトス

○附議事件ノ告知ト會期ノ定メノ有無　附議事件ノ告知ヲ三日目迄ニ爲ス場合ハ會期ノ爲メアルト否トヲ問フ處ニアラス

○當選ヲ辭シ得ヘキ間ニ於ケル市町村會ノ招集　市町村會議員ノ改選又ハ補缺選擧（議員定數ノ半數以上）ノ場合當選者ニ當選告知ヲ爲スモ其ノ當選ヲ辭シ得ヘキ期間ヲ經過セサレハ市町村會ノ開會ヲナシ得サルト同時ニ當選ノ告知ヲ受ケタル者モ亦議員ト謂フ能ハサルヲ以テ市町村會ヲ招集スルヲ得ス

○郵便ヲ以テセル議員招集告知ノ配達遲延シタル場合　郵便ニ付シ町村會議員ニ招集狀ヲ發シタルニ受信人タル一人ノ議員ノ住所地字名番地ニ誤記アリシ結果其ノ配達遲延シ閉會後ニ至リ漸ク先方ニ到達シ之カ爲メ會議ニ參會セサリシノ事實アリタリ此ノ場合ニ於テハ假ヒ議員定數ノ半數以上ノ出席アリタリトスルモ右町村會ノ爲シタル議決ハ違法ナリ

○議員ノ一人ヲ正當ノ理由ナクシテ招集セサル村會ノ決議ノ效力　村會議員中ノ一人ヲ正當ノ理由ナク招集セスシテ開會シタル村會ノ議決ハ無效トス

○告知外ノ事件附議ト缺席議員ニ對スル通知　甲事件ノ爲ニ招集シタル町村會ニ於テ告知セサル乙事件

ヲ提出シ之ヲ缺席議員ニ通知スルコトナク直ニ議決シタル事件ハ不法ノ議決トシテ處分スルモノトス

○市町村會ノ發案權ト議員ノ會議招集請求權　舊市制第三十三條第四十八條舊町村制第三十五條第五十條ニ關スル事件ノ如キ市町村會ニ發案權アル事件ノ外ハ議員ニ於テ會議ノ招集ヲ請求スル權能ナキモノトス

○町村長助役共ニ缺員ノ場合ニ於ケル町村會ノ招集方法　町村長助役共ニ缺員トナリタル場合ニ於テハ監督官廳ハ官吏ヲ派遣シ町村會ヲ招集セシムルモ妨ナシ

○閉會後ニ於ケル殘留議員ノ爲シタル會議　議長カ閉會宣告後殘留議員ニ於テ爲シタル會議ハ市會ノ行爲ト認ムルヲ得ス

○當選告知ヲ發シ五日ヲ經過セサル場合ト町村會ノ招集通知　町村長ニ於テ當選者ニ當選告知書ヲ發シ五日ヲ經過セサル以前急ニ町村會ニ招集スル場合ニ於テハ其ノ當選者ハ未タ町村會議員トナラサル者ナルカ故ニ招集ノ告知ヲ爲スヲ要セス

○總改選後五日以內ノ町村會ノ招集　町村會議員ノ總改選後五日以內ナルニ於テハ如何ナル場合ト雖モ町村會ヲ招集スルコトヲ得サルモノナリ

○總改選後五日以內ニ町村會ヲ招集スル必要アル場合ニ於ケル事件ノ處理　町村會議員ノ總改選後五日以內ニ於テ町村長ニ於テ町村會ヲ招集スルコト能ハサルモノナルカ故ニ此ノ場合ニ於テハ町村長ハ町村會成立セサルモノトシテ制第七十五條第一項ニ依リ知事ニ具狀シテ其ノ指揮ヲ請ヒ町村會ノ議決スヘキ事件ヲ處理スルノ外ナシ

○少數ノ出席議員ト開會　議員定數ノ半數以上招集ニ應シタル以上ハ出席議員ノ多寡ニ拘ラス町村長ハ

招集及會議事件告知手續

招集及會議事件告知手續

適宜開會式ヲ擧クルコトヲ得ルモノトス

○會期ノ起算　會期ハ市町村長ニ於テ定メタル開會初日ヨリ起算ス可キモノトス

○招集ト開會　市町村會ノ招集ト開會ノ初日トハ必シモ同一日ナルヲ要セス其ノ日ヲ同ウスルト否トハ專ラ其事情ノ定ムル處ニ依ル

○議員ノ資格審査ニ關スル事件ト告知　議員ノ資格審査ニ關スル事件ハ告知外ノ事件ニ屬スト雖モ議決スルコトヲ妨ケサルモノトス

○議員ノ招集請求シウル場合　市制第四十五條第四十六條第六十三條及町村制第四十二條第四十三條第五十九條ニ關スル事件ニ付キ議員三分ノ一以上ノ請求アリタルトキハ市町村長ハ必ス市町村會ヲ招集セサル可カラスト雖モ若シ其ノ事件カ市町村長發案ス可キモノナルトキハ議員ハ市町村會ノ招集ヲ請求スルノ權ナキモノトス

○收監中ノ議員ト招集ノ告知　町村會議員中衆議院議員ノ選擧ニ關シ犯罪ノ嫌疑アリテ現ニ收監セラルヽ者アリ町村長ニ於テ町村會ヲ招集セントスルトキハ右等ノ議員ニ對シテモ他ノ議員同樣招集ノ告知ヲ爲スヘキモノニシテ假令收監中ナルヲ以テ到底出場ニ出席スルヲ得サルモノト雖モ招集ノ告知ヲ爲スコトヲ要ス

○拘留議員ニ招集ノ手續ヲ爲サヽル場合ト議決ノ效力　町村長ニ於テ若シ拘留セラレ居ル町村會議員ニ對シ招集ノ告知ヲ爲サスシテ會議ヲ開會シタルトキ該會議ニ於テ爲シタル議決ノ效力ハ法律ニ違フ議決ニ付町村制第七十四條ニ依リ監督官廳ヨリ相當措置セラルヘキモノトス

○辭表ヲ提出セル議員ト招集ノ告知　町村會招集前辭表ヲ提出シタル議員ニ對シテハ假ヒ町村會ニ於テ未タ其ノ辭職ノ當否ヲ議決セサル以前ト雖町村長ハ最早招集告知ヲ爲スニ及ハサルモノトス

○收監中ノ者ニ對スル告知ノ告知場所　町村長ニ於テ町村會ヲ招集スルニ當リ議員中入監者アルトキハ該議員ニ對スル招集告知ハ本人ノ住所ニナス可キモノトス

○議長ノ出席催告ノ數　議長ニ於テ議員ニ對シ爲シ得ヘキ催告ハ一會期中一回ニ限ルヘキモノニアラス必要アル場合ニハ幾回催告ヲ爲スモ何等妨クル處ナシ

○禁錮以上ノ刑ノ宣告ヲ受ケタル者ト招集ノ告知　町村會ヲ招集スルニ當リ議員中禁錮以上ノ刑ノ宣告ヲ受ケタルモノアルトキ刑ノ未タ確定セサル以前ナルトキハ町村長ハ該議員ニ對シテモ亦他ノ議員ト同シク招集告知ヲ爲スヘキハ勿論ノコトトス

○町村長ニ於テ町村會出席不能ノ場合ト開閉ノ方法　町村制第四十七條末項ニ町村會ハ町村長之ヲ開閉ストアルニ依レハ町村會ハ町村長ニアラサレハ之ヲ開閉スルコトヲ得サルハ勿論ナルヘキカ會議ノ終リニ至リ町村長助役トモニ故障アリテ町村會ニ出席シ會議ヲ閉ツルコト能ハサルトキ町村長ハ適宜文書ヲ以テ其ノ旨ヲ議長ノ職務ヲ行フモノニ通知シ議長ヲシテ更ニ一般議員ニ通知セシムル等相當ノ方法ニ依ルハ別ニ妨ケナキコトナリトス

○告知以外ノ事件ヲ議決シ得ヘキ場合　本條第三項ハ理事者ニ對スル制限規定ナルヲ以テ告知以外ノ事件ト雖モ議員ニ發案權アル事項ナルトキハ本條ノ支配ヲ受ク可キモノニ非サルヲ以テ假令急施事件ニ非サルモ直チニ之ヲ議決スルモ妨ケス

○助役カ代リテ招集スル場合ト招集名義　町村長病氣引籠ノ爲メ助役代ツテ町村會ヲ招集スル場合ト雖モ助役ノ名義ヲ以テスヘキニアラス町村長ノ名義ヲ以テスヘキモノナリ

○開會中議案總テ議了シタルトキト閉會　町村長ニ於テ豫メ會期ヲ定メテ町村會ヲ招集シ開會シタル場合ト雖モ議スヘキ議案ノ總テヲ議了シ町村會町村長共ニ別ニ議スヘキ事件ナシト認メタルトキハ町村

長ハ會期ノ盡クルヲ待タス適宜町村會ヲ閉會シ差支ナキモノトス

○議員改選又ハ補缺選擧後ノ市町村會招集通知　市町村會議員ノ改選若ハ補缺選擧（議員定數ノ半數以上）ノ場合ニ於テ當選者ニ當選ノ告知ヲ爲スモ其ノ當選ヲ辭シ得ヘキ期間ヲ經過セサルトキハ市町村會ヲ招集スルコトヲ得ス但シ市制第三十二條第三項第四項及町村制第二十九條第三項第四項ニ該當シ當選ニ應スル旨ヲ申立タルトキハ其ノ者ニ對シ招集ヲ爲シ得ルハ勿論ナリ（大正三、二、二〇）

○議事進行中ノ市會閉會　市長カ議事ノ進行中ニ其ノ市會ヲ閉會スルハ適法ニアラサルヲ以テ此ノ如キ場合ハ監督官廳ニ於テ之ヲ取消スヘキモノトス（大正四、八、一三）

○町村長ノ選擧ト本條第三項　町村長ノ選擧ハ本條第三項ニ依ル事件ノ告知ヲ爲スコトヲ要セス（大正八、一二、八）

○會議休會後ノ再會ト一部議員ニ對スル開會期日通告ノ欠缺　村會會議録ニ依レハ議長ニ於テ無期休會ヲ宣言セル旨記載ナキモ果シテ無期休會ヲ爲シタルモノナルニ於テハ新ニ會議ヲ開クニ當リ議長カ一部議員ニ開會期日ヲ通告セサリシ場合ハ假令出席議員半數以上ナリシト雖モ其ノ村會ハ正當ニ開會セラレタルモノト謂フヲ得サルヲ以テ其ノ會議ニ於テ爲サレタル議決又ハ選擧ハ違法トス　（大正一四、九、二）

○町村長ノ怠慢ニ因リ町村會招集ノ告知カ遲延シタル場合ト本條第三項但書ノ適用　法令ノ規定上一定ノ期限ニ町村會ニ付議スルヲ要スル事件ニ付テハ假令町村長ノ怠慢ニ因リ町村會招集ノ告知カ遲延シタルカ爲ニ町村會ノ開會前三日ノ猶豫期間ヲ存スルコト能ハサルニ至リタルトキト雖モ町村制第四十七條第三項但書ニ所謂急施ヲ要スル場合ナリトス（昭和二、五、三一）

○村會ノ招集及會議事件ノ告知方　村會議員被選擧權有無決定ノ事件ニ付會議事件ヲ村會議員資格有無

決定ノ件ト記載シテ爲シタル村會招集及會議事件ノ告知ハ違法ニ非ス（昭和二、六、九）

○會議事件カ急施事件ナリヤ否ノ判定事情　町村會ノ會議事件カ急施事件ナリヤ否ハ議案ノ性質ノミニ依リ一般的ニ之ヲ定ムルコトヲ得ス各場合ノ事情ヲ斟酌シテ判定スヘキモノトス（昭和二、七、二一）

○招集及告知ノ違法ナル町會ノ決定ノ效力　招集及會議事件ノ告知手續ニ違法アル町會ニ於テ爲シタル町會議員失格ノ決定ハ違法ナリ（昭和二、一〇、二五）

内務省岐地第一四九號

昭和三年十月二十五日

内務省地方局長

岐阜縣知事殿

町村制第四十七條第三項ニ關スル件回答

九月二十八日付一六五七號照會標記ノ件ハ開會ノ日前三日目迄ニ到達ヲ要スルモノニ有之候

三地第一六五七號

昭和三年九月二十八日

岐阜縣知事

内務省地方局長殿

町村制中疑義ニ關スル件照會

左記事項ニ關シ聊カ疑義相生シ候條何分ノ御回示相煩度此段及照會候也

記

一、町村制第四十七條第三項ノ「招集及會議ノ事件ハ開會ノ日前三日目迄ニ之ヲ告知スヘシ」トノ意ハ町村長ニ於テ招集及會議事件ヲ書面ニ依リ告知ヲ爲ス場合ハ前三日目迄ニ該告知書ヲ發スレハ足ルモノナリヤ將又前三日目迄ニ本人ニ告知書ノ到達ヲ要スルモノナリヤ

招集及會議事件告知手續

行政判例

○辭職屆ノ提出者ニ對スル村會招集狀　村會招集前既ニ辭職屆書ヲ提出シタル議員ハ之ト同時ニ議員タル資格ヲ失ヒタルモノナレハ其ノモノニ對シテハ招集狀ヲ發スヘキモノニアラス（明治三七、三、二一）

○町村會招集ノ方法　町村制ニ町村會ヲ招集スルノ方法ヲ特定スルコトナシ（明治三一、四、七）

○招集狀ノ送達方法　招集狀ハ何レノ場所ニテモ其ノ本人ニ受領セシムレハ足リ必スシモ之ヲ住所ニ送達スルヲ要セス（明治三六、三、一八）

○町村制第四十七條第四項ニ所謂急施ヲ要スル事件ナリヤ否ノ認定權限　原告ニ對スル本件公民權停止處分ノ議案カ大正三年五月二十七日開會中ノ町會ニ急施ヲ要スル事件トシテ一部議員缺席中ナルニ拘ラス直ニ付議セラレ即日可決セラレタルモノナルコトハ當事者間爭ナキ所ナリ然ルニ該議案ハ其ノ性質ヨリ考察シ次回ノ町會ヲ俟ツコト能ハサル緊急事件ト認ムルヲ得ス但被告ノ謂フカ如ク右町會開會ノ日ハ原告ノ辭職屆提出ノ日ヨリスレハ多數ノ日子ヲ經過セルコトハ事實ナルモ之ノミヲ以テ町村制第四十七條第三項本文ノ規定ノ適用ヲ除外スルノ理由ト爲スニ足ラス被告ハ一定ノ議案ヲ急施事件トスルト否トハ町長ノ權限ニ存スルヲ以テ之ヲ論爭スルコトヲ得サルモノノ如ク論スルモ町村制第四十七條第四項ノ規定ハ一定ノ議案ヲ急施事件トスルト否トヲ町村長ノ自由裁量ニ委ネタルモノト解スルヲ得サルカ故ニ被告ノ此ノ論旨ハ採用シ難シ從テ本件公民權停止ノ處分ハ告知手續ニ欠缺アル違法ノモノナルヲ以テ其ノ實質ノ當否如何ヲ問ハス取消ヲ免レサルモノトス（大正四、三、二〇）

○所謂急施ヲ要スル事件ナリヤ否ノ認定　會議事件カ急施ヲ要スルヤ否ヤハ各事件ニ付之ヲ決定スヘキモノニシテ同日ノ村會ニ附議スヘキ數多件中ノ一事件カ急施ヲ要スルモノナリトスルモ爲メニ他ノ事件ヲモ急施ヲ要スルモノト云フコトヲ得サルモノトス（大正六、一、三〇）

○同上　村會議員失職決定ノ件ノ如キハ急施ヲ要スルモノト認ムルヲ得サルカ故ニ村長カ本條第三項但書ニ依リ大正五年七月十六日ノ村會招集ヲ其ノ前日ニ於テ告知シタルハ違法ナリ從テ當日ノ村會ニ於テ爲シタル失職ノ決定ハ之ヲ適法ナル村會ノ決定ト認ムルヲ得サルカ故ニ違法ナリ（同上）

○會期ノ指定權限　市會ノ會期ヲ定ムルコトカ市長ノミノ權限ニ屬スルコトハ市制第五十一條第二項及第五項ニ依リ明瞭ナルヲ以テ會議規則第七條カ假ニ會期ヲ定メタルモノナリトスルモ其ノ規定ハ市制ニ違背シ無效ナルカ故ニ會期ヲ定メスシテ招集セラレタル市會カ當然ニ月ノ二十日ヲ以テ終了スルモノト爲スコトヲ得ス（大正六、二、一三）

○町村制第四十七條第三項ニ所謂招集ノ告知ノ法式ニ違背シテ開會セル村會議決ノ效力　本條第三項ニ所謂招集ノ告知ハ郵便使丁等議員各自ニ對シ之ヲ了知セシムヘキ方法ニ依リ通知スルノ趣旨ト解スルヲ相當トス然ルニ吉田傳治ニ對スル村會議員被選擧權喪失ノ決定ヲ爲シタル大正五年十月二十二日ノ村會招集ニ際シ傳治ニ對シ斯ル方法ニ依リ招集ノ告知ヲ爲サス同村條例公告式ニ依リ村會ノ招集ヲ公告シタル事實アリトスルモ之ヲ以テ吉田傳治ニ對シ招集ノ告知アリタルモノト爲スヲ得ス然ラハ則チ同日ノ村會ハ其ノ成立不適法ナルヲ以テ該村會ニ於テ議決シタル被選擧權喪失ノ決定モ亦不適法ナルヲ免レス（大正六、六、五）

○村會招集請求却下處分ニ對スル行政訴訟　村會議員カ村長ニ對シ尋常小學校ニ高等小學校併置ノ建議案提出ニ付村會ヲ招集セラレ度旨請求シタルヲ却下シタル處分ニ對シテハ町村制其ノ他ノ法令中行政訴訟ヲ許シタル規定ナシ（大正七、一〇、二一）

○本條第三項ニ所謂招集及會議ノ事件ノ意義　町村制第四十七條第三項ニ依リ「前村長ヘ記念品贈呈其ノ他ノ件」ト告知シタル場合ニ村會カ「其ノ他ノ件」ニ付キ決定ヲ爲シタルハ違法ニシテ此ノ決定ヲ是

招集及會議事件告知手續

招集及會議事件告知手續

認シタル縣參事會ノ裁決モ違法ナリ(大正八、一〇、四)

○市會閉會ノ事實認定　大正八年十二月十八日開會ノ佐賀市會會議錄末尾ニハ「番外一番(野口市長)委員報告カアルマテ市會ハ繼續スルコトニ致シマシテ本日ハ之ニテ閉會致シマス」トアリ同年十一月二十八日開會ノ市會會議錄末尾及同年十二月二十七日開會市會會議錄末尾ノ記載ニ照セハ十二月十八日ノ市會ニ於ケル前示市長ノ宣言ハ市制ニ依ル市長ノ市議開閉ノ權限ニ基ク閉會ノ義ニ非ストト解スルヲ正當トスヘク同日ノ市會ハ委員ノ報告アルマデ繼續セラレタルモノト認ムヘシ從テ大正八年十二月二十六日ヲ以テ市會議長ノ發シタル參集通知ニヨリテ參集シタル大正八年十二月二十七日ノ市會ノ議決ヲ違法ナリト爲スヲ得ス(大正九、一〇、七)

○議員ノ一人ニ對シ招集手續ナキ村會ノ決定效力　議員ノ一人ニ對シ招集ノ手續ナカリシカ爲メ其ノ村會ノ決定カ法律上村會ノ決定ニアラスト爲スヲ得ス(大正一一、二、一八)

○本條第三項前段ニ違反シタル村會ノ議決　町村制第四十七條第三項前段ニ違背シタル村會ニ於テ議決シタル縣稅賦課額ノ議決及之ニ基キ爲シタル課稅ハ違法ナリ(大正一一、一一、一四)(同一一、一二、一六)(同一一、一二、一一)(同一二、一〇、三〇)(同一三、七、二八)(同一四、五、七)

○不急議案ヲ急施事件トシテ取扱ヒタル場合ト市會ノ成立及議案ノ效力ニ及ホス影響　市會ニ於テ急施ヲ要セサル議案ヲ急施事件トシテ取扱ヒタルトキハ該議案ノ議決カ無效ナルニ止マリ市會ノ成立及他ノ議案ノ議事ハ之カ爲影響ヲ受クルコトナシ(大正一一、一二、一八)

○本條ニ依リ招集セラルヘキ議員ノ範圍　本條ニ依ル村會ノ招集ハ當選效力ニ付キ係爭中ノ議員ニ對シテモ爲スヘキモノトス(大正一二、二、二二)

第四章　議　案

市町村に關する事件であつて市町村會に附議する議案の發案權は從來總て市町村長に專屬しておつたのであるが元來自治体は其の構成員が自ら自己の事を行ふといふ事が根底になつておるのであるから其の構成員を代表する議會が其の團体活動の中心となるべきは必然の事である此の點から考ふれば市町村民の自治觀念發達し自治の進歩すると共に漸次市町村會に對して發案權を附與するに至るべきは當然の事であるが故に昭和四年の地方制度の改正に依つて歲入出豫算以外の事件に就ては總て市町村會議員に發案權を付與せられたのである歲入出豫算に關する發案權を市町村會議員に與へないのは其の豫算の性質が一年度中に於ける收支の見積であつて之によつて其の年度間に執行すべき事項を豫定するものであるから議會に發案權を與ふは適當ならずとせられたのである故に豫算については市町村長の發案なくして議會に發案し議決するも其の議決は違法の議決たるを免れない。

議案を發する場合は急施事件でない限り、其の前三日目迄に告知しなければならない

（第三章參照）急施事件でないものを三日の期間を置かずして直に附議することは出來ないのである而し歲入出豫算以外の事件にして市町村會に發案權のあるものを議會自らが發案する場合は此の豫め告知の制限規定は適用せられない譯である歲入出豫算にして急施を要しないものを前三日目迄に告知せずして附議し議決するときは其の議決は違法議決となる其の急施事件なるや否やは客觀的に其の事件が急施を要するものなることを要し市町村長が假令急施を要するものと認めて附議しても事件の性質其のものが事實急施を要するものでなければ急施事件には該當しないのである。

市町村會議員に發案權のある事件は三日前に告知してあると否とに不拘市制第五十七條ノ二町村制第五十三條ノ二の規定に依り會議中適宜の時機に發案することが出來る即ち議員は市町村會の議決すべき事件にして歲入出豫算以外の事件であつたならば何事件が不拘議員三人以上より文書を以て議案を發することが出來る議員が議案を發するには先づ第一に議員三人以上が連名して發案しなければならない第二に文書を以てする事を要する假に三人以上の名を以てするも單に口頭を以て述べた丈けではそれは發案にはならないのであるそれで議員が發案しやうとすれば議員三人以上四人でも五

人でも連名を以て提案者となり議案を作製して之を會議に提出すれば宜しいのである。
議決事件に付て議員が發案するときは前記の方法に依り之を爲し市町村長の選擧等選擧すべき事件に付ては動議提出の方法に依り發案すればよいのである（此の場合發案の方法に付ては第七章第二節動議の部を參照せられたい）
議案を一度附議した後撤回し得るや否やは色々の說があるが未だ議決するに至らない內は發案者に於て之を撤回し得るものと爲すを適當と思ふ又附議した議案を其の會期中に議了せず若は議決延期等に依り保留となりたる場合は其の議案は消滅するものであるから市町村長に於て再び附議しやうとするときは更に事件の告知を爲し議案を發しなければならないのである（尤も市町村會議員に發案權のある事件であつて議員が發案する場合は何時でも發案することが出來る）かくの如く會期中に議了しない場合は議案は消滅するのであるから各種異議申立の決定又は諮問の答申の如き議決期限を有する事件を附議しやうとするときは會議の模樣によつては招集のとき會期を定めて招集するが便宜の場合がある。

市町村長が議案を發するに當つて留意すべき點を擧ぐれば左の通りである。

（イ）發案する事件は急施事件でなければ三日前に事件の告知を爲したものでなければならない。

（ロ）急施事件として發案する場合は事件が急施を要するものなりや否を考慮し急施事件なる旨を告知書に記載し又は附議書（市町村會開會中直ちに附記するとき）に記入すること（第二章第二節招集及會議事件告知手續參照）

○普通議案例

其ノ一

議案第何號

何何、、、、、、、、、、、、、、、、、、

昭和何年何月何日提出

何市（町村）長　何　某

理　由

何々、、、、

其ノ二

議案第何號

何々、、、、、、、、、、、、、、、、、、、、、、、、、、、、、、、、、、、、
、、、、

昭和何年何月何日提出

何市（町村）會議員　何　　某

仝　　　　　　　　　何　　某

仝　　　　　　　　　何　　某

理　由

何々、、、、

議案

○助役收入役等ノ推薦案

議案第何號

助役(收入役)推薦ノ件

何郡何市町(村)大字何々番地　何　某

本市(町村)助役(名譽職助役)何某昭和何年何月何日任期滿了(辭職シタル)(目下缺員)ニ付前記ノ者ヲ助役(名譽職助役)ニ推薦ス

昭和何年何月何日提出

何市(町村)長　何　某㊞

○條例議案例

議案第何號

何市(町村)何々條例

第一條　何々、、、、

第二條　何々、、、、

附　則

本條例ハ公布ノ日ヨリ之ヲ施行ス
（本條例ハ昭和何年何月何日ヨリ之ヲ施行ス）

昭和何年何月何日提出

何市（町村）長　何　某㊞

議案第何號

何々條例中改正條例

何々條例中左ノ通改正ス
第何條中「何々」ヲ「何々」ニ改ム
第何條中第二項ヲ削リ「何々」ヲ「何々」ニ改ム
第何條中「何々」ノ次ニ「何々」ヲ加フ
第何條削除
第何條何々

議　案

第何條第何項ヲ左ノ如ク改ム
　何々、、、
第何條第何項ノ次ニ左ノ但書ヲ加フ
　但シ、、、、

附　則

本條例ハ公布ノ日ヨリ之ヲ施行ス

　昭和何年何月何日提出

何市(町村)長　何　某㊞

○豫算外義務負擔議案例

議案第何號

豫算外義務負擔ノ件

何市(町村)何某所有ニ係ル左記土地ヲ何々ノ敷地トシテ昭和何年度ヨリ昭和何年度迄何年度間借入レ毎年度借地料何程ヲ支拂フコトヲ契約スルモノトス

昭和何年何月何日提出

何市（町村）長　何　　某㊞

何市（町村）大字何字何番地

一何々　何反何畝何歩

○諮問答申案例

答申書

昭和何年何月何日何第何號ヲ以テ御諮問相成候何々ノ件ニ對スル本市（町村）會ノ意見左ノ如シ

本件ハ異議ナシ

（本件ハ何々セラレンコトヲ希望ス其ノ理由ハ何々ニ由ル）

（本件ハ何々セラルヽハ之ヲ欲セス其ノ理由ハ何々ニ由ル）

右及答申候也

昭和何年何月何日

何市(町村)會議長

(何町村長)　何　某

官職氏名殿

注意　右ノ案ハ市町村會ニ諮問セラレタ場合ノ答申案テアルカ市町村ニ諮問セラレタル場合ハ市(町村)會議長トアルハ削除シ市町村長何某トナシ昭和何年何月何日提出何市(町村)長何某ト末尾記入シテ他ノ議案ト同樣ノ方法ニ依リ提案スルノテアル

○市町村稅賦課率議案例

議案第何號

本市(町村)費支辨ノ爲メ左ノ課率ヲ以テ地租附加稅、特別地租附加稅、反別割、營業收益稅附加稅、所得稅附加稅及家屋稅附加稅ヲ賦課スルモノトス

一、地租附加稅

宅地々租金壹圓ニ付金若干(以內)

其他地租金壹圓ニ付金若干(以內)

一、特別地稅附加稅　地價〇、〇三七ノ百分ノ若干(以內)

一、段　別　割　田(畑)一反步ニ付若干(以內)

何々一反步ニ付若干(以內)

一、營業收益稅附加稅　本稅一圓ニ付金若干(以內)

一、所得稅附加稅　本稅一圓ニ付金若干(以內)

一、家屋稅附加稅　本稅一圓ニ付金若干(以內)

但シ昭和何年度分

昭和何年何月何日提出

何市(町村)長　何　某

〇起債議案例

議案第何號

一、起債金額　金何萬圓

一、起債ノ目的　小學校建築費ニ充ツル爲(何々費ニ充ツル爲何年何月何日許

議案

可ヲ得何々銀行ヨリ借入レタル公債ノ未償還額何程借換ノ爲）

一、借入金利率　年何分何厘

一、借　入　先　何農工銀行（日本勸業銀行）

一、借入時期　何年度但シ借入期日ハ銀行ト協定スルモノトス

一、据置期間　借入ノ月ヨリ何年何月迄

一、償還期限　自何年度至何年度何年賦但シ毎年度ノ償還期日ハ銀行ト協定スルモノトス市町村財政ノ都合ニ依リ繰上償還ヲ爲シ償還年限ヲ短縮シ又ハ低利債ニ借換ヲ爲スコトヲ得

一、償還財源　市町村税（何々）

昭和何年何月何日提出

何市（町村）長　何　某㊞

○豫算案樣式

一、毎年度當初豫算ハ市制町村例施行規則別記樣式ニ依ルコト

二、繼續費ノ議案モ同シク施行規則別記ノ樣式ニ依ルコト
三、追加更正豫算ハ左記樣式ニ依ルコト（大正十五年九月十八日地第四五二六號内務部長通牒）

議案第何號

昭和何年度大分縣何郡（市）何町村歳入歳出追加（更正又ハ追加更正）豫算書

歳　入

一金　歳入追加（更正又ハ追加更正）豫算高
一金　歳入既決豫算高

歳　出

一金　經常部追加（更正又ハ追加更正）豫算高
一金　經常部既決豫算高
一金　臨時部追加（更正又ハ追加更正）豫算高
一金　臨時部既決豫算高

一金　歳出合計追加(更正又ハ追加更正)豫算高

一金　歳出合計既決豫算高

歳入出差引

殘金ナシ

昭和何年度大分縣何郡(市)何町村追加(更正又ハ追加更正)豫算(第何　回)

歳入

豫算			豫算説明				
科目 款	科目 項	追加(更正又ハ追加更正)豫算額	種目	追加(更正又ハ追加更正)豫算額	既決豫算額	比較増減	附記
二 使用料及手數料		円		円	円	円	
	一 使用料						

四繰越金	
	一前年度繰越金
七村税	
	一戸數割附加税
歳入合計	

歳出
經常部

一小學校授業料	
一前年度繰越金	
一戸數割附加税	

豫算	豫算説明

科目 款	科目 項	追加（更正又ハ追加更正）豫算高	種目	追加（更正又ハ追加更正）豫算額	既決豫算額	比較増減	附記
一役場費		円		円	円	円	
	二雜給						
			二旅費				
四小學校費							
	三需要費						
			一備品費				
一二豫備費							
	一豫備費						
			一豫備費				

款	項	種目	
一三 救助費			
	一 貧困者救助費		
		一 救助米代	
			經常部計

臨時部

豫算 科目 款	項	追加（更正又ハ追加更正）豫算額	豫算説明 種目	追加更正又ハ追加更正豫算額	既決豫算額	比較增減	附記
四 傳染病豫防費		円		円	円	円	
	一 手當						
			一 豫防委員手當				

臨時部計										
歳出合計										

昭和何年何月何日提出

何市(町村)長　何　某

備考

一、追加豫算ノ場合ニ於テモ追加豫算額欄ニハ既決豫算額ニ追加豫算額ヲ加算シタルモノヲ掲載スルコト

二、新設科目又ハ種目アル場合ハ何レモ各其ノ末尾ニ追加スル事

三、比較增減欄ノ減額ノ場合ハ△印ヲ附スルコト

四、追加、更正又ハ追加更正豫算書ハ回數ニ應シ標記下欄例示ノ如ク通シ番號ヲ附スルコト

第一　追加豫算

一、豫算總額ニ於テ增加ヲ來ス場合

二、科目（款又ハ項）若ハ種目ヲ新設スル場合

第二　更正豫算

一、豫算總額ニ於テ減額ヲ來ス場合

二、科目（款又ハ項）若ハ種目ヲ廢除スル場合

三、既定豫算總額ノ範圍內ニ於テ科目（款又ハ項）若ハ種目ノ金額ヲ彼此增減スル場合

第三　追加更正豫算

右第一第二ノ塲合ヲ同一豫算ニ於テ行ハントスル塲合

○一時借入金議案例

議案第何號

一時借入金ニ關スル件

本年度本市（町村）稅未タ徵收期日ニ至ラサル（何々………）爲メ收入金ヲ以テ經費ノ支出ヲ爲スニ不足ヲ生シタルニ付左記方法ニ依リ一時借入金ヲ爲スモノトス

議案

記

一、借入金額　何圓
一、借入金ノ利率　何々
一、借入先　何々
一、借入ノ時期　昭和何年何月
一、返濟ノ時期　昭和何年何月

昭和何年何月何日提出

何市（町村）長　何　某

○議員失職決定付議書例

何第何號

何市（町村）會

本市（町村）會議員何某ハ何々……ニ依リ本市（町村）會議員ノ被選擧權ヲ有セサルモノト認ムルニ付市制第三十八條（町村制第卅五條）第二項ニ依リ市（町村）會ノ決定ニ付ス

昭和何年何月何日

何市（町村）長　何　某

何第何號

何市（町村）會

本市（町村）會議員何某ハ本市（町村）ニ對シ何々ノ請負ヲ爲シ（何々……ヲ爲シ）市制第三十二條第六項（町村制第二十九條第五項）ニ掲グル者ニ該當スルモノト認ムルニ付市制第三十八條（町村制第三十五條）第二項ニ依リ市（町村）會ノ決定ニ付ス

昭和何年何月何日

何市（町村）長　何　某

○議員失職決定書例

決定書

何市（町村）　何　某

右市（町村）會議員ハ被選擧權ヲ有セサルモノトシテ（市制第三十二條第六項（町村制第二十九條第五項）ニ掲クル者ニ該當スル者トシテ）本會ノ決定ニ付シタルニ付市制第三十八條（町村制第三十五條）第一項ニ依リ審査スルニ何々……ナルヲ以テ市制（町村制）

議　案

第何條第何項ニ依リ本市(町村)會議員ノ被選擧權ヲ有セサルモノト認ム
以上ノ理由ニ依リ決定スルコト左ノ如シ
何市(町村)會議員何某ハ本市(町村)會議員ノ被選擧權ヲ有セス
昭和何年何月何日

何市(町村)會議長

(何町村長)　何　　　某㊞

○市町村税賦課ニ關スル異議決定書例

決　定　書

何縣何市町村何番地族稱職業

異議申立人　何　　　某

右異議申立ノ要旨ハ昭和何年何月何日異議申立人ニ對シ何市(町村)昭和何年度、何々税第何期徴收令書ヲ交付セラレタル所異議申立人ハ何月何日何市(町村)ヲ退去シタルモノナルヲ以テ何々法第何條ニ依リ月割ヲ以テ賦課スヘキモノナルニ付第何期分全額

ヲ賦課シタルハ違法ニ付之ヲ取消サレタシト云フニ在リ
依テ市制第百三十條（町村制第百十條）ニ依リ之ヲ受理シ審査ヲ遂クルニ何々法第何條ニ依リ月割ト爲スハ賦課以前ニ納税義務ノ消滅シタル場合ニシテ本件ノ如ク昭和何年何月何日賦課アリタル以上之ヲ月割ト爲スヘキモノニアラス
以上ノ理由ニ依リ決定スルコト左ノ如シ
昭和何年何月何日何某ニ賦課シタル何市（町村）昭和何年度何税ハ之ヲ取消スヘキ限ニ在ラス

昭和何年何月何日

何市町村會
何市町村會議長
（何町市長）　何　某

○決算認定付議書例

何第何號

議案

何市（町村）會

議　案

昭和何年度歳入歳出決算收入役ヨリ提出ニ付審査スル所不都合ノ廉無之ニ依リ市（町村）會ノ認定ニ付ス

昭和何年何月何日

何市（町村）長　何　　某

○歳計現金預入銀行指定議案例

議案第何號

歳計現金預入先指定ノ件

昭和何年度（自昭和何年何月何日至昭和何年何月何日一ケ年間）本市（町村）歳計現金ハ收入役ヲシテ左ノ通預入セシムルモノトス

郵　便　局

何　々　銀　行

何々信用組合

昭和何年何月何日提出

何市(町村)長　何　某

○住所二年ノ制限ノ特免議案例

議案第何號

左記ノ者ニ對スル市制第九條(町村制第七條)ノ住所二年ノ制限ヲ特免スルモノトス

記

大字何何番地　何　某

昭和何年何月何日提出

何市(町村)長　何　某

注意

一、住所年限ノ制限特免ハ其ノ市町村ニ住所ヲ有スルモ未ダ二年ニ達セザルモノヲ二年ニ達シタル者ト同樣ニ公民タラシムルモノニ付キ全然住所ヲ有セザル者ヲ特免スルモ公民タルコトヲ得ザルモノデアル

○市町村吏員ニ對スル賠償命令議案例

議案第何號

何々市(町村)前收入役何某在職中其ノ管掌ニ屬スル現金ヲ費消シタルヲ以テ(何々シタルヲ以テ)市制町村制施行令第三十三條ニ依リ左ノ通賠償セシムルモノトス

記

一、賠　償　者　何　某

二、賠償金額　金何圓

三、賠償期間　自昭和何年何月何日　至昭和何年何月何日

昭和何年何月何日提出

何市(町村)長　何　某

○不均一賦課議案例

議案第何號

何々ヨリ何々ニ至ル道路開鑿費支辨ノ爲メ左ノ通リ特別税戸數割不均一賦課ヲ爲スモノトス

道路開鑿費金……圓

内

金何圓　大字何々何戸一戸平均何圓

金何圓　其他何戸一戸平均何圓

昭和何年何月何日提出

何々市(町村)長　何　某

理由

本道路ハ大字何々ヨリ何々村ヲ通シ主トシテ大字何々區民ノ利用スル所ナルヲ以テ之ガ開鑿費ノ三分ノ二ヲ特ニ同區民ニ負擔セシメントスルモノナリ

議案第何號

昭和何年度何郡(市)町(村)特別税戸數割賦課額議決書

一金…………　戸數割總額

内譯

一所得額配當十分ノ何金　何圓

大字何々一圓

所得總額金　何圓　一圓ニ付…………

其他

所得總額金　何圓　一圓ニ付…………

一資產配當十分ノ何金　何圓

大字何々一圓

資產ノ狀況總額金　何圓　一圓ニ付…………

其他

資產ノ狀況總額金　何圓　一圓ニ付…………

納稅義務者總數　名（昭和何年四月一日現在）

昭和何年度特別税戸數割賦課額議決書

所得額		資産ノ状況ニ依リ算定シタル額		税額計	納税者氏名
所得額	税額	資産ノ状況ニ依リ算定シタル額	税額		

備考

一、本例ハ市制第百二十四條町村制第百四條ノ場合ノ議案例ナリ

二、道路開鑿ニ付テハ縣費補助等其ノ事業ノ爲メニスル收入アラバ其ノ收入ヲ差引シテ其ノ負擔方法ヲ定ムルヲ要ス

○再議附議案例

何市（町村）會

議案第何號

昭和何年何月何日議決シタル昭和何年度何市（町村）歳入出豫算中歳出經常部第何款第何項第何目ノ修正ハ左記理由ニ依リ執行スルコト能ハサルヲ以テ市制第九十條ノ二第三項（町村制第七十四條ノ二第三項）ニ基キ本職ノ意見（何縣知事ノ指揮）ニ依リ別紙ノ通再議ニ附ス

記

理由

何々、、、、

昭和何年何月何日提出

何市（町村）長　何　某

（別紙）

昭和何年度何市（町村）歳入出豫算

歳入

一金何　圓　歳入豫算高

一金何　圓　歳出經常部豫算高

一金何　圓　歳出臨時部豫算高

合計金何圓

歳入出差引

殘金ナシ

昭和何年度何市（町村）歳入出豫算

歳入

豫算			豫算説明				
科目 款	項	豫算額	種目	本年度豫算高	前年度豫算高	増減	附記
一何々		、、					

款	項	予算額	種目	本年度予算高	前年度予算高	増減	附記
	一何々	〃					
			一何々	〃	〃	〃	●何々
二何々		〃					
	一何々	〃					
			一何々	〃	〃	〃	●何々
歳入合計		〃		〃	〃	〃	

歳出

経常額

予算			予算説明				
科目		予算額	種目	本年度予算高	前年度予算高	増減	附記
款	項						

一何々		、、、					
	一何々	、、、					
			一何々	、、、	、、、	、、、	
經常部計		、、、					
歲出合計		、、、					

一、金額ハ總テ最初ノ發案ニ依リ記入スルコト

二、歲入ノ議決前ニ歲出ノ或部分ノ再議ヲ命スルトキハ此ノ歲入ノ揭記ヲ要セス

三、歲入ハ歲出ノ修正ニ伴ヒ增減シタル款項目及歲入合計ヲ揭記スルコト

四、歲出ハ不適當ト認メタル款項目、其ノ關係、ノ經常部又ハ臨時部ノ計及歲出合計ヲ揭記スルコト

○有給吏員退職承認案

議案第何號

本市(町村)長何某病氣ノ故ヲ以テ(何々ニ依リ)退職申立アリタルニ付之ヲ承認スルモノトス

昭和何年何月何日提出

何市(町村)會議員　何　　某

仝　　何　　某

仝　　何　　某

注意　此の退職承認を爲すのは市の市長、助役及町村の有給町村長有給助役にして名譽職員は之には該當しない

○名譽職員退職承認案

議案第何號

本市（町村）長何某別紙ノ通リ病氣ノ故ヲ以テ（何々ニ依リ）退職申立アリタリ右ハ正當ノ理由アルモノト認ム

昭和何年何月何日提出

何市（町村）會議員　何　某

仝　何　某

仝　何　某

注意　一、此の場合は名譽職員に限るのであつて名譽職市長、市參與、市會議員、名譽職區長及名譽職町村長、助役、町村會議員名譽職區長委員等なり

二、別紙とあるは本人提出の退職申立書及之に添付せる診斷書等なり

○市（町村）長事務分掌規程議案例

議案第何號

市（町村）長事務分掌規程

第一條　市制第九十四條第一項（町村制第七十八條第一項）ニ依リ市（町村）長ノ事務ノ

議案

一部ヲ左ノ通助役及區長ニ分掌セシム

助役

一何々、、、

一何々、、、

區長

一何々、、、

第二條　助役區長故障アル爲メ分掌事務ヲ執行スル能ハサル場合ニ於テハ市(町村)長之ヲ行フ

附則

本規程ハ昭和何年何月何日ヨリ之ヲ施行ス

昭和何年何月何日提出

何市(町村)長　何　某

〇不動產取得ニ關スル議案例

議案第何號

不動產ノ取得ニ關スル件

左記ノ土地ヲ本市（町村）役場敷地トシテ買收スルモノトス

記

何市（町村）大字何何番地

一、宅地　何坪

住　所

所有者　何　某

此買收價格金何圓

昭和何年何月何日提出

何市（町村）長　何　某

○寄附採納議案例

議案第何號

議案

寄附採納ニ關スル件

本市（町村）何々小學校建築費ニ對シ左記ノ通指定寄附願出ニ付採納スルモノトス

金何圓　　何　某

昭和何年何月何日提出

何市（町村）長　何　某

行政實例

○公民權停止ノ制裁ト其ノ執行名義者　町村制第八條ノ町村名譽職拒辭者ニ對シテ加フルコトヲ得ヘキ公民權停止ノ制裁ハ町村ナル團體ノ處分ニ係ルモノナルヲ以テ町村長ニ於テ發案シ町村會之ヲ議決シ然ル上ニテ町村長ニ於テ執行スヘキモノニシテ町村會議長ノ名ニ於テ執行スヘキモノニアラス

○異議申立ト決定案　當選ノ效力ニ關シ異議ノ申立ヲ受ケタルトキハ市町村長ハ其ノ申立ヲ市町村會ニ送付ス可ク該決定案ヲ提出ス可キモノニアラス

○町村會議規則ト町村長ノ發案資格　町村會議規則ハ町村長ニ於テ發案スヘキモノニアラス但シ町村長ニ於テ町村會議長ノ資格ニ於テ發案スルハ差支ナシ

○町村制第三十五條第一項ト發案權　町村制第三十五條第一項ニ「其ノ被選擧權ノ有無ハ町村會之ヲ決定ス」トアルカ右ハ町村會ニ於テ議決スヘキモノナルコトヲ明記スルト同時ニ町村會ニ發案權アルコトヲ認メタルノ法意ナリトス

○町村長保管ニ屬スル財產ノ亡失ト損害賠償ノ發案權　町村長ニ於テ其ノ保管ニ屬スル町村有財產ヲ亡失シタル時ハ町村ニ對シ其ノ損害ヲ賠償スヘキハ法令ノ定ムル所ナルカ右ノ損害賠償ニ係ル議案ハ一般町村ニ於ケル議案ト同シク理事者ヨリ發案スヘキモノモ該議案ハ町村長ニ關スルモノニ付此ノ如キモノハ町村助役ニ於テ發案スルコトヲ要スルモノトス

○被選擧權有無ノ決定ニ關スル議案發案權　町村制第三十五條第一項ニ依リ町村會議員ノ被選擧權ノ有無ヲ決定スルニ付テノ議案ハ第七十二條第二項第一號ノ規定アルニ拘ラス特ニ第三十五條第二項ノ規定ヲ設ケラレタルニ依リ見ルトキハ町村會議員自身モ亦發案スルコトヲ得ヘキモノトス

行政判例

○本條第二項第一號ニ所謂議案ノ意義　市制第八十七條第二項第一號ニ所謂議案ハ議決ヲ經ヘキ事件ニ付市長ノ意見ニ依リ成案ヲ定メ之カ可否ノ議決ヲ求ムル其ノ提案ヲ指稱スルモノトス（大正六、二、一三）

○町村會議員ノ被選擧權ノ有無決定ニ關スル發案權及動議提出方法　町村會議員ノ被選擧權ノ有無決定ニ關シテハ町村會自ラ發案スルコトヲ得ヘク而モ開會中動議トシテ提出直ニ決定シ得ヘキモノトス（大正一三、六、一七）

第五章　市町村會の開閉

市町村會は市町村の機關として必要に應じ議決若は選擧を爲すものであるが、常時議員が出席して會議を開いてゐる譯ではないのであるから議決を要すべき事件あるときは其の都度必要に應じて市町村會を招集し、市町村會を成立せしめて會議を開き得る狀態に爲さなければならない、之即ち市町村會の開會である、故に市町村會の開會がなければ議長議員が全部集合するも市町村の機關としての市町村會は成立しないのである、此の市町村會の開閉は市制第五十一條町村制第四十七條に依り市町村長の權限に屬するところであつて、之を開閉することは市町村長の自由であるが、市町村長が市町村會を開會するには

一、議員定數の半數以上出席したるとき（市制第五十四條町村制第五十條に依り議員が自己若は父母、祖父母、妻、子孫、兄弟、姉妹の一身上に關する事件に付き除斥せられたものは出席者として計算すること）

二、出席議員が議員定數の半數に達しない爲め再招集を爲した場合であれば出席者が議員定數の半數に達しなくとも開會することが出來る。

三、議員定數の半數以上招集に應じて會場に出頭したが會議に當つて議席に出席しない場合又は一應招集に應じて開會する迄の間に退場したる場合は議長が出席の催告を爲し催告後出席し得べき相當の時間を經たる後尙出席しないときは半數に達

しなくとも開會することが出來る。

の場合でなければならない、先づ原則としては議員定數の半數以上出席しなければ開會することは出來ないのであるが、議員が自己若は父母、祖父母、妻、子孫、兄弟、姉妹の一身上に關する事件について出席することが出來ないとき、それが爲めに出席者が半數に達しないやうな場合にも開會し得られないとすれば此處に村會議員當選の効力に關する異議申立の決定事件あり、村會議員十二名の中七人の當選効力に異議ある場合は本件異議の決定に際しては七人の村會議員は除斥せられ他の五人を以て決定すべきものであるのに五人のみにては議員定數の半數に達しないから開會し得ざるとすれば、本件に就ては絶對に村會を開くことを得ない結果となるから、如此場合は五人丈けで開會しても差支へないことになつてゐるのである、只此の時注意すべきは除斥の爲め出席者が議員定數の半數に達しなくとも開會し得らるゝのは一度招集に應じたるも除斥の爲め出席することの出來ない場合であつて、全然初めより會場に參集しなかつたものは此の除斥の爲め定數の半數に達しなかつたといふ理由には該當しないのである、それで前の例で言へば七人の議員が全部招集に應ぜず會場に出頭しなかつたときは更に再招集を爲した上でなければ五人の議員のみでは開會することは出來ないのである。

又一回招集をしたが招集に應じたものが議員定數の半數に達しない爲め同一事件に付き再招集をした場合及招集に應じた者は半數以上あつたが、會議に當つて議席に出ず又會場に出頭して招集に應じたる後開會迄の間に退場したる場合議長が出席の催告を爲し、催告後出席し得べき相當の時間を經たる後尚出席しないときは假に二人や三人の出席者でも開會することが出來る、單に一人のみの出席者では會議といふことが出來ないから開會し得ないのは當然の事である。

以上の方法によつて法定の應招者があつたときは市町村長は市町村會の開會を宣告し會議が終了したときは閉會を宣するのである、此の市町村長の開會によつて會議を開くことの出來る狀態になるのであつて會議を始めるのは議長(町村は通常町村長が議長であるから實際上市町村會の開會と會議を開く宣告とは同一人がすることになる)の職務であるから議長が會議を開くべき旨を宣告して會議に入るのである。

市町村長が開會しない内に議員議長が集つて會議を爲しても市町村會の會議といふこ

とは出來ない、此の點は市町村會の成立上重要なことであるから特に注意し、會議錄調製に際しても必ず市町村長開會、議長開議を明際に記載しなければならない、町村會では町村長が議長となるのであるから町村會の開閉と會議の開閉とを混淆し、町村長として會議を開いたり議長として町村會を開會したりする例があつて、之を此の儘會議錄に記載し爲に後日爭の因となるものがあるから充分注意すべきことである。

招集に會期を定めてなかつた場合は其の招集後何日に開會するも市町村長の自由である、閉會は會期を定めて招集した場合は會期の終つたとき閉會するを要し會期は終了しなくとも議案を議了し市町村長及各議員共提案すべき事項のないときは閉會することが出來る。招集に會期を定めてなかつた塲合は其の閉會は市町村長の自由である、而し議事の進行中に閉會することは出來ないのである。

夫れで會期を定めて招集し會期の盡きるときに當つて新しい事項を附議する必要の生じた場合は市町村長は更に期限を定めて會期を延長することが出來る、從前は一旦會期を定めて招集したる以上其の後會期延長の必要を生ずるも延長することは出來ず、一度閉會して更に招集しなければならなかつたのであるが、かくの如きは實際上甚だ不便であるから今回必要あるときは期限を定めて會期を延長することが出來る様に改正せられたのである、市町村長が會期を延長したときは之を議員に告知しなければならない。

尚特に附記したいことは市町村會の開閉は市町村長が自ら會議に出席して開閉の宣告すべきものであるが、市町村長助役共に故障によつて自ら會議に出席の出來ないときは市町村長は開會又は閉會の文書を吏員に代讀せしめて開會閉會の宣告に代ゆることが出來るのである。

市町村會の開閉に付て注意すべき點を擧ぐれば左の通りである。

イ、開會閉會は市町村長として爲すのであつて町村に於ては議長と町村長が同一人であるから町村長の資格に於て開會し議長として開會しない樣に注意すること。

ロ、議員定數（十二人の議員の內二人缺員あり現在十人であつても十二人の半數即ち六人の出席あること）の半數以上出席するか市制第五十四條町村制第五十條に依り除斥せられた爲め半數に達しない場合（十二人の議員定數の內六人應招したが其の六人の內一人は除斥せらるゝ場合は出席者は五人となり十二人の半數に達しないけれども開會することが出來る）又は一回招集したけれども半數以上の出席者がなかつた爲め再度招集したとき若は招集には應じたが議席に出席しない爲め議長が出席催告をしても尚半數に達しないときは半數以上の出席者がなくとも開會して差支へない。

訓令通牒

○市制第五十二條但書及町村制第四十八號但書ノ解釋　標記ノ件左記ノ通リ決定相成候條御了知ノ上市町村長ヘモ御示達相成度（大正一〇、五、三〇、發地第六〇號）

記

市制第五十二條但書及町村制第四十八條但書中再回招集若ハ出席催告ヲ爲シタル場合定足數ニ滿タサルモ會議ヲ開キ得ルノ規定ハ苟モ同一事件ニ付一旦再招集若ハ出席催告ノ手續ヲ爲シタル以上ハ其ノ會議ニ於テ出席者一旦定足數以上ニ達シ中途ニ於テ再ヒ定足數ヲ缺クニ至リタル場合ニモ適用アルモノト解スヘキモノトス

行政實例

○招集ニ應セサル迄半數ノ議員全部辭表ヲ提出シタル場合　招集再回ノ末半數ニ滿タサル出席議員ニテ町村會ヲ開會セシニ議事ノ央ニ至リ招集ニ應セサリシ議員ノ全部カ辭表ヲ提出シタルトキハ町村會ハ成立セサルモノトシ直ニ散會スルノ外ナキカ故ニ會議ヲ繼續シ議決ヲ爲スヲ得サルモノトス

○**再回招集ト出席議員數**　市町村會ノ再回招集ヲ爲シタル場合ニ於テ出席議員僅ニ一名ナルトキハ會議ハ之ヲ開クコトヲ得サルモノトス

○**議員數增加ノ公告ト開會定數**　町村ノ人口ニ著シキ增加アリタルカ爲メ府縣知事ノ許可ヲ得テ臨時ニ議員數ヲ增加シ公告ヲ爲シタルトキハ假ヒ其ノ議員ノ選擧前ナルモ舊議員定數ノ半數ニテハ會議ヲ開クコトヲ得ス

○**再回招集ノ場合ト議員半數以上ノ缺員ノルトキ**　再回招集ノ場合ニ於テハ議員ノ出席半數ニ滿タサルモ會議ヲ開キ得ヘキコトハ町村制第四十八條ノ定ムル所ナリト雖モ議員ニ定足數以上ノ闕員アリテ町村會ノ成立ヲ缺クトキハ招集ヲナスヲ得サルモノトス

○**再回招集ニ出席議員半數ニ滿タサル場合ニ議事中途ニ半數以上ノ辭表提出アリタルトキ**　再回招集ノ求議員ノ出席半數ニ滿タスシテ會議ヲ開會セシニ議事ノ央ニ至リ突然半數以上ノ議員辭表ヲ提出シタルトキハ會議ハ直ニ之ヲ閉ツルノ外ナキモノトス

○**再回招集アリタル場合ト議員延期ノ請求書ノ提出**　町村會ノ再回招集アリタル場合ニ延期ノ請求書ヲ提出シテ闕席シタル者アルモ自己ノ故障ニ依リテ出席セサルモノトシ會議ヲ開キ議決スルハ適法ナリ

○**半數以上ノ制限ト決議事件**　在任議員ノ數議員定員ノ半數ナルトキハ市町村會ハ成立スルヲ以テ法律上會議ヲ開クコトヲ妨ケスト雖差シ措キ難キ要急事件ノ生シタル場合ハ格別然ラサルニ於テハ新議員ノ就職ヲ待チ會議ヲ開クヲ穩當トス

○**本條但書ノ解釋**　同一ノ事件ニ付再回招集ヲ爲シタル場合ニ於テ議員半數以上招集ニ應シタルモ出席議員半數ニ滿タサルトキハ市制第五十二條但書ニ所謂同一ノ事件ニ付招集再回ニ至ルモ仍半數ニ滿タサルトキノ規定ヲ適用シ會議ヲ開クコトヲ得ヘク假令議長カ出席催告スルモ市制第五十二條但書ニ依

ル出席催告ト認ムヘキモノニアラス（大正三、五、一八）

○同上　同一ノ事件ニ付招集再回ニ至ルモ出席議員定數ノ半數ニ滿タサルニ依リ市制第五十二條但書ヲ適用シテ開キタル會議ニ於テハ同一事件ニアラサルモノヲ附議スルコトヲ得ス（同上）

○會期ノ定メナキ町村會ノ閉會時期　會期ノ定ナキ町村會ハ町村長ノ閉會ノ宣言ニ依リテ閉會トナルヘキモノニシテ其ノ宣言ナキ限リ開會中ト解スルヲ相當トス（昭和二、七、二一）

○招集ニ應ストノ意義　町村制第四十八條但書ノ招集ニ應スルトハ町村會議員カ一旦招集ノ場所ニ出頭シタル事實アルヲ以テ足リ假令開會前ニ退場スルモ招集ニ應シタルモノトス（昭和三、五、四）

○文書ニ依ル町村會ノ開閉　町村制第四十七條第五項ニ町村會ハ町村長之ヲ開閉ストアルモ町村長（助役闕員中）カ自ラ之カ開閉ヲ爲スコト能ハサル場合（例ヘハ病氣其ノ他ノ事由ニ依リ）ニ於テ開會閉會ノ宣告文書ヲ町村吏員ヲシテ代讀セシメ開閉ヲ爲スハ違法ニアラス（昭和四、二、一二實例）

行政判例

○再回ノ招集ニ係ル町村會開會ノ準則　再回ノ招集ニ係ル町村會ハ本條ニ依リテ開會スルコトヲ得（明治二七、五、一四）

○適法ノ招集手續ニヨルモ出席議員ナキ場合ニ於ケル町村長ノ責任　適法ノ招集手續ヲ盡シタルモ出席議員ナキカ爲メニ町村會ヲ開會スルニ至ラサルハ町村長ノ職務怠慢ニアラス（明治三〇、五、一三）

○町村會ノ組織ノ不適法ト本條但書ノ適用　町村會ノ組織カ適法ニ成立セサル以上ハ其ノ會議ニ對シテ本條但書ヲ適用スルコトヲ得ス（明治三二、六、二六）

○同上　町村會ノ組織カ適法ニ成立セサル以上ハ再回招集ノ場合ニ於テモ本條但書ヲ適用スルコトヲ得

（同上）

○町村會ノ招集再回ト第四十七條第三項トノ關係　町村會ノ招集再回ノ場合ニ關スル町村制第四十八條但書ノ規定ハ前條第三項本文ノ期間ニ付例外ヲ設ケタルモノニ非ス（大正一一、一二、二）

訴願裁決

○議員定員增加ト議事定足數　議員增加ノ許可ヲ得テ公告シタル以上ハ假ヒ其ノ選擧前ナルモ新定員ノ半數以上出席スルニアラサレハ會議ヲ開キ議決ヲ爲スコトヲ得ス（明治二五、一二、二八）

第六章　議長

會議に議長のあるのは總ての會議に共通の事であつて多數の人が集つて各人の考を纒めて一つの意思を作るのであるから其の各人の考へを纒める機關の必要な事は云ふ迄もないことである。

故に市町村會に於ても議長を設けて會議を總理し各議員の意思を纒めて一つの議會の意思となし或は會議の順序を定め議場の秩序を維持し會議を開閉する等總て會議を統制して圓滿に會議を進行せしむる役目を持つてゐるものである議長は如此重要な職で

あるから議長の行動如何は直に會議の進捗議決の適否等に影響を及ぼすものであつて議長が自己の意思に反する議員の言論を抑壓したり或は理事者との私情の爲に議決を遲延せしむるが如きことがあつたならば爲に議決の公正を害し延いては市町村民の利害幸福にも關係を及ぼすに至るのであるから議長は至公至平の態度を以て議事の進行に努めなければならない。

一、市會議長及同副議長

市會は議員中から議長及副議長各一人を選擧するのであつて（市制第四十八條）任期は議員の任期と同一である

二、町村會議長

町村會は町村長又は其の代理者が議長となるのを本則としてゐる（町村制第四十五條）市會は別に議員中から議長副議長を選擧することになつてゐるのに町村は執行機關たる町村長を以て議長とすることになつてゐるのは町村は市に比して事業も少なく事務も亦市程に複雜でないから決算の認定の如き場合を除くの外執行機關たる町村長を議長として圓滿に自治の運用を爲さしめやうとする趣旨に外な

らない故に町村と雖人口多く經費事業大きくして事務も亦復雜してゐるやうな特別の事情のある大町村は條例を以て町村會で議長及其の代理者を選擧することが出來る（町村制第四十五條第三項）

決算認定の會議では町村長助役共に議長となることは出來ない（町村制第百二十二條第五項）から此の場合は議長に故障あるものとして假議長によつて議事を爲すべきである。

三、假議長

市會議長同副議長町村長及其代理者が何れも故障があつて議長の職務をとる事が出來ない時は臨時に議員中から假議長を選擧するのである此假議長を選擧する場合は年長者が議長の職務を代理するのである此の場合の故障とは病氣旅行其の他の差支は勿論死亡辭職等により缺員となつた場合又は故意に議長の職務を行はない場合をも含んでゐるので此等の場合は假議長に依つて議事を進める事が出來る

四、年長議長

假議長を選擧するときは出席議員中の年長者が議長の職務を代理するのである議

長に故障がある場合に假議長に依つて議事を進行するのであるから其の假議長を臨時に選擧する場合議長となつて假議長選擧を執行するものがなければならないそれで出席議員中の年長者が其の議長の職務を代理するのである。此の場合年齢の同じきときは抽籤によつて定むるので年長者といふのは明治三十五年十二月法律第五十號年齢計算に關する法律に依つて出生の日から起算して比較した年長者を云ふのである。

議長の職務權限を説明すれば左の通りである。

イ、會議を開閉すること（市制第五十七條町村制第五十三條）

市町村長が市町村會を開會しても議長が會議を開かなければ會議を始めることは出來ない尤も議長に會議を開く意思のない場合でも議員定數の半數以上の請求があれば會議を開かなければならない此の議員の請求に依つて開いた會議は會議の議決に依らなければ閉づることは出來ない又普通の場合でも會議を閉づるにあたつて議員中に異議を云ふものがあれば同じく會議の議決によらなければ閉議は出來ないのである尚會議規則に會議時間が定めてある場合は開議は時

間中に始めなければならない。

ロ、會議規則に依つて會議時間の伸縮を爲すこと

會議を開閉することが議長の職權であるから日々の會議の時間は當然議長に於て定め得べきものではあるが會議規則に「會議時間ハ通常午前何時ヨリ何時迄トス」と規定してある場合は一應其の會議規則に依つて會議を開閉しなければならないことになるから此の場合は多く議長の意見又は會議の議決に依つて時間を延長することを得る旨の規定を設けてある故に時間を過ぎて會議を續行するときは會議時間を延長する旨の宣告を爲して續行しなければならない往々會議規則に會議時間を定めてあるにも不拘時間外に會議を開き又は時間延長の處置を爲さずして（會議中に會議規則に依る會議時間を終つたときは會議時間を延長する旨の宣告をして會議を續行すること）時間外に渉つて會議を續行し時間後に爲した議決又は選擧の効力に影響を及ぼした例もあるから特に注意して必ず會議錄に時間延長の處置を爲したる旨を記載すること。

ハ、議事の日程を定むること

議長は會議の順序を定むる權限を持つてゐるのであるから日日の會議日程を定め之を前日又は當日會議前議員に告知しなければならない普通は前日の會議散會のとき翌日の日程を報告するのである會議日程を定むることが議長の權限であるから日程を變更することも議長が自由に爲し得る譯であるけれども會議規則を以て議員の動議に依り日程變更を爲すの規定を設けてある向きが多い此の場合は議長は會議の議決に依つて日程の變更を爲すのである。

ニ、議場内の發言に就ては議長の許可を受けしむること

議長は議員から發言の要求があつた場合は要求の前後に依つて許可し市町村長及其の委任又は囑託によつて議事に參與するものから發言の要求があつた場合は直に許可しなければならない但し議員の演說中であつたならば之を中止することは出來ない(市制第五十條町村制第四十六條)

ホ、議決事件の可否同數の場合裁決すること

議決事件の可否の決を採るに當つて可否同數のときは議長が之を決するのであるが此の場合議員であつて議長なる場合は議員として可否の數に加はり尚議長

議長

として裁決することが出來る(市制第五十三條町村制第四十九條)

ヘ、市町村會で選擧を行ふ場合之を管理すること

市町村會で選擧を行ふときは議長が管理者となりて投票用紙を定め投票の處理當選者の宣告等を爲すのである(市制第五十五條町村制第五十一條)

ト、傍聽人の取締

傍聽人が公然と可否を表はし又は喧騷に渉り其他會議の妨害を爲すときは之を制止し其の命に從はないときは退場せしめ必要ある場合は警察官吏の處分を求むることが出來る(市制第六十條町村制第五十六條)

チ、議場の整理

會議中市制町村制又は會議規則に違ひ其の他議場の秩序を紊す議員あるときは之を制止し又は發言を取消さしめ命に從はないときは當日の會議の終る迄發言を禁し又は議場外に退去せしめ。必要あるときは警察官吏の處分を求むることが出來る(市制第五十九條町村制第五十五條)

リ、傍聽禁止の發議

市町村會は公開するのを本則とするが必要あるときは市會議長は傍聽禁止の發議を爲し討論を須ひずして可否を決し町村會議長は自ら傍聽禁止を爲すことが出來る（市制第五十六條町村制第五十二條）

ヌ、書記を任命すること（市制第六十一條町村制第五十七條）

市町村會の事務は總て議長が處理するのであるから其の多くの事務を自ら全部行ふことは出來ないので補助機關として書記を任命し庶務に從事せしめ得るのである而して此の書記は市町村吏員ではないが市町村の機關たる市町村會の事務を行ふのであるから其の費用は當然市町村費の負擔である。

ル、會議錄を調製すること

議長は會議の狀況を證する爲め書記をして會議錄を調製せしめ會議の顚末出席議員の氏名を記載しなければならない、會議錄は會議が適法に行われたるや否等を後日に證するものであるから事實の相違又は重要事項の記載漏等の爲め後日疑義の起るが如きことのなき樣注意し、明瞭に記載し議長は市町村會に於て定めた議員二人以上と共に署名しなければならない（市制第六十二條町村制第

議　長

五十八條）

オ、會議の結果を市町村長に報告（市制第六十二條町村制第五十八條）

市會を終了したときは市會議長は會議の結果を會議錄を添へて市長に報告しなければならない、之市長は執行機關として其の議決又は選擧の結果を執行しなければならないからである。

町村に在つては町村制第四十五條第三項に依り町村條例を以て特に議長を置いてある町村は市と同じく議長より町村長に報告を要するのである。其の他の町村は執行機關たる町村長が議長となつておるから殊更に此の手續を要しないのである。

ワ、市町村會の代表

市町村の意思決定の爲め議決を爲したるときは市町村會の意思として外部に發表することはないが市町村會自体が外部に意思を發表する場合即ち其の市町村の公益に關する意見書の提出、官廳の諮問に對する答申等の場合は市町村會を代表し議長の名に依つて爲すべきものである。

行政實例

○市吏員ト書記　議長ニ於テ市吏員中ニ就キ書記ヲ命セントスルトキハ豫メ市長ニ照會シ其ノ承諾ヲ得ルカ又ハ其ノ書記ニ任命セラル可キ吏員ヨリ豫メ市長ノ許可ヲ受クルコトヲ要ス

○市町村會解散ト書記　市町村會ノ書記ハ市町村會組織ノ一部ヲ構成スルモノナルヲ以テ市町村會ノ解散ニ依リ當然解職ス

○市町村會書記ト所謂市町村ノ有給吏員　市町村會書記ハ議長ノ任命スル處ニ係リ且ツ專ラ議長ニ隷屬スルモノナルヲ以テ市制第十八條、町村制第十五條ノ市町村ノ有給吏員ニ非ス

○常置書記ト臨時書記　市町村會ノ書記ハ之ヲ常置ノモノト爲スト又ハ會議ノ都度臨時之ヲ命ストハ一ニ議長ノ見込ニ依ル

○發言ヲ禁止セラレタル議員ト採決權ノ行使　本條ニ依リ議長ヨリ發言ヲ禁止セラレタル議員ト雖裁決ノ際起立ヲ爲シ又ハ投票ヲ行フハ妨ケナシ

○議長ノ要求ヲ受ケタル警察官吏ノ職責　町村制第四十五條ニ依リ議長ノ要求ヲ受ケタル警察署ハ必ス其ノ要求ニ應セサルヘカラサルモノニアラス警察官ニ於テ議長ノ要求不法ナリト認ムルトキハ之ニ應セサルヲ得ルモノトス

○冗長ノ發言ヲ制止スル議事細則　冗長ノ發言ヲ制止スルノ權ヲ議長ニ附與スルハ會議規則ニ規定スルコトヲ得ヘク尚其ノ制止ニ從ハス暴行ニ渉ルトキハ議長ハ之ヲ議場外ニ退去セシムルコトヲ得ルモノトス

○發言禁止又ハ退場處分ヲ爲シ得ル場合　會議中市制町村制若ハ會議規則ニ違ヒ其ノ他議場ノ秩序ヲ紊

議　長

ル議員アルモ議長ニ於テ直チニ當日ノ會議ヲ終ルマテ其ノ議員ノ發言ヲ禁止シ又ハ議場外ニ退去セシムルコトヲ得ス其ノ發言ヲ禁止シ又ハ議場外ニ退去セシムルコトヲ得ルハ議長ニ於テ制裁ヲ加ヘ若ハ發言ヲ取消サシメントスルモ尙ホ其ノ命ニ從ハサル場合ニ限ルモノトス

○**議長副議長ノ選擧ト市制第五十五條ノ適用**　市制第四十八條ニ據リ市會ニ於テ議長副議長ヲ選擧スル場合ニ於テハ第五十五條ノ規定ニ據ル可キモノトス

○**市會議長又ハ副議長ノ辭表提出方**　市會議長及副議長ノ辭表ハ議長ハ其ノ副議長ヘ副議長ハ議長ニ差出ス可キモノトス

○**同上**　市會ノ議長又ハ副議長ニ於テ辭表ヲ提出セントスルトキハ議長ハ之ヲ副議長ニ提出スルコトヲ要シ又副議長ハ之ヲ議長ニ提出スルコトヲ要ス

○**町村制第四十五條ノ所謂故障ノ內容**　本條ニ所謂故障トアル中ニハ議長及其ノ代理者カ病氣ノ爲メ缺勤セル場合ノ如キモ包含スルモノナリ

○**議長タル町村長ノ議案說明ト助役ノ議長職務代理**　町村會議長タル町村長自ラ提出議案ノ說明ヲ爲サントスルトキハ町村制第四十五條ニ依リ助役ヲシテ議長ノ職務ヲ代理セシムルモ差支ナシ

○**町村長ノ代理者タル助役ノ公文ヘノ署名名義**　町村長事故アリ助役代理ヲ爲ストキハ公文ノ署名ハ其ノ代理者ノ名義ヲ用ウ可キモノトス

○**所謂故障ト病氣**　故障ニハ病氣ヲモ包含ス

○**議長選擧ト事件ノ告知**　市會開會中議長ニ缺員ヲ生シタルトキハ假令告知以外ノ事項ニ屬スルモ何時ニテモ議員自ラ發案シ選擧ヲ行フコトヲ得ルモノトス

○**議長選擧ノ發案權**　市會議長ノ選擧ニ關スル事件ハ理事者ノ發案ヲ俟タス議會自ラ發案シ選擧スルコ

トヲ得ルモノトス

○議長ノ補闕選擧　市會議長ノ選擧ハ其ノ闕員ヲ生シタルトキハ何時ニテモ之ヲ行フコトヲ要ス

○所謂年長者ト戸籍上ノ年齢　町村制第四十五條ニ年長ノ議員トアルカ右ハ戸籍上ノ年齢ヲ比較シ年長議員ト否トヲ定ムヘキモノトス假令本人ノ申立ニ依リ明ニ戸籍面ノ年齢誤記ナリト認メ得ル場合ト雖モ戸籍ノ訂正ヲ爲ササル以前ニ於テハ之レヲ誤リトスルヲ得サルモノトス

○決算認定ニ關スル會議ノ議長　決算ノ認定ニ關スル會議ニ於テハ町村長助役ハ共ニ議長ノ職務ヲ行フコトヲ得サルハ町村制第百二十二條ニ依リ明カナルカ監督官廳ニ於テ選任シタル町村長ノ臨時代理者モ亦町村長ト同シク議長ノ職務ヲ行フコトヲ得サルモノトス

○議長故障ノ意義　議長ノ故障トハ法令上又ハ事實上議長ノ職務ヲ執ルコト能ハサル場合及其ノ職務ヲ執ラサルノ事實アル一切ノ場合ヲ指スモノニシテ積極的ニ職務ヲ執ルコト能ハサル事由アル場合ニノミ局限スヘキ理由ナシ（大正六、二、三）

行政判例

○村長タル資格ト議長タル資格トノ表示方法　村長ノ資格ヲ表示スル場合ト村會議長ノ資格ヲ表示スル場合トハ彼此混同セサルヲ要ス而シテ議長ノ資格ヲ表示スル場合ニ於テハ法律上村長ニ於テ議長ノ職ヲ行フモノナルヲ以テ村會議長某ト記名スルヲ當然ナリトスルモ村長ノ資格ヲ表示スル場合ニ於テハ議長ノ文字ヲ冠セス單ニ村長某ト記載スルヲ相當トス而シテ本件訴願書ハ某村會議長某村長ノ名ヲ以テ揭示シタルモノナレハ被告縣知事ニ於テ該村會ヲ代表スル議長ノ訴訟ナリト認定シ却下ノ處分ヲ爲シタルハ不當ノ斷定ナリト謂フヘカラス（明治二九、五、一三）

○招集告知ノ法定期間存セサル市會ニ於テ爲シタル議長選擧ノ效力（大正九年六月十七日ノ長野市會ハ同月十四日招集ノ告知ヲ爲シタルモノニシテ）市制第五十一條第三項ノ告知ノ期間ヲ存セサリシモノナルモ之カ爲メ市會タルヲ失フモノニアラス故ニ當日爲シタル議長選擧カ市制第九十條ニ依リ取消サルルマテニ當選者カ議長トシテ爲シタル行爲ハ效力ヲ有スルモノトス（大正一〇、五、一八）

○町村長又ハ助役ノ職ト町村會議員　原告ノ引用セル町村制第四十五條第四十六條第七十九條ニ依リモ此等ノ條項ニ揭ケラレタル者ハ其ノ資格ニ於テハ議決ニ加ハルコトヲ得スト云フニ止マリ之カ爲メニ町村長又ハ助役ノ職ニアル者カ町村會議員タルコトヲ得スト解スルヲ得ス（大正一〇、一二、二七）

○假議長ノ選擧ト年長議員議長ノ職務代理　議長及副議長共ニ故障アル場合ニ於ケル假議長ノ選擧ニ付テハ常ニ年長ノ議員議長ノ職務ヲ代理スヘキモノト解スルヲ相當トシ原告ノ主張スルカ如ク議長ノ故障カ將ニ行ハレムトスル議事自體ニ付テノミ存シ假議長ノ選擧ニ付テハ何等故障ナキ特殊ノ場合ニ於テハ議長其ノ職務ヲ行フヘキモノト解スルノ餘地ナシ（大正一一、一二、二一）

○本條第二項ニ所謂議長仍會議ヲ開カサルトキノ解　町長選擧ノ如キ重要ナル事件ニシテ而モ豫メ告知セサルモノノ會議ニ付助役ニ於テ未タ參集セサル議員ヲ出席セシムル爲參集議員ニ町會開會ノ猶豫ヲ求メ其ノ手續ヲ執リタルハ相當ノ措置ト謂フヘク故意ニ會議ヲ遲延セシムル爲斯ノ如キ手續ヲ執リタルモノト認メ難ク又午前十時半頃開會ノ要求ヲ受ケタル後不相當ニ長時間開會ヲ遲延シタルモノトモ認メ難ク尙參集シタル議員カ愈町村制第四十五條ノ例ニ依リ町會ヲ開會セントスルニ方リ其ノ旨ヲ助役ニ通告ヲ爲ス等ノ事モナク町會議事規則ニ依レハ會議ハ午後四時ニ終ヲル本則トスルニ拘ラス當日午前中ニ急遽之ヲ開キタルコトハ町村制第五十三條第二項ニ所謂議長仍會議ヲ開カサルトキトアル場合ニ該當スルモノト認ムルヲ得サルカ故ニ該町會ハ違法ニシテ從テ右町會ニ於ケル町長ノ選擧ハ不適

法ニシテ無效タルヲ免レサルモノトス(昭和二、一二、二七)

第七章　會議

第一節　總説

（一）會議の開閉

市町村會は市町村長の開會に依つて會議を開き得る狀態になるが其の日其の日の會議を開閉することは議長の職權であるから議長が開議を宣告しなければ議員全部が參集するも會議を爲すことは出來ないのである又議長は會議を統制し其の秩序を維持し圓滿に會議を進行せしむる職責をもつてゐるのであるから會議の開閉は之を議長の權限となし之を開くと開かざるとは議長の自由意見に依らしむるものであるが又全然會議の意思を無視することも議會の機能を完全に發揮する所以ではないから左の場合に於ては會議の意嚮によつて開閉しなければならない。

（イ）議員定數の半數以上から會議を開く要求があつた場合は議長は其の日の會議を

開かなければならない此の場合會議を開かなければ其の議長たるべき者に故障あるものとして市制第四十九條町村制第四十五條の例に依つて假議長を選擧して會議を開くことが出來る。

(ロ)議員の請求によつて會議を開いたとき又はさうでない場合でも議員中に會議を閉づることに異議のある者があるときは會議の議決に依らなければ閉づることは出來ない。

會議は議員定數の半數以上出席しなければ開くことは出來ないのであつて其の半數と云ふのは議員定數の半數であるから十二名の定數の內二名の缺員の場合でも尙十二名の半數即ち六名の出席を要する理であるが左の場合は半數に達しなくとも開議することが出來る。

(イ)一回招集したが其の出席者が定數の半數に達しない爲め同一事件に付再び招集を爲したが尙ほ半數に滿たないやうな場合は半數に達しない儘開いて差支へない此の再度の招集の場合に於ても其の招集告知は開會の日前三日目迄にすることを要する。

（ロ）會議に參集した議員の內自己又は父母、祖父母、妻、子孫、兄弟、姉妹の一身上の事件の爲め市制第五十四條町村制第五十條に依り議事から除斥せられたものがある爲め半數に滿たない場合、即ち其の議員が除斥せられなかつたならば半數以上になる場合は開會することが出來る例へば

議員定數	十二名
內	
出席議員	五名
缺席議員	四名
除斥せられた議員	三名

の如きである。

此の場合に於ても除斥せられた三名は一應會場に參集したものでなければならない初めから會場に參集しなかつた場合は假に出席すれば除斥せられるものであつても缺席者の內に加はり缺席者七名出席者五名で出席者は定數の半數に達しないから會議を開くことは出來ないことになるのである。

（ハ）招集に應じたものは半數以上あるが會議に當つて出席するものが半數に達しない場合は一應議長が各議員に對し出席すべき樣催告を爲し而して尙半數の出席者の無い場合は會議を開いても差支へない其の催告の方法は別段どうしなければならないといふ規定はないから議長に於て成る可く速に本人に通達する方法に依るべきもので、催告の後會議を開くことの出來る時間は催告後直ちに出席するとすれば議場に達し得る時間を置いた後でなければならない。

會議規則に會議時間を定めてある場合は會議を開くのは其の時間內なるを要するので其の時間過ぎに開いた會議は違法となるのである、それで時間內に會議を始め所定の會議時間後に引續き會議をしやうとするときは時間延長の手續をとつて續行することを要するのである（議長の職務（イ）（ロ）參照）

議員定數の半數以上の出席者があつて會議を開いた後會議中に退席するものがあつて、半數に滿たないやうになつたときは會議を續くることは出來ないので、此の場合尙當日續行しなければならないときは一時會議を中止し各議員に出席を催告して催告後出席し得べき時間を經た後半數以上の出席あると否とに不拘會議を進むべきである。

出席議員が議員定數の半數に滿たざる爲め催告して尚半數に滿たない場合に開いた會議では、始めの會議に於て日程となつてあつた事件以外の事項を議決又は選擧することは出來ない、故に例へば一、歳入出追加更正豫算二、條例改正の件の二件を附議する爲め會議を始めたるも議事の中途に於て退席者あり、定足數を缺ぐに至つた爲め議長は出席を催告したるが尚定足數たる半數に滿たないときは會議は其の儘進行するが此の會議に於ては始めの會議に附すべき豫定であつた追加更正豫算及條例改正の二件以外を議決することは出來ない、假令市町村會に發案權のある市町村長選擧の如きであつても此の會議では豫め會議の日程と爲つてをらないから選擧を行ふことは出來ない、尚此處に疑問の起るのは出席者が定足數に達しない爲め議長が催告して初めて半數以上の出席者があり會議を開いてをる内、又他の者が退席したが爲め定足數を缺ぐに至つた場合は其の儘會議を進行して差支なきや又改めて出席の催告を爲した後でなければ開議することを得ざるやといふに、此の場合に於ては一度出席催告の手續を經て會議を開いた以上後に定足數を缺ぐに至つても會議を續行して差支へないと思ふのである。

尙又一回招集したるも招集に應じたるものが議員定數の半數以上なかつた爲め再招集を爲し始めて半數以上の應招者を得て市町村會を開會し、引續き會議を進行中或議員が退席し議員定數の半數に達せざるに至つた場合は如何にするかといふに、此の場合に於ても再招集によつて會議を開いたものであるから、中途に於て假に定足數を缺ぐるに至るも其の儘會議を續行して差支へないのである。

○出席催告書例

何第　號

本日ノ市(町村)會ハ午前(午後)何時ニ至ルモ出席議員定數ニ達セサル爲メ會議ヲ開クコトヲ得サルニ付午前(午後)何時迄ニ必ス御出席相成度此段及催告候也

昭和何年何月何日

何市(町村)會議長

何　　某㊞

何市(町村)會議員何某殿

何第　號

本日市(町村)會開議中午前(午後)何時出席議員定足數ヲ闕クニ至リタル爲メ會議ヲ中止シタルモ尚會議續行ノ必要アルニ依リ午前(午後)何時迄ニ必ス御出席相成度此段及催告候也

昭和何年何月何日

何市(町村)會議長　何　某㊞

何市(町村)會議員何某殿

行政實例

○町村制第四十八條但書ノ趣旨　町村制第四十八條但書末段又ハ招集ニ應スルモ出席議員定數ヲ闕キ議長ニ於テ出席ヲ催告シ仍ホ半數ニ滿タサルトキハ此ノ限ニ在ラストアルカ會議ノ第二日目ニ於テ出席議員定數ヲ缺キ議長ニ於テ催告スル場合ニ出席セサル全部ノ議員ニ催告スルコトヲ要セスシテ只タ町村會ノ招集ニ應シタル議員ノ內ニテ現ニ闕席セル者ノミニ催告スヘキモノトス

○町村會ノ流會ノ宣告ト其ノ後ノ開會　町村會開會中豫定ノ時間ニ至リ議員ノ出席定數ニ滿タサリシヲ以テ議長ハ出席ノ議員ニ對シ流會ノ旨ヲ宣告シ出席ノ議員總テ歸宅シタリシ後定數ノ議員一時ニ出席スルコトアルモ議長ハ曩ニ流會ヲ宣告シ歸宅セシメタル議員ニ對シ開會ノ通知ヲ爲シタル上ニアラサ

レハ町村會ヲ開クコトヲ得サルモノトス

○流會宣告後再會ノ通知ヲナサスシテ開會シタル議決ノ效力　前項議長ニ於テ通知ヲ爲スヘキモノトセハ其ノ通知ヲ爲サスシテ一部議員ヲシテ開會議決セシメタル議事ハ假令定足數ノ出席アリタル場合ト雖違法タルヘキモノトス

○口頭ニ依ル流會ノ宣告　町村制第四十八條ニヨリ町村會ノ會議ヲ開クコトヲ得サル場合町村會議長ハ爲メニ流會ノ旨ヲ口頭ヲ以テ出席議員ニ宣告シテ可ナルモノトス

○出席ノ催告ヲ爲スヘキ場合　町村制第四十八條ニ依リ議長ノ爲スヘキ出席ノ催告ハ招集ニ應セサル議員ニ對シテハ之ヲ爲スヲ要セス

○前項ノ場合ト總テノ議員ニ對シテ爲シタル催告ノ效力　議長ニ於テ招集ニ應セサル議員ニ對シ催否ヲ爲シタリトスルモ之カ爲メ他ノ議員ニ對シ爲シタル催告ヲ違法視スルヲ得サルモノトス

○催告後尚定數ヲ缺ク場合ニ於ケル會議ノ繼續ト更ニ其ノ翌日定數ヲ缺ク場合　町村會議員招集後出席議員定數ヲ闕キ爲メニ議長ニ於テ其ノ日ノ會議ニ出席ノ催告ヲ爲シ會議ヲ開キタル以上ハ假令ヒ定足數ヲ闕クモ當日ハ會議ヲ續行シ得ヘキモ若シ其ノ翌日定足數ノ議員出席セサルトキハ更ニ催告アルニアラサレハ會議ヲ開クコトヲ得サルモノナリ

○一旦定足數以上ノ議員ノ出席シタル場合中途闕席者ヲ生シタルトキト會議ノ繼續　町村會議長ニ於テ議員ニ對シ出席ノ催告ヲ爲シタル場合ニ於テハ一旦定足數以上ノ議員出席シ其ノ後缺席者ヲ生シ議員ノ出席定足數ヲ缺クニ至リタル場合ト雖モ會議ヲ繼續スルヲ得ルモノトス

○議長ノ出席催告ト回數　議長ニ於テ爲シ得ヘキ催告ハ法律中別ニ制限ナキニ依リ一會期中必要アルニ於テハ幾回之ヲ爲スモ妨ケナキモノトス

○出席催告ノ宛所　町村制第四十八條末段ニ依リ議長ノ爲スヘキ出席ノ催告狀ハ本人ノ住所ニ對シテ之ヲ發スルト將タ又居所ニ對シテ之ヲ發スルトハ適宜ナリト雖モ其ノ居所ノ明カナル場合ノ如キハ可成本人ノ居所ニ對シテ之ヲ通知スルヲ可トス又本人ノ住所ニ對シ催告狀ヲ發シタル場合ニ於テハ本人ノ知ルト否トハ固ヨリ問フ所ニアラス故ニ假ヒ本人ノ知ラサル場合ト雖モ催告ノ效アルハ勿論トス

○議員ニ出席ノ催告ヲ爲シ得ヘキ場合ト市町村會ノ開會　議長カ議員ニ出席ノ催告ヲ爲シ得ルハ町村會カ招集ニ應シ理事者ニ於テ開會シタル以後ニ限ルモノニシテ町村會カ招集ニ應セサル場合ノ如キハ固ヨリ催告シ得ヘカラサルハ勿論トス

○出席ノ催告ヲナスヘキ議員　町村制第四十八條ニ依リ議長ニ於テ爲スヘキ出席ノ催告ハ招集ニ開シタル議員ニ之ヲ爲スヲ要スルモノトス

○再回招集ノ場合ニ議員定數ヲ缺キ催告ヲナスモ尚半數以上出席セルトキ　町村長ニ於テ同一事件ノ爲メ町村會ノ再會招集ヲ爲シタルモ會議ノ時間ニ至リ議員ノ出席定數ヲ缺キ會議ヲ開クコト能ハサルトキハ議長ニ於テ催告ヲナシ而シテ議員半數以上ノ出席ナキトキハ直チニ會議ヲ開キ差支ナシ

○再回招集ト出席議員數　市町村會再回招集ノ場合ニ於テハ出席議員數ノ制限ナシト雖モ二人以上ノ出席ナキトキハ會議ト謂フ能ハサルヲ以テ議長及議員二人以上出席スルニアラサレハ會議ヲ開クコト能ハサルモノトス

○町村長ノ選擧ト出席議員數　町村助役ニ於テ町村長ノ選擧ノ爲メ町村會ヲ招集シタルニ議員ノ出席僅ニ四名ニシテ議員定數ノ半ニ過キスシテ町村長ノ選擧ヲ爲シタル場合ト雖モ其ノ選擧ハ適法ノ選擧ナリ尤モ町村長ノ選擧ハ町村ニ取リテハ極メテ重要ノ案件ニ付可成多數議員ノ出席ヲ得テ之ヲ行フヘキモノナルカ故ニ僅ニ半數ノ出席議員ニシテ之ヲ行ヒタルハ穩當ヲ缺クノ感ナキ能ハサルモ定員半數以

上ノ出席アリタル以上ハ適法ノ選擧ニ付キ之レヲ取消シ再ヒ選擧セシムルカ如キハ法律ノ認メサル所ナリトス

○會議規則ニヨリ停止セラレタル爲メ出席議員定數ヲ缺ク場合　町村制第五十九條第二項ニ基キ會議規則ノ定ムル所ニ依リ町村會議員ノ出席ヲ停止シタルカ爲メ出席議員第四十八條ノ定數ヲ缺クニ至リタルトキハ會議ハ之ヲ開クコトヲ得サルモノナリ

○選擧ト定足數　市制第四十四條町村制第四十一條ノ選擧ニ付テモ出席議員ハ必ス本條ノ定足數以上タルコトヲ要ス

○開議時間伸縮ノ決議　其ノ日ノ會議ヲ開閉スルハ本條ニ依リ議長ノ專權ニ屬スルモノニ付キ會議ノ議決ヲ以テ開議時間ノ伸縮ヲ爲スハ適法ニ非ス

○本條第三項ト議長ノ退席　町村會ニ於テ議長カ其ノ日ノ會議ヲ閉チ又ハ中止(休憩ヲ含ム)セムトスル場合議員中異議アルトキハ會議ノ議決ニ依ルニ非サレハ其ノ日ノ會議ヲ閉チ又ハ中止スルコトヲ得サルハ本條第三項ニ規定スル所ナルカ此ノ場合議長ニ於テ採決ヲ爲サス退席シ議長ノ職務ヲ代理スヘキモノナキトキハ假議長ヲ選擧シ其ノ日ノ會議ヲ續行シ差支ナキモノトス(大正十五、九、九)

○同上　午前八時會議ヲ開クヘキノ處出席議員定數ヲ缺ケルニ依リ午前九時二十分議長ハ午後二時ニ參集方催告ヲ爲シタルニ右時刻ニ至ラサルニ定足數ノ出席者アリ午後一時四十分會議ヲ開キ議事中退席者ヲ生シ出席議員半數以下トナレルモ催告ハ其日ノ會議ヲ閉ツル迄其ノ效力ヲ有スルヲ以テ其ノ會議ニ於テハ市長ヲ選擧セシハ違法ニアラス(大正六、一、一三)

○出席催告前ノ議會日程タラサリシ選擧　出席議員定數ヲ缺キ議長ニ於テ出席ヲ催告シタルモ仍ヲ半數滿タサル場合催告前ノ日程タラサリシ町村長ノ選擧ヲ行フハ違法ナリ(昭和三、五、四)

○再回ノ招集ト出席議員定數ヲ缺キタルトキ　再回ノ招集ノ場合ニ於テ出席議員ノ定數ヲ缺キタルトキハ當初ヨリ定數ニ滿タサル爲メナルト中途ニシテ退場シタル者アル爲メナルトヲ問ハス會議ヲ開キ選擧ヲ執行スルヲ妨ケサルモノトス（明治二五、七、一）

○再回招集ト議決ノ効力　再回招集ノ場合ニ於テ議員定數ノ半數ニ滿タサル出席員ヲ以テ賦課金額ヲ議決スルモ之ヲ違法ノ議決ナリト云フヲ得ス（明治二七、五、一四）

（二）會議の公開

市町村會の議事は市町村の意思機關として市町村民の利害幸福に重大な關係があるから住民をして其の會議の狀況を知らしめて市町村政に對する注意を爲さしむることは自治行政上最も必要のことである故に市町村會の會議は一般に公開して傍聽せしむるのであるが會議の進行上議場の秩序を維持し又は會議事項の性質等により公開に差支あるとき即ち左の如き場合は傍聽を禁止することが出來る。

（イ）市會に於ては市長から傍聽禁止の要求を受けたとき
町村會では議長の意見に依つて傍聽を禁止したとき

（ロ）市會に於ては議長又は議員三名以上の發議に依り町村會に於ては議員二人以上

の發議に依つて傍聽禁止を決議したとき
町村會に於ても町村制第四十五條第三項に依つて特に議長を設けてある町村は市會と同じ手續によるので町村長から傍聽禁止の要求があつた場合か議長又は議員三人以上の發議に依つて町村會で議決したときに傍聽禁止をするのである。それで市會に於ては議長は單獨に傍聽禁止の發議を爲し得るに過ぎないが（特に議長を設けてある町村會も之に同じ）町村會に於ては議長の意見を以て發議するのでなくして議長の意見のみで直ちに傍聽禁止をすることが出來るのである町村會に於ては議長の意見によつて直ちに傍聽禁止をすることが出來るのに市會に於ては議長は傍聽禁止の發議を爲し得るに止まるのは町村會は町村長が議長であるから市會に於て市長が要求に依つて直ちに傍聽禁止を爲すのと同一の結果となるからである。

行政實例

○傍聽禁止ト監督官吏ノ臨場　市町村會ノ傍聽ヲ禁セシ場合ト雖モ監督官吏ハ臨場スルコトヲ得ルモノトス

（三）會議日程

議長は市制第五十七條町村制第五十三條に依り會議を總理し會議の順序を定むるものであるから日々の會議日程を定むることは議長の權限である市町村長は議案を發するけれどもその發した議案を何日の會議に上程すべきかは市町村長の關知すべきことではない（尤も町村は通常町村長が議長であるから同一人ではあるが）議長が定むれば宜しいのである（市制第五十七條町村制第五十三條）議長は會議の前日又は當日會議の開始前書面又は口頭（書記をして朗讀せしむることもある）を以て其の日程を各議員に通知するのであつて通常前日の會議を閉づるとき翌日の會議開始時刻と日程を宣告するのである書面を以て各議員に通告するときは左記の如き例に依る。

會議日程

昭和何年何月何日市（町村）會ノ會議日程左ノ如シ

一、昭和何年度歳入出豫算

一、何々、、、、、、ノ件

一、何々、、、、、、、ノ件

會議を始めることが議長の權限であるから其の日程を變更することも議長が之を爲し得るのであるが議員から會議日程變更の動議があつた場合は會議規則の定むる所に從つて會議に諮ひて之を決すべきである、如此議作は通常自由に會議日程を定むることが出來るのであるから議長は議事進行の狀況に依り適當なる日程を作つて會議の進捗を圖らなければならない。

行政實例

○會議ノ休會　議長ハ數日ニ渉リ休會ヲ命スルカ如キ權限ヲ有セスト雖モ議長ニ於テ議ス可キ事件ナシトシ議事日程ヲ定メサルノ結果事實上休會スルハ固ヨリ已ムヲ得サルコトナリトス

○議事日程ヲ定ムル權限　議事日程ヲ定ムルハ本條ニ所謂會議ノ順序ヲ定ムルモノニ付議長ノ權限ニ屬スルモノトス

(四)動議

動議とは、議事進行、會議日程變更、又は議案の提出(議案の提出といつても、議決事件に付ては、議員三人以上連署の文書を以て直接發案することが出來るから、動議に依つて提出する事項は、市町村長の選擧、の如きものである)修正等に關し議員より意見を提出することである此の動議の成立等に關しては總て會議規則に定むべきものであつて其の動議提出の方法は通常議員が其の提出しやうとする意見の內容を陳述し之に對し會議規則に定めてある成規の贊成者があるときは議長は其の動議の內容を議題として可否を決するのである動議の種類內容等は大体左記の通であるが實際の會議に當つては好く其の會議規則を調査し會議規則に定めてある通りに處理しなければならない。

修正動議

修正動議とは附議せられた議案に對する議員の修正意見の提出を云ふのであつて此の修正意見は當該議案の審議中に提出すべきものであつて審議中でない議案の修正動議を提出することは出來ない此の動議は成規の贊成者（夫々會議規則に定めてある）がなければ議題とすることは出來ない成規の贊成者ある動議は議題となし其の可否を議決するのであるが修正動議が何れも成規の贊成者を得て一時に多數成立したときは原案に最も遠いものから順次に可否を決し一度修正案を議決すれば原案に近い他の修正案が殘つてゐても之を議決するの必要はない例へば此處

に土地賣却代金原案一萬圓とあるのを一萬二千圓に修正する案と一萬三千圓に修正する案との二つの修正動議が成立したときは先づ一萬圓に最も遠い壹萬參千圓の修正案に付き可否を決し其の修正案を可決したときは原案に近い壹萬貳千圓の修正案は議するに及ばないのである。其の他修正動議に付ては第二節議事中四議案の修正の部を參與せられたい歳入出豫算の議案を議する場合に於て修正動議を爲さうとするときは他の議案と異なり議會に發案權がないのであるから修正の範圍を越へて發案權の侵害とならないやうに注意しなければならない。

會議日程變更及議事進行に關する動議

會議日程を定むることは議長の權限であるか通常會議規則の定むる所に依つて議員の動議提出に依り日程を變更するの例になつてをるものが多い。

會議日程變更の動議と議事進行の動議とが同時に成立したときは先づ會議日程變更の動議に付可否を決すべきである。

議事進行に關する動議は讀會の順序を省略して第一讀會又は第二讀會に於て確定議とする動議もあれば議案審議に付委員に付託するの動議もある會議日程變更及

議事進行に關する動議は何れも會議規則に定めてある成規の贊成者があるときは議題と爲し可否を議決すべきである。

動議提出に付き注意すべき主なる點左の如し

イ、他人の發言中又は選擧執行中は動議を提出することは出來ない

ロ、緊急動議は前項イの場合の外何時でも提出することが出來る

ハ、委員付託の動議、即時議決の動議修正の動議及延期の動議が同時に成立したときは第一に延期の動議の可否を決し之が否決となつたときは其の次に委員付託の動議の可否を決し其の否決となつた場合は修正動議の可否を決し之が否決となつたときは其の次に即時議決の動議の順序で可否を決する。

（五）議員の議案提出

從來市町村の意思を決定する爲め市町村會に於て議決する議案は總て市町村長が發案してをつたのであるが（勿論意見書の提出諮問の答申各種の決定に關しては町村會自らの意思を表はすものであるからこれまでゞも議會に發案權があつたのである）元來市町村會は市町村の意思機關であるから理論上は當然發案權を有せしむべ

きものである、故に今回改正せられ市制第五十七條ノ二町村制第五十三條ノ二に依つて歳入出豫算以外は總て市町村會に於て發案し得る樣になつたのである、其の議員が議案を發する場合に於ては議員三人以上が連名で文書を以て提案しなければならない、それで此の要件を缺いで口頭を以て議案を發したり又は二人だけで發案するやうなことがあつても之は成規の發案にはならないのである、而して議員が發案する場合は叙上の要件を備へた議案を議長に提出して議長が日程を定めて附議すればよいのであつて、別に動議提出等の方法に依るを要しないのである、其の議案の樣式の如きも市町村長が發案する場合議案の末尾に

昭和何年何月何日提出　　何市(町村長)　何　某

と記する所を

昭和何年何月何日提出　　何市(町村)會議員　何　某

同　何　某

同　何　某

何　某

と記入して提出すれば宜しいのである、其の他議案に付ては第四章を參照せられたい。

（六）議員及參與員の發言

議員は議場に於ては自由に意見を發表し堂々と論議を爲し、議案の審議をなすべきであるが其の發言如何に依りては議事の進行を阻害し議場の秩序を紊すに至る場合もあるから議員及參與員が議場に於て發言しやうとするときは會議規則に依つて議長の許可を受けなければならない、此の許可を受くるのは通常發言しやうとする議員が「議長何番」と云つて自己の議席の番號を陳べ議長が之を許すときは「何番」と其の議員の議席を復唱して許可するのである、會議規則に發言の許可を受くべき規定あるに不拘許可を受けずして發言する者があるときは議長は之を制止し又は議場外に退去せしめ、必要のあるときは警察官吏の處分を求むることが出來る（市制第五十九條町村制第五十五條）議員に對する發言の許可は發言要求の順席に從つて許可するを要し議事參與員（市町村長及市町村長の委任又は囑託を受けて議事に參與する者）より發言の要求があるときは直ちに之を許可しなければならないが、之が爲めに議員の演説を中止することは出來ない、議員の發言する場合は左の點に注意するを要する。

イ、其の市町村會の會議規則に發言の場合は議長の許可を受くべき規定あるときは必ず許可を受けたる後發言すること。

ロ、發言中に無禮の語を用ひ又は他人の身上に渉り言論することは出來ない。

ハ、發言は審議中の議案に關してのみ爲し議案外に渉つて發言せざること。

ニ、其の他殊更に議事の進行を阻害し議場の秩序を紊すが如き言を發せざること。

議長が發言の許可を與ふるに付ては左の點に注意すること。

イ、參與員より發言の要求があつたときは直ちに許可しなければならないが議員の演説中なる場合は其の演説終了後直ちに許可すること。

ロ、議員から發言の要求があつた場合は要求の前後に依つて之を許可すること。

行政實例

○委任ト囑託　本條ニ所謂委任トハ其ノ吏員ニ對スルノ謂ヒニシテ囑託トハ市町村吏員外ノモノヲ參與

委員ト爲ス場合ヲ謂フモノトス

○議事參與ト討議爭論　會議ニ列席シテ議事ニ參與スルコトヲ得ル者ハ單ニ議案ノ趣旨ヲ説明スルニ止マラス凡テ其ノ議事ニ關シ討議爭論ヲ爲スコトヲ得ルモノトス

○收入役ト會議ニ參與權　町村ノ歳入出豫算認定ニ關スル會議ニ於テモ收入役ハ町村長ノ委任アルニアラサレハ會議ニ列席シ議事ニ參與スルヲ得サルモノナリ

○市役所町村役場書記ノ議事參與　市役所町村役場書記ト雖市町村長ノ命ヲ受ケタル場合ニ於テハ市町村長ト同シク會議ニ列席シテ議事ニ參與スルコトヲ得ルモノトス

○參與員ノ説明ヲ聞カス町村長ノ説明ノ要求アル場合　町村會ニ於テ議案ニ對シ町村長ノ命シタル參與員ノ説明ヲ聞カスシテ町村長ノ説明ヲ求メタルトキハ説明スルト否トハ町村長ノ適宜ナリ

○學校長ノ議事參與　町村會カ町村歳入出豫算ヲ議決スルニ當リ町村長ニ於テ必要アリト認ムルトキハ學校長ニ囑託シ議事ニ參與セシムルモ差支ナシ

（七）可否の採決

市町村會の議事は出席議員の過半數に依つて決すべきもので（市制第五十三條町村制第四十九條）可否同數なるときは議長が決するのである、其の議決の數に加はることは議員の職責であるから出席議員は必ず可否の數に加はらなければならない、而して過半數とは半數を超えた數即ち十名の出席者がある場合は六名以上が過半數であつて、採決の當時現に出席して居る議員によつて決すれば宜しい、自己又は父母、祖父母、妻、子孫、兄弟、姉妹の一身上に關する事件の爲め除斥せらるゝ者は假令其の市町村會の同意を得て會議に出席し發言する場合でも出席者の數に加へずして過半數であるかどうかを決し、其の可否の數が同じきときは議長が決するのであるから議員にあつて議長となつて居る者は議員として議決の數に加はり、尚可否同數のときは議長として可否を決することが出來るのである。

可否の表決方法は夫々會議規則に定めてあるが如何なる方法によつても其の表決の結果を明確にしなければならない、往々可否の表決か明瞭を缺ぎ、例へば異議なきや否やを議場に問ふ場合贊成者の起立を求め其の起立者の數を調査せずして一見したのみで起立者多數と認め可否を決した爲に後日爭の原因となることがあるから、議長は充分注意して採決を爲し可否の分界を明かにしてをかなければならない、今一般に表決の方法として用ひられてあるものを擧ぐれば左の通である。

イ、起立

議長が贊成者の起立を求めて其の過半數であるかどうかを決すること。

ロ、擧手
議長が贊成者の擧手を求め其の擧手した者が過半數であるかどうかに依つて決すること。
ハ、氏名點呼
議長又は書記が各議員の氏名を逐次點呼し一人一人に付可否を表示せしむること
ニ、投票
可否の意見を投票を以て表示せしむること。

此の投票にも無記名、記名等の區別があるが、重要な事件であつて種々なる情實等の纏綿せるものは無記名に依るが公正なる議決の出來る場合もある。

行政判例

○議案ニ對スル贊否兩說採決ノ順序　町會ニ於テ議案ニ對シ贊成及反對ノ兩說アリタル場合ニ必スシモ反對說ヨリ採決セサルヘカラサル條理ナシ(昭和二、一一、五)

第二節　議事

議事と云へば市町村會の會議總てを議事と稱する場合もあるが、本節に於て議事と云ふのは會議事項の內選擧を除いた他の會議方法を云ふのである、市町村長の發案した議案の議決、議員三人以上から提出した議案の議決、各種異議申立の決定助役、收入役、區長の如き市町村長の推薦によつて定むるもの等總て議事の範圍である。

(一)議長及議員は自己又は父母、祖父母、妻、子孫、兄弟、姉妹の一身上に關する事件に付ては其の會議に出席することは出來ないが市町村會に於て同意したときは會議に出席して其の事件に關する辨明等を爲す爲め發言することが出來るのである父母、祖父母、妻、兄弟、姉妹と云ふのは單に血族關係のみならず養父母、繼父母、並に養子、繼子等をも含むのである。

一身上に關する事件とは直接其の利害關係を有する事項であつて例へば自己又に父母、祖父母、妻、子孫、兄弟、姉妹の所有地を市町村に買收しやうとする事件の如きもので、市制町村制中に規定ある事項にして一身上に關係あるものを擧ぐれば左の通りである。

玆に注意すべきことは除斥すべき議員を除斥せずして議決した事件の議決も違法で

あるが又除斥する必要のない議員即ち除斥すべからざる議員を除斥して爲した議決も亦適法ではないのである、故に數事件を一括して議題に供したる場合其の内一事件のみに關する一身上の關係の爲め或議員を除斥し、數事件を一時に議決したるときは他の事件に付ては除斥すべからざる者を除斥したことゝなるのであるから注意しなければならない。

(イ)公民權の要件たる住所二年の制限特免の議決(市制第九條町村制第七條)

(ロ)名譽職の當選を辭し又は其の職を辭し若は職務を實際に執行せざるときは公民權停止の議決(市制第十條町村制第八條)

(ハ)市町村會議員當選効力に關する異議の決定(市制第三十六條、町村制第三十三條)

(ニ)市町村會議員被選擧權の有無に關する決定(市町村會議員失權の決定)(市制第三十八條町村制第三十五條)

(ホ)市制町村制及會議規則に違反したる議員に對する出席停止(市制第六十三條町村制第五十九條)

(へ)助役、區長、委員、收入役及副收入役を定むる場合（市制第七十五條、第七十九條、第八十二條、第八十三條、町村制第六十三條、第六十七條、第六十八條、第六十九條）

(ト)費用辨償、報酬、給料、旅費、退隱料、退職給與金、死亡給與金又は遺族扶助料の給與に關する異議の決定（市制第百七條町村制第八十七條）

(チ)市町村稅の減免及年度を超ゆる納稅延期（市制第百二十八條町村制第百八條）

(リ)市町村稅の賦課に關する異議及財產營造物の使用權に關する異議の決定（市制第百三十條町村制第百十條）

(ニ)市町村會の議事は出席者の過半數を以て決し可否の數同じきときは議長が之を決するのである（市制第五十三條町村制第四十九條）

出席者の過半數とは半數を超ゆる數であるから半數では可否は決せられないのである、例へば十名の出席議員あるときは六名以上でなければ過半數といふことは出來ない、五名では可否何れも半數を超ねてゐないので同數であるから議長が決するのである、前の場合自己又は父母、祖父母、妻、子孫、兄弟、姉妹等の一身上に關する事件の爲め除斥せられた議員があるときは其の者が假に市町村會の同意を得て議事に參與した場合でも出席者の數に加へずして過半數なりや否やを決しなければならない、例へば十二名の議員の中二名除斥せられたときは二名の者が會議に出席し辨明等をなしても十名の出席者として六名以上が過半數となるのである。以上の外議事の採決に付ては第七章第一節の中可否の採決の部を參照せられたい。

（三）讀會

讀會とは議案を審議する順序方法であつて固と外來の語で昔から我が國に用ひられてゐたものではないのであるが、現在では何れの會議でも使はれてをる、會議に付て此の讀會の方法を用ふるのは議案の審議に當り愼重に調査し考量する必要あると一面議事進行の秩序を保ち、會議を圓滑に行はんとする爲に市町村會が自ら定めるのであつて法令に依つてきまつてをるのではないのであるから、會議規則に依つて如何樣にでも定むれば宜しいのである、故に總ての議案に付必ずしも必要のものではないのであるから簡單な事件に付ては會議規則の定めに從つて其の順序方法を省略して簡單に議決することが出來る。

市町村會に於ける議事は夫々の會議規則の定むる所に從つて通常第一讀會第二讀會第三讀會の順序を經て議決するのである、之を會議規則に定めてある通りの手續を爲さず例へば三讀會の順序を省略するの規定はあつても其の讀會省略の手續を爲さずして一審議決を爲すときは違法の議決となるのである、讀會省略の手續は會議規則に定めてある所に依り通常會議に諮ひ會議の議決に依つて定め又は議長の意見に依つて省略することもある、其の省略方法は第一讀會に於て確定議と爲し第二讀會第三讀會を省略するものもあれば第二讀會に於て確定議となし第三讀會を省略する場合もある、何れの場合に於ても其の省略の手續を爲したときは會議錄に必ず之を記載しなければならない、往々其の記載なきが爲め其の議決の效力に付爭を生ずることがあるから注意を要すべき事である。

第一讀會

第一讀會を開くときは議長は「何々議案に付き第一讀會を開きます」と宣告し先づ其の議案に付提案者の說明を聽き發案の理由精神を明かにして議案の大体を審議し、之を第二讀會に移すや否やを決するのである、尤も經易な事件又は緊急を要するものであつて第二讀會第三讀會を省略する場合は第一讀會で確定議となるのであるから、第二讀會はないのである。

第一讀會に於ては議案の大体に付き質問應答を爲し細部に渉る審議を爲すを要しないのであるから修正意見を提出することは出來ない、第一讀會で否決せられたものは第二讀會を開く必要はなく一度否決せられたるものは再び議題とすることは出來ないのであるから充分愼重に調査するを要するのである。

第二讀會

第二讀會に於ては議案の細部に亘り各條項に付き逐次審議し豫算の如きは各款項の細目につき其の内容を詳細に審議し或は一款毎に又は數款を一括して議題とし條例規則の類は一條毎に又は數條を一括して議題とし各條の條文を詳細に調査すべきである而して其の審議に當り議案複雜にして本會議に於ては周到な調査の出來ないときは委員に付託して調査し其の委員の調査の結果報告に依つて議決することが出來る。其の審議の結果修正の必要を認めたときは會議規則の定むる所に從つて修正動機を提出し得るのである、第二讀會に於て可決せられたものは原案の儘第三讀會に移るので第二讀會に於て修正案が議決せられたときは其の修正案を第三讀會に附するのである、尤も第三讀會を省略したときは第二讀會に於て確定議となり第三讀會を開くを要しないことは云ふ迄もない。

第三讀會

第三讀會に於ては第二讀會に於て可決せられたものを議案として議案の全体に付審議し全体の可否を決するので第二讀會に於て修正せられたときは其の修正議決したものを議案とし第二讀會に於て原案を可決したときは其の原案を議案として審議するのである第三讀會に於ても修正意見を提出することが出來るが其の修正は字句の修正又は議案中互に抵觸する事項、法令に背く事項の修正に限られてある故に第二讀會に於て修正した事項であつても其の第二讀會の修正の結果が議案中の他の部分と抵觸する廉があつたり法令に背く事項があるときは第三讀會に於て修正することが出來る何れにするも第三讀會に於ては最後の議決であつて之に依つて市町村の意思が決まる譯であるから愼重なる調査をしなければならないのである。

（四）議案の修正

市町村會は議案審議の結果其の修正議決を爲すことが出來る修正は發案ではないのであるから市町村會に發案權のない事件に付ては市町村長の發した議案に對する修正は議案の範圍内でなければならない即ち歳入出豫算については其の發案權が市町村長に專屬し市町村會に於ては議案を發することは出來ないのであるから議案の根本を變更するやうな修正は出來ないのであつて豫算總額の範圍内に於て各款項目の金額を彼此増減することは修正として差支へないが款項目を新に加ふるか豫算内譯（即ち附記欄）に新に事項を追加するが如きは修正の範圍でないのであるから例へば需要費の項が備品費と消耗品費との二目から成つて居る場合消耗品費を半減して圖書印刷費を追加するが如き議決をすれば發案權の侵害となり違法越權の議決となるのである豫算以外の事件に付ては總て市町村會議員に發案權があるのであるから如何樣にでも修正が出來るかどうかといふに市町村會議員が發案する場合に市制第五十七條ノ二町村制第五十三條ノ二に依り議員三人以上より文書を以て議案を發しなければならないのであるから假に市町村會に發案權のある事件であつても議案の根

本を變へ所謂修正の範圍を越えて新なる事項を追加するが如き場合は其の修正議決が議員三名以上から文書を以て提出したものでなければ適法な議決ではないのではないかといふ問題があるのであるが又一面市制第五十七條ノ二第二項町村制第五十三條ノ二第二項は議員が新に議案を發しやうとするときの發案要件を示したものであつて根本として市町村會に發案權を認めたる以上新たに議案を發するのではなくして修正に依つて新たなる事項を追加しやうとするときは之を修正として他の修正動議と同じ方法に依つて修正し差支ないではないかといふ說も出來るのである此の點については改正早々にしてまだ內務本省の公權的解釋もないが追つて何等かの實例が出るであらうが市町村會に發案權のある事件についても發案の場合には三人以上から文書を以てするといふ制限がある點より見れば前說が妥當であらうと思ふ。修正の手續は其の議案審議中に動議提出の方法に依るのであつて修正動議に付ては動議の項を參照せられたい。

行政判例

○繼續年度ノ延長　市町村長ノ提案シタル繼續費年度割支出方法ニ對シ市町村會ニ於テ其ノ年度ヲ延長

スルハ修正ノ範圍ニ屬シ發案權ヲ侵害シタルモノニ非ス

○繼續年期支出方法ノ發案ト年限延長ノ修正　町村會ニ於テ町村長ノ發案シタル繼續年期支出方法ニ對シ年限延長ノ議決ヲ爲スハ修正ノ範圍ニ屬スルモノトス

○原案税額ヲ減少シ町村債ノ收入科目ノ新設ト發案權ノ侵害　町村會ニ於テ其ノ歳入出豫算ヲ議スルニ當リ原案税額ヲ減少シ其ノ結果トシテ新ニ町村債ナル收入科目ヲ設ケタルトキハ發案權ヲ侵セルモノト認ムヘキモノナリ

○原案ナキ費用ノ新設ノ爲メ町村會ニ於テ發案ノ要求ト町村長要求ヲ容レサルトキ　町村會ニ於テ町村ノ歳入出豫算ヲ議スルニ當リ原案ナキ所ノ事項ト併セテ其ノ費用ヲ加フルハ修正ノ範圍ニ屬スルモノニアラス

此ノ如キ場合ハ町村長ニ對シ其ノ發案ヲ求ムヘキモノニシテ若シ町村長ニ於テ要求ヲ容レ發案スルニ於テハ別ニ差支ナキモ若シ其ノ要求ヲ容レサルトキハ如何トモスル能ハサルモノナリ

○豫算ノ説明附記ニ新ナル款項ノ新設ト發案權ノ侵害　町村歳入出豫算ハ款項ヨリ成立シ説明附記ハ豫算ニアラサルモ町村會ニ於テ説明附記ニ新ナル事項ヲ加ヘ隨テ當該款項ノ金額ヲ増加スルハ發案權ヲ侵害スルモノトス

○發案以外ノ豫算追加議決　市町村長ヨリ發案シタル土木費豫算ニ對シ其ノ以外ノ工事費ヲ豫算ニ加ヘテ議決スルカ如キハ市町村長ノ發案權ヲ侵害スルモノナリ又原案ノ甲不動産處分ノ議案ニ對シ乙不動産ノ處分ヲ議決スルカ如キモ亦所謂發案權ノ侵害ナリ

○説明附記ニ新ナル事項ヲ加ヘテ爲シタル議決　町村歳入出豫算ハ款項ヨリ成立シ説明附記ハ豫算ニアラサル理由ヲ以テ町村會ニ於テ説明附記ニ新ナル事項ヲ加ヘ隨テ當該款項ノ金額ヲ増加スルハ發案權

ヲ侵害スルモノトス

行政判例

○豫算ノ發案權ト修正權　豫算ノ發案權ハ理事者ニ屬ス故ニ議會カ理事者ノ發案以外ニ於テ一項ヲ新設スル如キハ修正權ノ範圍ヲ超越シタルモノトス（明治二八、七、三）（同三二、七、一〇）

（五）委員付託

委員付託は市町村會の內部に於ける議案の調査方法であつて小さな町村では全議員の數も僅かに十二人位であるから、全部の議員で審議するも不便は少なく又施設事項豫算の如きも單純であるから、特に一部分を專問に調査する程の必要もないが市及大町村に於ける議會の議決事項は複雜多岐に涉り其の議案の審査に當つて本會議に於ては多人數で各人區々の意見を以ては、徒らに時間を費やし而かも細密な點には行き渡らず完全な調査は困難であるから部問を分つて委員を設け之に依つて周到細密なる調査研究を爲すもので曰はゞ本會議に於ける審査の下調を爲すものであるそれで此の委員といふのは市町村會の內輪の手續であつて、市制町村制等の法令に依り認められたものではなくして、市町村會が自己の便宜に依つて設置したものであるから其の委員數委員の選擧又は決定の方法等は會議規則に定むるか又は會議規則に定めてなければ會議の議決に從つて之を爲し必ずしも市制町村制上の選擧の方法に依るを要しない、專ら會議規則に從へばよいものである。

此の委員付託を爲さんとするときは先づ議員は議事進行に關する緊急動議として委員付託の動議を提出し此規の贊成があつたならば議題として之を決し其の委員數委員の定め方等に付き會議規則に規定のない塲合は議員の動議に依り又は議長の提案に依り會議に於て之を議決し通常數名以上の委員が定めらるゝのである、而して之に對し調査を委託するのである、委託せられた調査委員は通常委員長を互選し委員會を開いて調査研究し、其の結果を委員長が本會議に報告して委員の職務は終了するのである、それで委員會は唯調査の結果を本會議に報告するに止まり何等特別の效果を生ずるものではないのである。又委員會に於て委員全部の意見一致を見ず多數決に依り議決したる場合は反對意見を有するものは小數意見として本會議に於て陳ぶる塲合がある。

以上の外特に說明して置きたいのは助役、收入役及副收入役區長區長代理者及委員の決定である之等の決定は市制第七十五條第二項第七十九條第二項町村制第六十三條第六項第六十七條第三項に依り市町村長の推薦に依つて定むるのであるが（市町村長闕員の場合は助役收入役副收入役は市町村會で選擧する）此推薦決定の時期に關し之等任期のある吏員を定むるのは任期滿了の日の翌日行ふ事が最も適當であるが、助役、收入役及副收入役共市町村長と同じく常時事務に携はり其職責重要であつて殊に收入役は獨立した職權をもつてをるものであるから一日も缺員を來さない爲、從來とも其決定は現任者の在職中に後任者を定め任期滿了と同時に就職し得る樣にしてをるので動もすれば任期滿了の甚しき以前に決定を爲し適當でない定め方をするものがあるから今回改正に依つて決定の時期に一定の制限を設け又之が就職の手續に就ても從來何等の規定もなくして種々の疑問が起つてゐたのであるから同時に規定せられたのである

一、助役又は收入役副收入役區長區長代理者及委員が在職中に後任者を定むる場合は現任者の任期滿了前二十日以內でなければ決定することは出來ない、例へ六月三十日の任期滿了の場合は六月十日以後に決定しなければならないのであつて六月九日以前に決定するときは其の決定は違法の決定となるのである。

二、現任助役又は收入役副收入役區長區長代理者及委員退職の申立があつた場合は其の退職すべき日前二十日以內でなければ決定することは出來ない、それで二十日以內に退職申立があれば直ちに後任者を決定することが出來るが、二十一日以前に退職申立があつても二十日以內にならなければ後任者を決定することは出來ない、例へば六月三十日限り退職する旨を六月五日に申立てたときは六月十日以後にならなければ決定することは出來ないが六月三十日限り退職する旨を六月十二日に申立てたときは直ちに決定することが出來るのである。

かくて決定したならば直ちに本人に其の決定の告知を爲し其の告知を受けた者は其の告知を受けた日から二十日以內に其の決定に應ずるや否やを市町村長に申立て（六月十日に決定の告知を受けたときは六月三十日迄に決定に應ずるや否やを申立つる事）なければならない、其の期限內に決定を承諾する旨の申立のないときは決定を辭したものと看做さるゝのである、此の承諾申立期間の起算は決定の告知を受けた日から二十日以內であつて六月十日に決定しても其の告知が本人に到達したのが十一日になれば十一日から二十日以內に決定に應ずるや否やを申立つれば宜しいのである、故に決定の告知は成るべく決定の當日本人に到達せしむるが適當である。

行政實例

○**可否同數ナルトキ**　町村長ノ推薦ニ依リ町村會ニ於テ助役ヲ定ムルニ當リ十二人ノ議員カ兩派ニ分カレ可トスルモノト否トスルモノト同數ナルトキハ町村制第四十九條ニ所謂可否同數ナル場合ニ付議長ニ於テ何レカ一方ニ決スヘキモノトス

○**議長ノ議決權行使ト離席**　名譽職町村長ニシテ町村會議員タルモノハ議長席ニ於テ議員トシテ起立ノ數ニ加ハルコトヲ得元來議長ニ於テ議員トシテ議員權ヲ行ハントスルトキハ議長席ヲ代理者ニ讓リ議員席ニ著キ之ヲ行フハ一般ノ例ナルカ如キモ助役ノ缺ケタル町村ニシテ而カモ出席議員ノ總テカ可否ノ決ニ加ハラントスルトキノ如キハ會議規則中別ニ牴觸ノ規定ナキニ於テハ議長ハ議長席ニ於テ議員權ヲ行フコトヲ妨ケサルモノトス

○**可否表決ノ方法**　前項ノ場合町村會ニ於テ定ムル方法ハ投票ニ依ルト將タ起立ニ依ルトハ一ニ町村會ノ定ムル所ニ依ルモノトス

○**出席議員ト可否ノ表示**　町村制第四十九條ニハ町村會ノ議事ハ過半數ヲ以テ決ストアリ出席ノ議員ハ可否何レニカ加ハラサルヲ得サルモノトス

○**議員ニアラサル議長ノ議決權**　町村會議員タラサル議長ハ單ニ裁決權ヲ有スルニ止マリ可否ノ投票ニ加ハルコトヲ得サルハ勿論トス

○**決算認定ニ關スル會議ト町村長及助役ノ參與**　町村歳入出決算ノ認定ニ關スル會議ニ於テハ町村長及助役共ニ議長ノ職務ヲ行フコトヲ得サルハ法文ノ明記スル所ナルカ町村長助役カ議員ヲ兼ヌル場合ニ

於テハ議事ニ參與スルコトハ差支ナキモノトス

○**過半數ノ意義**　法文ニハ單ニ過半數トアルヲ以テ出席議員ノ過半數ナルカ如シト雖モ會議ニ出席スルモ表決權ヲ有セサル者例ヘハ市制第五十四條、町村制第五十條ノ但書ニ該當スル者ノ如キハ之ヲ除外ス可キモノトス故ヲ以テ出席議員中表決權ヲ有スル者ノ過半數ト解スヘキナリ

○**選擧無效又ハ當選無效ノ確定前ト議員ノ議決**　選擧無效又ハ當選無效ノ決定確定前其ノ選擧又ハ當選無效ノ爲メ失職スヘキ議員ノ加ハリタル議決ハ有效ナリトス

○**議事規則ニ違反シテ確定シタル議案再度ノ附議方法**　町村會議規則中議事ハ三讀會ヲ經テ確定議トスル旨規定シアルニ拘ハラス町村ノ收支豫算議決ノ際議長代理者ニ於テ單ニ一讀會ヲ經タルノミノモノヲ誤テ確定議ヲ經タルモノトシ次イテ町村長代理者トシテ町村會ヲ閉會シタルトキハ町村長ハ更ニ町村會ヲ招集シ該議案ヲ討議スルノ外ナキモ此ノ如キ場合ニ於テハ議事ハ第二讀會ヨリナスヘキニアラス第一讀會ヨリ更ニナスヘキモノナリ

○**市町村會議員ノ選擧ノ效力ニ關スル決定會議ノ性質**　市町村會議員ノ選擧ノ效力ニ關スル決定會議ハ其ノ選擧ニ依リ當選シタル市町村會議員ノ一身上ニ關スル事件ニアラス

○**選擧ノ全部又ハ一部ニ對スル異議ト議員一身上ニ關スル事件**　選擧ノ全部又ハ一部ニ對スル異議ハ議員ノ一身上ニ關スル事件ニアラサルヲ以テ其ノ選擧ニ當選シタル議員ト雖モ該異議ニ關スル議決ニ加ハルヲ妨ケス

○**町村長助役議員等ノ報酬又ハ實費額ヲ議スル事件**　町村長助役議員等ノ報酬若ハ實費額ヲ議スル事件ハ其ノ町村長助役議員等ノ一身上ニ關スル事件ニアラス

○**選擧ニ關スル訴願**　選擧ニ關スル訴願ノ提出者ハ特ニ自己ノ選擧ニ關スルモノノ外一身上ニ關係ヲ有

スルモノニアラサルヲ以テ舊町村制第四十五條ニ依ルノ限ニアラス

○決算ノ認定ニ關スル會議ト議員ノ一身上ニ關スル事件　町村制第百二十二條第五項ニ依レハ町村長助役ハ共ニ決算ノ認定ニ關スル會議ニ於テハ議長ノ職務ヲ行フコトヲ得サルモ其ノ町村長及助役カ町村會議員ヲ兼ヌル場合ニ於テハ議員トシテ議事ニ參與スルハ法律上別ニ差支ナキモノナリ此ノ場合ハ議員ノ一身上ニ關スル事件ニ該當セサルモノナリ

○一身上ニ關スル事件ノ議事ニ其ノ議員干與シタル場合　町村會議員ハ自己ノ一身上ニ關スル事件ニ付テハ町村會ノ議事ニ參與スルコトヲ得サルハ町村制第五十條ノ定ムル所ナリ然ルニ議員ノ一人此ノ規定ニ反シ自己ノ一身上ニ關スル事件ノ議事ニ參與シタルトキハ該事件ハ假ヒ全員一致ヲ以テ議決シタル場合ト雖法律ニ背クノ議決トシテ町村長ハ再議ニ付スヘキモノナリ

行政判例

○四名ニ對スル議員失格ノ議決ト除斥方法　村長カ四名ニ對スル議員失格ノ議決案ヲ提出スルニ際シ同一性質ナルニ依リ之ヲ一案トナシタルハ舊町村制第六十八條ニ依リ其ノ職權ニ屬スヘキモ該案ハ四名各自ノ身上ニ關スル四箇ノ事件ヲ包含スルヲ以テ其ノ議決ニ付テハ各事件毎ニ其ノ身上ニ關係アル者ヲ除外シ他三名ハ當然議事ニ參與セシムヘキハ舊制第四十五條ニ依リ明カナレハ不可分的ニ四名ヲ排除シ議決シタルハ其ノ方法ニ於テ違法タルヲ免レス（明治四四、七、四）

司法判例

○當選效力ニ關スル異議ノ審議ト當選無效ヲ求メラレタル者ノ退席　（大正一一、六、一五）

○實親子以外ニ於テ親子間ニ於ケルト同一ノ親族關係ヲ生スル關係　民法施行ノ前後ヲ問ハス實親子以外ニ於テ親子間ニ於ケルト同一ノ親族關係ヲ生スルハ養親ト養子、繼父母ト繼子、及嫡母ト庶子トノ間ノミナリトス（民事大正四、四、二四）

○民法施行前ニ於ケル養子縁組ノ親族關係　民法施行以前ニ於テモ養子ハ養親及ヒ其ノ血族トノ間ニ養子縁組ノ日ヨリ血族間ニ於ケルト同一ノ親族關係ヲ生シタルモノトス（民事大正四、四、二四）

○養子ノ卑屬親ト養親ノ親族トノ親族關係　養子ノ卑屬親ト養親ノ親族トノ間ニ於ケル親等ノ計算ハ養子ノ離縁ニ因リ又ハ養親ノ親族關係ノ發生カ養子離縁ノ時ヨリ前ナルト後ナルトニ因リ何等影響ヲ受クヘキモノニアラス（民事大正四、四、二四）

第三節　選擧

法律勅令に依り市町村會に於て行ふ選擧に就ては從前の規定にては一人毎に單記無記名投票によるを原則とし、特例として市町村會の議決を以て指名推選又は連名投票の法を用ふることを得ることになつてゐたのであるが、昭和四年の改正に依つて市町村會議員選擧の方法と同じく單に一回の投票に依つて數人を同時に選出する投票方法に依るを原則とし、特別の方法として議員中に異議を云ふものゝない塲合に指名推選の法を用ふる事が出來ることになつたのである、此の指名推選の手續についても從來の指名推選より制限が嚴格になつて被指名者の可否についても議員全部の同意がなければならないのである、かくて連名投票の方法は全然廢せられたのである。

(一)投票による場合

法律勅令により市町村會に於て選擧を行ふ場合は原則として投票の方法に依らなければならない、從前の規定にては一人毎に無記名投票を爲すことになつてゐたのであるから數人を選擧しやうと思へば數回投票を行はなければならなかつたが、今回改正の結果市町村會議員選擧の場合と同じく一回の投票に依つて數人を選出するのであつて其の投票の方法當選者の決定等に就ては市制第二十五條第二十八條第三十條町村制第二十二條第二十五條第二十七條の規定を準用し、先づ議長は投票用紙の用式を定め(市制第二十五條第八項町村制第二十二條第八項を準用する結果市町村會の首長たる議長が樣式を定むるのである)之に依つて投票用紙を調製して各議員に配付し各議員は其の投票用紙に自ら被選擧人一人の氏名を記載して投票するのであつて、自ら被選擧人の氏名を書き得ないものは投票することは出來ないのである各議員の投票が終つたならば議長は投票の有效無效を決し議員が其の投票の效力に異議を述ぶるときは市町村會の議決によつて有效無効を決しなければならない、其の有効無効を決する場合議員の可否同數のときは議長が可否の裁決することが出來るのは他の議決の場合と同様である、投票に當り投票用紙を各議員に配付するときは其の用紙に汚損したるもの又は違式のものなき様よく調査し議員に於ても配付せられた用紙を一應注意して少しでも汚損の點があれば引換へて置かなければ折角の投票が開票の結果其の汚點が如何なる方法で付着したものであるか不明の爲め他事記入なりと決定せられ無効となるが如きことがあるのである、市制第二十八條又は町村制第二十五條の準用に依り無効となるべき投票を擧ぐれば左の通りである。

（イ）成規の用紙を用ひないもの

成規の用紙を用ひないものとは議長に於て定めた一定の様式に依る投票用紙を用ひないもので假令議長が配付したものであつても捺印すべき様式のものを捺印がなかつたり、又は紙の形が全然異つてゐたりしてゐるときは成規の用紙といふことを得ないのであるから、前述の如く投票用紙の配付に付き注意を要するのである。

（ロ）現に其の選擧しやうとする職に在職中の者の氏名を記載したもの

例へば臨時出納檢査立會議員後藤幸雄なる者一人現存する場合他の一人を選擧するに當り現に出納檢査立會議員になつてゐる後藤幸雄の氏名を記載したるが如きものである、之等のものは投票せらるゝことなくとも現に其の職にあるものであるから其の投票を無効としたのである。

（ハ）一投票中に二人以上の被選擧人の氏名を記載したもの

投票の方法として被選擧人一人の氏名を記載することになつてゐるのであるから二人以上の被選擧人の氏名を記載したるときは其の二人の内何れを指すものであるかが不明であるから其の投票を無効としたのである。

（ニ）何人を選擧したものか確認し難いもの

被選擧人の氏名を明瞭に記載せずして如何なる文字を記載したのか讀み得ないもの又は姓のみを記載して同姓の者二人以上あり而も何れも選擧され得へき資格を有し其の中何れを指すものなるか判斷し難いものゝ如きであつて之等も何人を投票したるものなるかが不明であるから無効としたものである。

（ホ）被選擧權なき者の氏名を記載したもの

被選擧權のない者とは臨時出納檢査立會議員の選擧に當り議員でないものを記載したものゝ如きである。

（ヘ）被選擧人の氏名の外他事を記入したもの但し爵位、職業、身分、住所、又は敬稱の類は記入しても他事記入にはならない。

被選擧人の氏名を書する以外に爵位、職業、身分、住所、敬稱の類でない他の雜事を記載したり又は文字でなくとも一點一線を記載するも總て他事記入となるのである。

（ト）被選擧人の氏名を自書しないもの

議員は自ら記載することを要し被選擧人の氏名を自ら書することの出來ないものは投票することを得ないものであるから自書しない投票は無効としたのである。

かくて投票の有効無効が決したならば其の選擧すべき職員の定數を以て有効投票の總數を除して得たる數の六分の一以上の得票者の中にて最高得票者から順次所要人員數の者を當選者と定め得票數の同じきときは年齢に依り年齢亦同じきときは議長

が抽籤して定むるのである一例を擧ぐれば十八人の議員を以て臨時出納檢査立會議員二人を選擧する場合十八票の中二票の無効投票あるときは有効投票十六票を選出すべき人員數たる二人を以て除し其の數の六分の一たる一票三分の一以上の得票者(一票三分の一といふ投票はないから二票でなければ一票三分の一以上にならないので結局二票以上の得票者)の中から當選者を定むるのである選擧の結果此の法定得票數を得たものがなかつた場合は當選者を得られないから改めて投票を行はなければならない例へば村長選擧に當り村長の定數一人を以て有効投票の總數(十二人の議員にして全部有効なりとして)十二票を除して得た數の六分の一は二票であるから十二票が全部異つた十二人に投票せられたときは二票以上を得た者がないから當選者を得られない事になるので更に投票を行はなければならない。

(二)指名推選に依る場合

指名推選の法を用ふる事は選擧の方法としては一の特例であつて從來に於ても認められてゐたが今回の改正に依つて一層手續の制限が強くなつたのである先づ最初に議長の意見又は動議に依り指名推選の法を用ふるや否やを會議に付し之を議決する

場合從來の規定では一般の議決と同じく出席議員の過半數を以て議決することが出來たのであるが今回改正の結果議員の全部が贊成しなければ指名推選の法を用ふる事は出來ない樣になつたのである、其の議員全部の贊成といふのは市制第五十五條第二項町村制第五十一條第二項に議員中異議なきときは指名推選の法を用ふる事を得とあるから、一見出席議員のみならず其の會議に出席なき議員も全部贊成するを要するが如きも議員定數の半數以上出席し適法に會議を開きをる以上選擧も出席議員のみを以て適法に爲し得るものとしなければならないから此の場合に於ても出席議員中に異議なきときは指名推選の法を用ふる事が出來るものと爲すを適當と思ふ出席議員全員の同意があつて指名推選の法を用ふる事になつたならば指名者を定め其の指名者が被指名者を指名し其の指名者の指名した被指名者に議員全員の同意があつたならば其の者を以て當選者とするのである、此の被指名者に付き可否を決する場合も從來は過半數の贊成を得ればよかつたのであるが、今回の改正に依つて議員全員の同意がなければ當選者と定むることは出來ないやうになつたのである、尙二人以上を選擧する場合は其の一人一人各別に被指名者の可否を會議に付することは出來ないのであつて全部を同時に會議に付して同意を得なければならない、從來往々指名者が被指名者を指名したとき其の被指名者の可否を決せずして其の儘當選者とするの取扱を爲す向きがあつたが、かくの如きは違法の選擧たるを免れないのであるから必ず被指名者の可否を會議に付し議員全員の同意を得て當選者と定めなければならない、又此の場合指名推選は議事ではないから市制第五十四條町村制第五十條に依る除斥に付ては議長及議員が自己若は父母、祖父母、妻、子孫、兄弟、姉妹の一身上に關する場合に於ても除斥するの必要はない。

以上指名推選の方法を用ふる場合の順序を示せば左の通りである。

（イ）指名推選の法を用ふるや否やを會議に付し議員全員の贊成あること

（ロ）指名者を定むること

多くの場合（イ）と（ロ）とは同一の議決を以て「何々の選擧に付ては指名推選の法に依り何某を指名者とすること」と議決することが多い、此の方法に依つても矢張議員全員が贊成しなければならない

（ハ）指名者が被指名者を指名すること

(ニ)指名者の指名したる被指名者を當選者と定むべきや否やを會議に付し議員全員の同意を得ること

斯く四段の手續を經て當選者を定むるのである。

法律勅令に依り市町村會に於て選擧するものを擧ぐれば左の通りである。

(イ)市町村事務及出納檢査委員の選擧(市制第四十五條町村制第四十二條)

(ロ)市會議長副議長又は町村會議長及其の代理者の選擧(市制第四十八條町村制第四十五條)

(ハ)假議長の選擧(市制第四十九條町村制第四十五條)

(ニ)名譽職參事會員の選擧(市制第六十五條)

(ホ)市町村長の選擧(市制第七十二條町村制第六十三條)

(ヘ)市町村長が在職しない場合、助役、收入役、副收入役の選擧(市制第七十五條第七十九條町村制第六十三條第六十七條)

(ト)臨時出納檢査立會議員の選擧(市制第百四十一條町村制第二十一條)

(チ)市會議員より選擧する都市計畫地方委員會委員の選擧(都市計畫委員會官制第

八條）

此處に一言申述べて置きないのは市町村長の選擧（及市町村長闕員の塲合に於ける助役收入役副收入役の選擧）である市町村長等の選擧は他の一般の選擧と同じく任期滿了の日の翌日行ふを理想とするのであるが市町村長は執行機關として常時事務に携はつてゐるものであるから一日も其の闕員を來さないやうにする必要から從來とも其の選擧は現任者の在職中に後任者の選擧を行ひ任期滿了と同時に就職し得る樣にしてゐるので動もすれば任期滿了數ヶ月前に行ふものもあつて適當でない選擧があるから今回改正に依つて選擧の期日に一定の制限を設けたのである。

一、市町村長の在職中に後任者を選擧する塲合は現任市町村長の任期滿了前二十日以內に選擧を行はなければならない例へば六月三十日の任期滿了の場合は六月十日以後に選擧しなければならないので六月九日以前に選擧するときは其の選擧は違法選擧となる。

二、現任市町村長退職の申立ありたる塲合は其の退職すべき日前二十日以內でなければ選擧することは出來ないそれで二十日以內に退職の申立があれば直ちに選擧することが出來るが二十一日以前に退職申立てがあつても二十日以内にならなければ後任者を選擧する事は出來ない例へば六月三十日限り退職する旨を六月五日に申立てたときは六月十日以後にならなければ選擧することは出來ないが六月三十日限り退職する旨を六月十二日に申立てたときは直ちに選擧を行ふ事が出來るのである。

かくて選擧の結果當選者が定まつたならば直ちに當選者に當選の旨を告知し當選の告知を受けた者は其の告知を受けた日から二十日以內に當選に應ずるや否やを市町村長に申立て（六月十日に當選の告知を受けたるときは六月三十日迄に當選に應ずるや否やを申立つること）なければならない其の期限內に當選承諾の申立なきときは當選を辭したものと看做さるゝのである。此の當選承諾申立期間の起算は當選の告知を受けた日から二十日以內であつて六月十日に選擧しても其の告知が本人に到達したのが十一日になれば十一日から二十日以內に當選に應ずるや否やを申立つれば宜しいのである故に當選告知は成る可く選擧の當日本人に到達せしむるが適當である。

○當選告知書式例

其の一

何第何號
昭和何年何月何日目下缺員中ノ本市(町村)長選擧執行候處貴下當選相成候條此段及告知候也

昭和何年何月何日

何市(町村)長闕員ニ付代理
助役　何　某

何　某　殿

其の二

何第何號
本市(町村)長昭和何年何月何日任期滿了ニ付本月何日後任市(町村)長選擧致候處貴下當選相成候條此段及告知候也

昭和何年何月何日

何市(町村)長　何　某

何　某　殿

○當選承諾申立書例

昭和何年何月何日何第何號ヲ以テ御通知相成候本市(町村)長當選ノ件承諾致候也

昭和何年何月何日　　何　某

何市(町村)長(助役)何某殿

訓令通牒

○市町村長、收入役等ノ任期起算方　市町村長、助役、收入役及副收入役ノ就職ニ關スル裁可又ハ認可廢止後就職スル市町村長、助役、收入役及副收入役ノ任期ハ就職承諾ノ日ヨリ起算スルモノト解スヘキ義ニ有之爲念追而現任者ノ任期中ニ後任者ヲ選擧シ當選人ニ於テ其ノ就職承諾ヲ爲シタル場合ニ於テハ現任者ノ任期滿了ノ翌日就職スル義ニ有之爲念由添候(大正一五、九、二一、發地第六八號)

○市町村長、收入役等ノ就職ノ諾否表示方　市町村長、助役、收入役及副收入役ハ承諾ノ日ヨリ就職スルモノトシ之カ任期ヲ計算スヘキ旨本月二十一日付發地第六八號ヲ以テ及通牒置候ニ付テハ將來就職ノ諾否ハ文書ヲ以テ之ヲ表示セシムルコト、シ就職ニ關シ行違ヲ生スルカ如キコト無之樣御指示相成度(大正一五、九、二三、地發乙第一九〇號)

○町村吏員在職中後任者選擧ニ關スル件　標記ノ件甲號石川縣知事ノ照會ニ對シ乙號ノ通回答致候條御參考迄(昭和二、三、一八、石地第八號)

(甲號)

町村吏員在職中後任者ノ選擧ヲ爲シタル件ニ付照會

一、現任者在職中後任者就職ノ期日ヲ定メテ爲シタル選擧ノ後未タ其ノ就職ノ期日ニ至ラサル前ニ於テ現任者カ退職シタル場合ニ於テハ其ノ選擧ハ失效スト思考ス如何ニヤ

二、現任者在職中任期滿了以外ノ退職事由（例ヘハ死亡、辭職等）ヲ豫想シ其ノ事由發生ノ翌日就職スル定メニテ爲シタル選擧ハ有效トリト思考ス如何ニヤ

三、現任者在職中就職ノ期日ヲ定メスシテ爲シタル村長選擧ハ無效ナリト思考ス如何ニヤ

四、大正十五年九月二十一日付內務省發地第六八號市町村長、助役、收入役及副收入役ノ任期起算ニ關スル件通牒追書ノ趣旨ヨリ推考セハ現任者ノ任期中後任者選擧ヲ爲シ得ル上ハ任期滿了ノ數ケ年前ニ於テ選擧ヲ爲スモ妨ケナキ義ト思考ス如何ニヤ

五、町村助役以下町村長ノ推薦ニ依リ町村會ノ議決ヲ以テ定ムヘキ吏員ニ於テモ前各項ニ準スヘキモノト思考ス如何ニヤ

（乙號）

町村吏員在職中後任者選擧ニ關スル件回答

客年十二月二十八日發地第一、一二五號照會標記ノ件左記ノ通御了知相成度

追テ本鄕村長ノ選擧ニ關シテハ第四項ノ趣旨ニ依リ[illegible]御措置相成度爲念

記

一、失效セスト認ム

二、明ニ退職ノ事實ヲ確認シ得ルトキハ格別然ラサル場合ハ違法ナリ

三、有效ナリト認ム

四、現任者ノ在職中後任者ノ選擧ヲ為スハ主トシテ機關ノ曠缺ヲ防クノ一便法ニ過キサルモノナルヲ以テ後任者ハ退職期日ニ接近シ選擧スルヲ要シ御照會ノ如キ場合ハ違法ナリ

五、前各項ニ準スヘキモノトス

行政實例

○投票ノ效力決定　市町村會ニ於ケル選擧投票ノ效力ハ市町村會自ラ之ヲ決定ス可キモノトス

○本條ノ選擧ト選擧立會人　市町村會ニ於テ選擧ヲ行フ場合便宜上選擧立會人ヲ設クルハ妨ケナキコトナリト雖其ノ選擧立會人ハ何等ノ權限ヲ有スルモノニアラス

○本條ト歳入出豫算議定調査委員ノ選擧　町村會ニ於テ町村ノ歳入出豫算議決ニ際シ該調査ノ為メ設クル調査委員ハ町村會ノ適宜設定スル所ノモノニシテ法律勅令ノ命スル所ニ依リ選擧スルモノニアラサルヲ以テ其ノ選擧ハ町村制第五十一條ニ依ルコトヲ要セサルモノトス

○法律勅令ノ規定ニ依ラサル選擧　市町村會ニ於テ會議ノ便宜上ヨリ設クル調査委員ノ選擧ノ如キハ法律勅令ノ規定ニ依リ行フ選擧ニ非サルヲ以テ本條ノ規定ニ依ルコトヲ要セス

○詮衡委員ノ選定ト町村會ノ選擧　町村長選擧ニ際シ町村會ニ於テ議員中ヨリ詮衡委員ヲ擧ケ之ヲシテ市町長ヲ選定セシムルハ法律上別ニ差支ナキモ詮衡委員ノ選定シタル者ハ町村會ノ選擧シタル者ト認ムルヲ得サルヲ以テ更ニ町村會ニ於テ選擧スヘキモノナリ

○市町村會ノ行フ選擧ト選擧立會人　法律勅令ノ規定ニ基キ市町村會ニ於テ行フ選擧ニハ選擧立會人ヲ設クルヲ要セス但シ便宜上ノ處置トシテ一種ノ立會人ナルモノヲ設クルハ別ニ妨ナシト雖是レ固ヨリ便宜ノ處置ニ屬シ法律ノ認ムルモノニ非サルニ依リ其ノ立會人ナルモノハ何等ノ權限ヲ有スルモノニ

非ス從テ投票效力ノ如キ其ノ立會人ヲシテ決定セシムヘキ限ニ在ラス

○出席議員半數ニ滿タサル本條ノ選擧ノ效力　出席議員半數ニ滿タスシテ本條ノ選擧ヲ行ヒタルトキハ當然無效ニ歸スルヲ以テ更ニ選擧ヲ行フヘキモノトス

○自選投票ノ效力　自己ニ爲シタル投票モ有效ナリトス

○投票ノ保管　選擧ノ投票ハ議長ニ於テ相當ノ期間適宜之ヲ保管スルコトヲ要ス

○有給吏員ノ町村長助役ニ當選シタル場合　町村ノ有給吏員カ町村長助役ニ當選シタル場合ハ有給吏員ノ職ヲ辭スルニアラサレハ之ニ應スルコトヲ得ス

○名譽職町村長ト兼職　名譽職町村長ハ議員ト異ナリ常務ニ服シ責任ヲ負フモノナレハ他ノ町村ノ有給吏員トナルカ如キハ不可ナリ此ノ點ニ於テハ議員ト同一視スルヲ得サルモノトス

○休職者ト町村長ノ兼職　町村制第六十五條ニ町村制第十五條第二項又ハ第四項ニ掲ケタル職ト兼ヌルコトヲ得ストアルモ休職者タル以上ハ町村長トナリ又ハ助役ト爲ルモ別ニ差支ナキモノトス

○選擧無效ノ確定以前ニ開キタル町村會　町村會議員ノ選擧無效ナリト確定シタル場合ニ於テ其ノ確定前ニ開キタル町村會ニ於テ爲シタル町村長及助役ノ選擧ハ有効ナリトス

○町村長候補者選定ノ爲メ詮衡委員ノ選任　町村長ノ選擧ニ際シ町村會ニ於テ議員中ヨリ詮衡委員ヲ擧ケ之ヲシテ其ノ候補者ヲ選定セシムル義ハ法律上別ニ妨ケナキモ此ノ場合ニハ更ニ町村會ニ於テ其ノ者ヲ選擧スルカ又ハ指名推選ノ方法ニ依リ之ヲ指名決定スルヲ要スルモノトス

○市長ノ辭表提出ト其ノ撤回　舊市制第五十五條第三項ニ依リ市長ニ於テ辭表ヲ提出シタルトキハ之ヲ撤回スルコトヲ得ス

○「他ノ報償アル業務ニ從事スルコトヲ得ス」トノ意義　自己ノ經營シ又ハ他人ト共同經營セル業務ニ從

事スルカ如キハ本條第一項ニ該當セサル義トス

○有給助役ト他町村ノ議員　有給助役ハ他町村ノ名譽職町村長助役ヲ兼務スルカ如キハ不適當ナルモ他町村ノ町村會議員ト爲ルハ妨ケナキモノトス

○報償アル業務ト衆議院議員　町村制第六十六條第一項ニ報償アル業務ニ所謂業務トアル中ニハ衆議院議員ノ如キ公職ヲ包含セス然レトモ營業ノ如キモノハ總テ包含スルモノナリ

○報償アル事務ト慰勞金名義　名義ノ如何ニ拘ハラス報償的慰勞金ハ總テ本條ノ報償ニ該當スルモノナリ

○報償アル業務ノ意義　業務トアル中ニハ公職ヲ包含セス又報償アルト云ヘル以上ハ他人ノ業務ニ從事スルモノナルヲ以テ自己ノ計算ニ係ル業務ニ從事スルカ如キハ固ヨリ本規定ニ該當セサルモノトス

○本條第一項ニ所謂報償アル業務ノ意義　醫師ニシテ無料施療ノミニ從事セル場合ノ外ハ本條第一項ニ所謂報償アル業務ニ從事セル者ニ外ナラス

○町村長ノ選擧ト出席議員數　町村助役ニ於テ町村長ノ選擧ノ爲メ町村會ヲ招集シタルニ議員ノ出席僅ニ四名ニシテ議員定數ノ半ニ過キスシテ町村長ノ選擧ヲ爲シタル場合ト雖モ其ノ選擧ハ適法ノ選擧ナリ尤モ町村長ノ選擧ハ町村ニ取リテハ極メテ重要ノ案件ニ付可成多數議員ノ出席ヲ得テ之ヲ行フヘキモノナルカ故ニ僅ニ半數ノ出席議員ニシテ之レヲ行ヒタルハ如何ニモ不穩當ノ樣感セラルルモ定員半數以上ノ出席アリタル以上ハ適法ノ選擧ニ付之ヲ取消シ再ヒ選擧セシムルカ如キ法律ノ認ムル所ニアラス

○町村長ノ選擧ト詮衡委員ニ一任　町村會ニ於テ町村長ヲ選擧スルニ當リ議員中ニ就キ詮衡委員テルモノヲ置キ之ヲシテ町村長ノ選擧セシムルハ違法ノモノトス

○退職ヲ條件トスル選擧　名譽職在職中ト雖モ任期滿了ノ間際ナルニ於テハ退職前ト雖後任者ノ選擧ヲ行ヒ妨ケナキ例ナリ此ノ場合ニハ現任町村長ノ退職ヲ條件トシテ選擧セルモノニ付假ヒ現ニ町村長ノ職ニ在ル者ヲ選擧シタルモノト雖其ノ投票ハ有効ナルモノナリ

○名譽職町村長ニシテ公民要件ヲ失フ場合　名譽職町村長ニシテ公民ノ要件ヲ失フトキハ町村會ノ議決ヲ俟タス當然失職スヘキハ勿論ノコトナリ

○在職ニヨリ公民タル者ノ名譽職被選擧資格　町村ノ公民權ヲ有セサル者有給助役トナリタルトキハ其ノ在職ノ間町村ノ公民權ヲ有スルモ右ノ公民權ハ在職ニ伴フモノニ付其ノ町村ノ名譽職町村長ニ選擧セントスルニハ助役退職ノ後ニアラサレハ名譽職町村長タルコトヲ得ス從テ其ノ助役ヲ罷ムルヤ町村ノ公民權ハ當然之ヲ失フモノニ付町村制第七條ノ公民タルノ要件ヲ具フルニアラサレハ名譽職町村長タルコトヲ得サルモノナリ

○議員ヲ兼ヌル町村長ト後任町村長ノ選擧ニ參與　町村長在任中後任町村長ヲ選擧スル場合ニ現任町村長ニシテ議員ヲ兼ヌルトキハ該選擧ニ參與スルコトヲ得

○有給助役在職中名譽職町村長ニ當選シタル場合ト公民權　有給助役在職中ニ名譽職町村長ニ當選シタル場合ニ於テ公民ノ要件ヲ具備セサルトキハ其ノ當選ハ無効タルヘキモノトス

○指名推選方法　村會ニ於テ村長ヲ選擧スルニ方リ町村制第五十一條ニ依リ指名權ヲ議長ニ一任スルト共ニ議長ノ指名スル被指名者ニ對シテハ異議無ク承認ストノ事前同意ノ議決ヲ爲シ之ニ基キテ行ヒタル指名推選ハ違法ニアラス（大正七、三、六）

○違法ナル選擧ノ効力　市會議長カ會議ヲ閉チタル後ニ於テ副議長及一部ノ議員カ議場ニ入リテ行ヒタル市長ノ選擧ハ市會ノ行爲ト認ムヘキモノニアラス（大正九、七、一二）

○請負工事ノ完了又ハ請負契約解除ノ場合ト本條　村長選擧當時當選者村ト土木工事請負契約中ナルモ該請負工事完了若クハ請負契約解除ノ後ハ差支無シ（大正一四、五、二五）

○町村會議員ノ選擧及被選擧權ノ喪失ト町村名譽職吏員タル資格　町村名譽職吏員ハ町村會議員選擧ニ關スル犯罪ニ依リ罰金ノ刑ニ處セラレ一定期間其ノ選擧權及被選擧權ヲ有セサルニ至リタルトキハ右資格ヲ缺如スルニ依リ當然町村名譽職吏員ノ職ヲ失フモノトス（大正一五、一、二〇）

○町長ノ就任ト町長臨時代理者ノ失職　町村長臨時代理者選任中町村長ヲ適法ニ選擧シタルトキハ右臨時代理者ハ町村長就任ト同時ニ失職スルモノトス（大正一五、八、七）

○任期中ニ爲シタル後任村長ノ選擧　改正法ニ於テモ現任者ノ任期中其ノ滿了ノ翌日ヲ就職期日ト定メテ爲シタル村長ノ選擧ハ認ムヘキモノトス（同上）

○町長選擧ト動議　町長選擧ハ町會ニ發案權ヲ有スルヲ以テ町會開會中ハ動議ヲ提出シ之カ成立スルニ於テハ直ニ其ノ會ニ於テ選擧ヲ行フモ違法ニ非スト認ム（大正一五、九、九）

○町村會ニ於ケル選擧ト投票用紙　町村會ニ於テ選擧ノ爲用フル投票用紙ハ議長ニ於テ定メタルモノヲ用フヘキモノトス（大正一五、九、九）

○法令ノ規定ニ依リ町村會ニ於テ行フ選擧ニ用フヘキ投票用紙ノ式ノ定メ方　法律勅令ノ規定ニ依リ町村會ニ於テ行フ選擧ニ用ウヘキ投票用紙ノ式ハ町村會議長ニ於テ定ムヘキモノトス（大正一五年九月省議決定）

○市町村長就職ノ時期　市長又ハ有給町村長ニ選擧サレタル者ハ承諾ノ時ヨリ就職シタルモノトスヘキニヨリ就職ノ意志ナキ場合ニ於テハ別ニ辭職ノ手續ヲ取ルヘキモノニアラス、官吏在職中ノ者市長ニ選擧セラレタル場合ハ選擧ト同時ニ就職スルモノト認ムヘキモノニアラス官吏辭職後就職スルモノト

認ムヘキモノトス（大正一五、九、二一）

○市町村長就職ノ承諾ヲ其ノ選擧前ニ於テ豫メ之ヲ表示シタル場合　市町村長選擧前ノ就職承諾ハ效力ナキモノトス（大正一五、一〇、一一）

○市長退職承認發案權限　市長退職承認ノ發案權ハ市會ニ在リトス（大正一五、一一、二〇）

○神職現職ノ儘町長就職　神職ノ職司上現職ノ儘町長ハ兼務セシメサル方針ナリ（昭和二、三、三）

○村會ノ違法ナル選擧ノ取消　町村長選擧ニ當リ有效ト認定セラルヽ投票ヲ町村會ニ於テハ異議ナク無效投票ト認定シ當選者ヲ定メタリシ該村會ノ選擧ハ違法トシテ町村制第七十四條第三項ニ依リ該町村會ノ選擧ヲ取消シ可然モ其ノ選擧ノ違法ノ部分ノミヲ取消スヘキ義トス（昭和二、四、二八）

行政判例

○議員ノ一身上ニ關スル事件ト村長ノ選擧　村會ニ於ケル村長ノ選擧ハ議員ノ一身ニ關スル事件ニ非ス（昭和二、二、五）

○村長選擧ト自選投票　無記名投票ニ依ル町村會議員選擧ノ投票效力ニ關シ規定シタル町村制第二十五條ニ於テ選擧人カ自己ヲ被選擧人トシテ記載シタル投票ヲ無效ト爲サヽルニ鑑ミレハ無記名投票ニ依ル村長選擧ニ於テモ右ノ如キ投票ハ之ヲ無効ト爲サヽル法意ナリト解スルヲ相當トス（昭和二、二、五）

○町村制第五十一條ニ所謂年長者　明治三十五年法律第五十號年齡計算ニ關スル法律第一項ニ於テ年齡ハ出生ノ日ヨリ起算スル旨ヲ規定セルヲ以テ町村制第五十一條第一項ニ所謂年長者トハ出生ノ日ノ先ナル者ノ謂ナリト解スヘク又年齡相同シキトキハ出生ノ日ノ同シキ場合ノ謂ナリト解スルヲ相當トス（昭和二、二、五）

第四節　會議の結末

(一)會議錄の調製

市町村會は市町村の議決機關として其の議決は市町村活動の基本を爲すものであつて、會議の經過狀況等は最も重要な事であるから會議錄を調製して其の顚末を記載し後日の證據と爲すのである、故に會議錄の調製は會議の內容と相違することなく誤記脫漏等の無き樣充分愼重に調製するを要するのである、若し會議錄に記載した內容が會議の事實と相違する爲め議決若くは選擧の手續に缺陷のあつたやうな結果となり依つて爭の種となる樣な例は往々あるから、議決選擧等の經過等にして法律上の要件を爲す事項は必ず記載し後日其の議事の適法公正なりしを證すべきである

會議錄には其の會議の顚末と共に出席議員の氏名を記載しなければならない。

會議錄を調製したときは議長と市町村會で定めた議員二人以上とで之に署名することを要するのである、署名議員の定め方は選擧の方法によるも議決の方法によるも市町村會の自由な方法に依つて定むれば宜しい、署名議員が署名を爲すに當り會議

錄の內容が事實と相違すると認むるときは議長に其の旨を通じ議長に於て訂正した後署名し、又署名議員が正當の理由なくして署名しないやうなときは議長は其の旨を付箋し置くか又は末尾に記載し置くの外はない（市制第六十二條町村制第五十八條）

（二）會議の結果を市町村長に報告

市會議長は會議錄を添へて會議の顚末を市長に報告しなければならない。市長は議案を發し其の議決を執行する職責を有するのであるが市會に於て議決した結果の報告を受けなければ如何なる結果になつたかゞ不明であるから議長は其の會議の結果を報告しなければならないのである、此の報告の規定が普通の町村會にないのは町村會は執行機關たる町村長が議長となつてをるから特別に報告の手續を爲さずとも町村長が知悉して居るので此の規定がないのである、故に町村制第四十五條第三項によつて特に議長を設けてある町村にあつては市會と同じく會議の結果を町村長に報告しなければならない（市制第六十二條町村制第五十八條）

〇會　議　錄　書　例

何市(町村)會々議錄

昭和何年何月何日何市(町村)會ヲ何市(町村)役所(塲)(何々)ニ招集ス

一、出席議員左ノ如シ

何　某

何　某

一、缺席議員左ノ如シ

何　某

一、會議事件左ノ如シ

一、昭和何年度何市(町村)歲入歲出豫算

一、市(町村)長選擧ノ件

一、何々委員ヲ定ムルノ件

一、昭和何年度何市(町村)歲入歲出決算認定ノ件

一、何々規程改正ノ件

一、市(町村)長何月何日午前(後)何時市(町村)會開會ヲ宣告ス

會議ノ結末

一、會議規則ニ依リ抽籤ヲ以テ議員ノ席次ヲ定ムルニ其ノ結果左ノ如シ

何番　何　某
何番　何　某

一、市制第五十條（町村制第四十六條）ニ依リ市（町村）長ノ委任ヲ受ケ議事ニ參與スル者左ノ如シ

職　何　某

一、本會ノ書記左ノ如シ

何　某

一、議長（町村長）（助役何某）何月何日午前（後）何時開議ヲ宣告ス

一、議長本日ノ會議日程ヲ報告ス

一、日程第一　昭和何年度何市町村歳入歳出豫算

一、日程第二　市（町村）長選擧ノ件

一、日程第三　何々委員ヲ定ムルノ件

一、議長　日程第一昭和何年度何市町村歳入歳出豫算ニ付第一讀會ヲ開ク旨ヲ告ク

一、市（町村）長（助役）提案ノ理由ヲ説明ス

一、何番　何々ノ質問ヲ爲ス

一、助役　何番ノ質問ニ對シ何々ト答フ

一、議長　第一讀會ハ終了ト認メ第二讀會ヲ開クヤ否ヤニ付會議ニ諮ヒ異議ナキニ付第二讀會ヲ開ク旨ヲ告ク

一、議長　議事ノ便宜上先ツ歲出各款ヲ付議スル旨ヲ告ク

一、何番　左ノ修正動議ヲ提出シ其ノ理由ヲ説明ス
歲出臨時部第何款第何項第何目ヲ金何圓ニ修正ス、

一、何番　何番ノ修正ニ贊成ス

一、議長　何番ノ修正動議ハ何人以上ノ贊成者アリテ成立セシニ付之ヲ議題トシ修正説贊成者ニ起立ヲ命ス

起立者　何　名

一、議長　起立者何名ニシテ過半數ニ付修正説ニ可決ノ旨ヲ告ク

一、議長　他款ニハ異議ナキヤ否ニ付採決スル旨ヲ告ケ原案贊成者ノ起立ヲ命ス

起立者　何　名

一、議長　起立者何名ニシテ過半數ニ付原案ニ決スル旨ヲ告ク
一、議長　歳入各款ヲ付議スル旨ヲ告ク
一、何番　左ノ修正動議ヲ提出シ其ノ理由ヲ說明ス歳入經常部第何欵第何項第何目ヲ金何圓ニ修正ス
一、議長　何番ノ修正說ニハ定規ノ贊成者ナキニ付動議成立セサル旨ヲ告ク
一、何番　左ノ修正動議ヲ提出シ其ノ理由ヲ說明ス
歳入臨時部第何款第何項第何目ヲ金何圓ニ修正ス
一、何番　何番、何番ノ修正說ニ贊成ノ旨ヲ述フ
一、議長　何番ノ修正動議ハ何人以上ノ贊成者アリテ成立ニ付之ヲ議題トシ修正說贊成者ニ起立ヲ命ス

起立者　何　名

一、議長　起立者何名ニシテ過半數ニ付修正說ニ決スル旨ヲ告ク
一、議長　第三讀會ヲ開ク旨ヲ告グ

一、何番　第二讀會決定ノ通異議ナシト呼フ

一、議長　第二讀會決定ノ通異議ナキ者ニ起立ヲ命ス

起立者　何　名

一、議長　起立者過半數ニ付第二讀會決定ノ通確定スル旨ヲ告ク

一、議長　日程第二村長選擧ヲ行フ旨ヲ告ケ投票用紙ヲ配付ス

一、議長　投票終了ニ付其ノ結果ヲ報告ス

有効投票　何　票

無効投票　何　票

内

一、成規ノ用紙ヲ用ヒサルモノ　何　票

二、何々ヽヽヽヽヽヽ　何　票

有効投票ノ内得票者ノ氏名及其ノ得票數左ノ如シ

何　票　何　某

何　票　何　某

一、議長　村長ノ定數一人ヲ以テ有効投票ノ總數何票ヲ除シテ得タル數ノ六分ノ一ハ何票ニシテ得票者中此ノ數ニ達スルモノ何某、何某、ノ中最多數ヲ得タル何某ヲ以テ當選者トスル旨ヲ告ク

指名推選ノ法ヲ用フル場合

一、議長　日程第二市（町村）長選擧ヲ行フ旨ヲ告ク
一、何番　指名推選ノ法ヲ用ヒ議長ノ指名ニ依ルノ動議ヲ提出ス
一、何番　何番、何番ノ動議ニ贊成ス
一、議長　何番ノ動議ハ何人以上ノ贊成者アリテ成立ニ付之ヲ議題トシ指名推選ノ法ヲ用ヒ議長ノ指名ニ依ルコトニ贊成者ノ起立ヲ命ス
　　起立者　全　　員
一、議長　全員贊成ニ付指名推選ノ法ヲ用ヒ議長指名ニ依ル旨ヲ告ク
一、議長　市長ニ何某ヲ指名スル旨ヲ告ク
一、何番　何番、何番贊成ノ旨ヲ述フ
一、議長　何某ヲ當選者ト定ムルコトニ異議ナキ者ニ起立ヲ命ス

例ノ一

一、議長　全員異議ナキニ依リ市(町村)長ニ何某當選ノ旨ヲ告ク

起立者　全　員

一、議長　午後何時會議ヲ閉ツヘキ時刻ニ至リタルモ議事ノ都合ニ依リ引續キ會議ヲ繼續スル旨ヲ告ク

一、議長　日程第三何々委員ヲ定ムルノ件ヲ議題トスル旨ヲ告ク

一、何番　何番、何番、原案ニ贊成ノ旨ヲ述フ

一、議長　原案贊成者ニ起立ヲ命ス

起立者　何　名(全員)

一、議長　原案贊成者過半數ニ付何某ハ何々委員ニ定マリタル旨ヲ告ク

一、議長　第二日ノ會議日程ヲ報告ス

一、日程第四　昭和何年度何市町村歳入歳出決算認定ノ件

一、日程第五　何々規程改正ノ件

一、議長　散會ヲ宣ス干時午前(後)何時何分

昭和何年何月何日

會議の結末

一、議長(町村長)(助役何某)午前(後)何時何分閉議ヲ宣言ス

一、出席議員氏名前日ニ同シ(左ノ如シ)

(何　番　何　某)

(何　番　何　某)

一、議長　日程第四昭和何年度何市(町村)歳入歳出決算認定ノ件ヲ議題トスル旨ヲ告ク

町長ハ役議タ場
村又助長ル合

一、議長　本件認定ヲ求ムルニ付町村制第百二十二條ニ依リ町村長助役共ニ議長ノ職務ヲ行フコトヲ得サル旨ヲ告ケテ退席シ年長議員何某町村制第四十五條ニ依リ議長ノ職務ヲ代理シ假議長ヲ選擧スルニ全員異議ナキニ依リ指名推選ノ法ニ依リ何某ヲ假議長ニ指名シ滿場異議ナキヲ以テ之ニ決シ何某議長席ニ着ク

一、議長　本件ハ輕易ナルヲ以テ讀會ヲ省略ニ付テ會議ニ諮ヒ異議ナキニ付之ヲ決ス

一、何番　決算ノ調査ヲ付託スル爲メ委員何名ヲ設クルコト及其ノ委員ハ議長ノ指名ニ依リ之ヲ選定セントスル動議ヲ提出ス

一、何番　何番、何番ノ動議ニ贊成
一、議長　何番ノ動議成立ニ付之ヲ會議ニ諮ヒ贊成者ニ起立ヲ命ス
起立者　全　員（何名）
一、議長　全員贊成ニ付（贊成者過半數ニ付）何番ノ動議ニ決定スル旨ヲ告ケ左ノ何名ヲ委員ニ指名シ會議ニ諮ヒ異議ナク之ヲ決ス
何　番　何　某
何　番　何　某
一、議長　委員ニ於テ調査ヲ了スル迄休憩ヲ宣告ス
干時午前（後）何時何分
一、議長　午前（後）何時何分開議ヲ宣告ス
一、出席議員休憩前ニ同シ
一、議長　決算調査委員長ニ對シ調査ノ結果報告ヲ命ス
一、何番　委員會ヲ代表シ昭和何年度何市町村歳入歳出決算ハ正確ナルモノト認ムル旨報告ス

一、議長　委員長報告ニ對シ贊成者ニ起立ヲ命ス
　　　　起立者　　　全員
一、議長　起立者全員ニ付認定スルコトニ決定スル旨ヲ告ケ議長席ヨリ退席ス
一、町村長(助役)議長席ニ復ス
一、議長　日程第五何々規程改正ノ件ヲ附議スル旨ヲ告ク
一、議長　本案ハ簡單ナル改正議案ニ付讀會省略ノ可否ヲ諮リ之ニ決ス
一、何番　何番原案ニ贊成ノ旨ヲ述フ
一、議長　原案贊成者ノ起立ヲ命ス
　　　　起立者　　　全員
一、議長　全員贊成ニ付原案ニ確定スル旨ヲ告ク
一、何番　何番ヨリ何々ニ關スル意見書提出ノ爲左ノ動議ヲ提出ス
　　　何々ヽヽヽヽヽヽ(意見書全文記載)
一、何番　何番、何番ノ動議ニ贊成ス
一、議長　動議成立ニ付議題トシ且ツ讀會省略ニ依リ決スル旨ヲ告ケ贊成者ニ起立ヲ

命ス

起立者　全　員

一、議長　全員起立ニ付動議ノ通可決ノ旨ヲ告ク

一、議長　署名議員ハ何名トシ其ノ選擧ハ指名推選ニ依リ議長ノ指名ト爲スヘキ旨ヲ會議ニ諮フ滿場異議ナシ

一、議長　滿場異議ナキヲ以テ指名推選ニ依ルコトニ決スル旨ヲ告ク

一、議長　左ノ者ヲ指名シ會議ニ諮ヒ異議ナク決ス

何　番　何　某

何　番　何　某

一、議長　會議ヲ閉ツル旨ヲ宣告ス

一、市(町村)長(助役)市(町村)會閉會ヲ宣告ス

干時午前(後)何時何分

右會議ノ顚末ヲ記載シ其ノ相違無キヲ證スル爲メ玆ニ署名ス

昭和何年何月何日

何市(町村)會議長
市(町村)會議員
(何町村長) 何 某
市(町村)會議員 何 某
市(町村)會議員 何 某

備考

1、會議錄署名議員を定むることは縣下の一般の例は會議の初頭に於て行ふことになつてをるが、本書式例では會議の終りに定めた場合の例を示してある、それは何れにするも差支ない。

2、會議錄記載に付ては左の點に注意すること。

一、會議錄の各紙の間には署名者が契印をすること

二、會議錄に記載した文字を訂正削除又は挿入したときは欄外に其の字數及事由を記載し署名者の捺印をすること

三、市町村會の開會又は閉會を爲したる場合は「市町村長開會を宣告す」又は

「議長開議を宣告す」と記し、其の日〳〵の會議を開いた場合は「市(町村)長閉會を宣告す」と記し當日の會議を閉ぢた場合は「議長散會を宣す」と記すること

3. 會議錄に記載しなければならない主なるものは左の通りである。

一、市(町村)會の開會閉會の日時
二、開議散會の日時
三、出席議員の氏名
四、町村長及其の委任又は囑託を受け議事に參與した者の職氏名
五、書記の氏名
六、會議の事件名
七、議決又は決定の經過の大略
八、議決又は決定の要旨
九、選擧の顚末及當選者の氏名(有効無効の總投票數及被選擧人の得票數)指名推選の法を用ひた場合は其の經過

會議の結末

十、再議又は再選擧の事件に付ては其の件名及經過
十一、會議錄署名議員の決定
十二、假議長又は年長議長其の他議長の更替、議長及議員の自己又は父母、祖父母、妻、子孫、兄弟、姉妹、の一身上に關する事件の爲めの除斥又は會議の同意を得て出席し發言したる事實
十三、市制第五十九條町村制第五十五條に依り會議場の秩序維持の爲めに採つた處置
十四、其の他重要な事項

行政實例

○會議錄署名議員定メ方　市町村會ニ於テ定ムヘキ會議錄署名議員ハ毎日之ヲ定ムルト又ハ毎會期之ヲ定ムルトハ市町村會ノ適宜ニ定メ得ルモノトス

○議事錄調製上ノ瑕瑾　會議錄ハ會議ノ終ニ於テ之ヲ調製シ之ヲ朗讀シテ議長及議員ノ署名ヲ爲スヘキモノナルニ次會ノ會議ニ於テ署名ヲ爲サシムルカ如キハ單ニ議事ヲ證明スヘキ書類ニ瑕瑾アルニ止マルモノナレハ當該議決ハ有効トシテ執行シ得ヘキモノトス

○同上　會議錄ハ會議ノ都度之ヲ調製ス可キハ勿論ナルヲ以テ次回ノ會議ニ於テ議員ヲシテ署名ヲ爲サ

シムルカ如キハ本條ノ規定ニ違フト雖モ是レ單ニ議事ヲ證明ス可キ書類ニ瑕瑾アルニ止マリ議決ノ效力ニ付テハ何等影響ヲ及ホスモノニ非ス

○會議錄記載ノ故意ノ脫漏　村會會議錄ニ會議顚末ノ一部ヲ記載セサルコトニヨリ會議ノ顚末ヲ僞リタル場合ニ於テハ會議錄ニ虛僞ノ記載ヲ爲シタルモノニ該當ス（同上昭和二、六、八）

行政判例

○議事錄ノ不備不當　村組合會議事錄ノ不備不當ナル故ヲ以テ直ニ議決ヲ違法ナリト云フヲ得ス（明治三六、三、一九）

司法判例

○村會議決書記載事實眞正ノ推定　村會ノ議決書ハ公文書ナルカ故ニ對手人ニ於テ僞造若ハ變造ナリトシテ其ノ眞否確定ノ申立ヲ爲サス從テ裁判所カ之ヲ僞造若ハ變造ナリト認メサリシトキハ其ノ議決書ニ記載ノ事實ハ眞正ノ事實ナリト爲ササル可カラス（民事明治二七、四、二一）

○議事錄謄本ト公文書　村會ノ議事錄謄本ヲ僞造スルトキハ公文書僞造行使罪ヲ構成ス（刑事明治三一、一、二五）

○村會ノ議事錄ノ性質　村會ノ議事錄ハ村長ノ管掌ニ係ル公文書ナリ（刑事明治三三、五、二五）

○議事錄作成者　舊町村制第四十九條ハ町村會議事錄ニ署名スル議長及議員ヲ以テ其ノ作成者トナス法意ナリ（刑事明治四三、五、二一）

○會議錄ニ署名ノ意義　議長及二名以上ノ議員カ會議錄ニ署名スルハ會議錄ノ內容ノ眞正ヲ確保スルノ

會議の結末

皆趣ニシテ會議錄ノ作成ハ此ノ署名ヲ竢テ完了スルモノト認ムヘキモノナルカ故ニ議長及署名議員モ亦會議錄作成者トシテ職務ヲ有スルモノト解スルヲ相當トス(刑事大正六、六、六)

○會議錄作成者　町村制第五十八條ノ規定ニ依レハ町村會會議錄ハ議長ノ命ニ依リ書記ノ調製スルモノナルモ其ノ作成ハ議長及二人以上ノ議員之ニ署名スルヲ待テ完了スルモノト認ムヘキモノナレハ議長及署名議員ハ共ニ會議錄作成者タル職務ヲ有スルモノト解スルヲ正當ナリトス(同上大正九、七、八)

○會議錄ノ僞造　町村會ノ會議錄ニ於ケル議長ノ署名ハ議長自ラ氏名ヲ書セス他人ヲシテ代書セシメタルトキト雖書記之ニ虚僞ノ記載ヲ爲シタル以上ハ刑法第百五十六條ノ公文書僞造罪ハ成立ス(同上大正一四、一二、一一)

市町村會順序實例

一、招集に應じて會場に出頭した議員を調査すること

二、議員の議席を抽籤に依つて定むること

之は通常總選擧後第一回の會議で定め任期間之に依ること、なつてをる。

三、出席議員の點呼を爲して出席者數を調査すること

四、市(町村)長は、定刻となり法定の出席者があつたならば「之より本市(町村)會を開會致します」と宣告すること

法定の出席者とは
イ、議員定數の半數以上出席した場合
ロ、第一回の招集で議員定數の半數以上の出席者なく再招集を爲した場合は出席者の多寡に不拘二人以上出席したとき
ハ、招集に應じた者は半數以上あつたがいざ開會といふときに議席に着いてをるものが議員定數の半數以上なく議長が催告して相當の時間を經た後二人以上の出席者のある場合
五、議長は「之より會議を開きます」と宣告すること
此の場合も市(町村)長が市(町村)會の開會を宣告する場合と同じく出席者が議員定數の半數以上あるか又は招集再回者は出席催告の結果二人以上の出席者があることを要す
六、議長　會議日程を報告す
會議日程の報告は議長自ら陳べ又は書記をして朗讀せしめ若は書面を配付すること

七、議長　日程に基きまして第何號議案昭和何年度歳入出豫算に付第一讀會を開きます

八、市（町村）長（助役）提案の理由を説明す
議員の提案に係るものは提案者の一人が提案理由を説明すること。

九、此の間質問應答

十、何番議員　第何號議案昭和何年度歳入出豫算を第二讀會に移すの動議を提出致します

異議なし、異議なしと呼ぶ。

十一、議長　第何番より第何號議案昭和何年度歳入出豫算を第二讀會に移すの動議の提出がありましたから之を議題に供します第何號議案何々の件を第二讀會に移すことに御異議はありませんか

異議なし、異議なしと呼ぶ。

十二、議長　滿場御異議がないと認めますから第何號議案昭和何年度歳入出豫算は第二讀會に移すことに決定致します

十三、議長　之より第何號議案昭和何年度歳入出豫算に付第二讀會を開きます議事の便宜上先づ歳出各款を付議します

此の間議員と參與員との間に質問應答あり

十四、何番議員　歳出臨時部第何款第何項第何目金何圓を金何圓に修正するの動議を提出致します、唯今其の理由を說明致します、、、、

十五、何番　何番、何番等贊成、贊成、贊成と呼ぶ

十六、議長　何番の修正動議は何人以上の贊成者がありまして成立致しましたから之を議題と致します

此の間質問應答あり

議長　第何番の修正案に贊成の諸君は起立を願ひます

起立者の數を調査

十七、議長　起立者何名にして出席者の過半數でありますから修正に決定致します

十八、議長　他の各款には御異議はありませぬか御異議のない諸君は起立を願ひます

起立者の數調査

十九、議長　起立者何名にして出席者の過半數でありますから原案に決定致します
二十、議長　歳入各款を付議します
此の間質問應答を爲す
二十一、何番議員　歳入第何款第何項第何目金何圓を金何圓に修正の動議を提出致します唯今其の理由を說明致します、、、、、、、
贊成、贊成と呼ぶ。
二十二、議長　第何番の修正動議は何人以上の贊成者がありまして成立致しましたから之を議題に供します第何番の修正案に贊成の諸君は起立を願ひます
起立者數を調査
二十三、議長　起立者何名にして出席者の過半數でありますから修正に決定致します
二十四、議長　他の各款には御異議はありませんか
異議なし、異議なしと呼ぶ。
二十五、議長　御異議のない諸君は起立を願ひます
起立者の數を調査。

二十六、議長　起立者何名にして出席者の過半數でありますから原案に決定致します

二十七、議長　之より第三讀會を開きます

第二讀會決定の通り異議なし、異議なしと呼ぶ。

二十八、議長　第二讀會決定の通り御異議のない諸君は起立を願ひます

起立者の數調査

二十九、議長　起立者何名にして出席者の過半數でありますから第二讀會決定の通確定致します

三十、議長　會議事件終了致しましたから會議錄署名議員を定めます、其の方法は前例に從ひまして議長の指名に依つては如何でありますか

異議なし、異議なしと呼ぶ。

三十一、議長　滿場御異議がないと認めますから署名議員は議長の指名に致します、何々君、何々君を指名致します御異議はありませんか

異議なし、異議なしと呼ぶ。

三十二、議長　滿場御異議がないと認めますから署名議員は何々君何々君に決定致しま

す

此の署名議員を定むる塲合指名推選の方法を用ひても之は市制町村制に於て市制第五十五條町村制第五十一條に所謂選擧の一方法としての指名推選ではないのであつて市制第六十二條第二項町村制第五十八條第二項に依つて定むるものであるから必ずしも市制第五十五條町村制第五十一條の指名推選の法に依るを要しない議決の方法に依るも差支へなく要は出席者の過半數を以て定むれば宜しいのである。

三十三、議長　之にて會議を終了致しましたから閉會致します

三十四、市（町村）長之にて會議事件全部終了致しましたから本市（町村）會を閉會致します

注意

一、本例に於ては署名議員の決定を會議の終りにしてありますが大分縣下に於て通常行われておる樣に會議の當初に定めておいても差支へない何れにするも自由である

二、本例は極めて簡單に或一議案に就ての議事の進行を示したのみであつて多數の議案がある場合は一つの議案を逐次第一讀會第二讀會と第三讀會進行せずして提案せられた總ての議案の第一讀會を終了した後第二讀會を開き又總ての議案の第二讀會を濟まして第三讀會を開くといふ順序になしても差支へない。

第八章　議決の匡正（市制第九十條第九十條ノ二 町村制第七十四條第七十四條ノ二）

市町村會は市町村の中樞機關として市町村活動の本源を爲すものであるから其の議決は適正公平でなければならない然るに時々市町村長との圓滿を缺き又は手續上の錯誤等に依り公正ならざる議決を爲すことがあるから斯の如き場合に於て監督官廳に於て監督を爲すのであるが尙直接之に當面せる執行機關をして之を牽制し匡正せしむるのは自治の運用を全からしむる所以であるから市町村長に對し其の議決若は選擧を矯正するの道を設けられたものである。

而して其の匡正の場合を擧ぐれば左の通である。

（一）市町村會の議決又は選擧が其の權限を超へ又は法令若は會議規則に背くと認むる

ときは市町村長は監督官廳に申請して指揮を受け理由を示して再議に付するか又は再選擧を行はしめ又は指揮を受けずして自己の意思のみに依つて理由を示して再議に付するか再選擧を命じなければならない此處にいふ權限を超へとは市町村會に於て議決又は選擧を爲すべきものでないものを議決選擧を爲したる場合を云ふので例へば市町村長の任命すべき有給吏員を選擧するが如きである。

又法令若は會議規則に背くとは其の議決若は選擧を法令會議規則に規定したる通りの手續に依らなかつた場合であつて例へば選擧を行ふに指名推選の法を用ふるに當り議員全部の贊成なくして指名推選に依り又は議決するに際し定足數の出席者なきに會議を開いて議決したるが如き議長及議員が自己又は父母、祖父母、妻子、孫、兄弟、姉妹の一身上に關する事件に付て議事に參與し議決に加はつた樣な場合である。之等の場合に於ては前述の如く市町村長は監督官廳に申請して指揮を受けた上其の違法なる理由を示して再議に付するか再選擧を行はしめ又は監督官廳の指揮を受けずして自己の意思のみに依つて其議決又は選擧の違法なる旨の理由を示して再議に付し又は再選擧を命ずるかの手段を取らなければならない、而して特別の事由あるとき例へば會議の狀勢より見て再議に付するも到底議決を改むるの見込なき場合の如きときは議決に付ては再議に付せずして直に府縣參事會の裁決を請ふ事が出來る此の場合は其の議決選擧が執行を要するものであつたならば再議の結果が確定する迄執行することの出來ないことは當然の事であつて今回改正に依つて執行停止の字句を削除せられたのは停止しなくてもよいといふ意味ではなくして當然停止せらるべきものであるから特に規定の必要を認めないとせられたのである再議の結果其の議決が尙權限を越へ又は法令若は會議規則に背くと認むるときは市町村長は府縣參事會の裁決を請はなければならない、此處に注意しなければならないことは特別の事由あつて再議に付せずして府縣參事會の裁決を請ふ場合も又は再議の結果尙違法なる爲め府縣參事會の裁決を請ふ場合も何れも議決の場合のみであつて選擧に付ては裁決を請ふ事は出來ないので何回にても適法になる迄選擧しなければならない。

(二)市町村會の議決が明かに公益を害すと認むるときは市町村長は監督官廳の指揮を受け其の議決が違法なる理由を示して之を再議に付するか又は監督官廳の指揮を受けずして自己の意見のみに依つて其の違法なる理由を示して再議に付しなければな

らない、而し特別の事由があると認むるとき例へば會議の狀勢が再議に付するも議決を改めないやうな場合にあるときは再議に付せずして直ちに府縣知事の指揮を請ふ事が出來る此の場合其の議決は再議の結果が確定する迄は執行することが出來ないのは當然の事であつて今回の改正に依つて此の執行停止の文句を削除せられたのであるが此の削除は執行停止の必要がないから削除せられたのではなくして規定はなくとも當然の事であるから削除せられたのである。

再議の結果仍ほ其の議決が明かに公益を害すると認むるときは市町村長は府縣知事の指揮を請はなければならない、此の明かに公益を害すといふのは別に説明する迄もなく公共の利益を害することの明かなるものをいふのであつて從前の規定では單に公益を害しと規定してあつたのであるが今回改正して「明かに公益を害し」に改められたのである、元來此の再議の方法は前述の如く執行機關と議決機關とを互に相牽制せしめて公正なる自治制の運用を爲さしめやうとするのであるが議會は市町村の意思機關として自治体の中心たるべきものであるから市町村長をして議會の行動を制する範圍も廣きに失せないやうにしなければならないので單に公益を害するの疑のある程度のものをも直ちに再議に付せしむるは適當でないから今回明かに公益を害する場合のみに限定せられた譯である。

（三）市町村會の議決が收支に關係して執行することが出來ないものがあると認むるとき又は左の（イ）（ロ）の費用を削除し若は減額したときは其の費用と之に伴ふ收入に付て（二）の場合と同一の方法に依り之を再議に付し尙其の議決を改めず前と同一の議決を繰返して收支に關し執行し得ざる議決を爲し又は削除減額したときは知事の指揮を受けなければならない。收支に關し執行することの出來ないものとは例へば歲入を歲出より少なく議決したるが如き又は有給吏員の俸給を單に一圓に減額したるが如きものであつてかくの如きは到底執行し得ない豫算であるからである。

（イ）法令に依り負擔する費用、當該官廳の職權により命ずる費用其の他市町村の義務に屬する費用

法令に依り負擔する費用とは小學校費、道路法第三十三條に依る道路費又は法令に依り其の市町村吏員に委任せられたる衆議院議員選擧事務費用（市制第九十三條町村制第七十七條）の如きものであつて當該官廳の職權に依り命ずる費用とは

訴訟費用河川費分擔金等の如きものである、又其他市町村の義務に屬する費用とは公債の償還金支拂義務の發生せる購買代金(豫算外義務負擔の議決に依り義務を負擔せるもの等)の如きものである之等の費用は何れも市町村としては負擔すべきや否や等考慮の餘地なく當然支出しなければならない費用であるから如斯費用を削除又は減額するは適當でないとせられたのである。

但し此等の費用といふのも實際必要以上の費用計上あるとき其の必要程額を超ゆる分に對しても減額することが出來ないかどうかといふ事はそこ迄法律には明記してないが豫算の性質より見ても必要以上の費用を計上したるとき例へば公債償還金の如き其の年度に五千圓の償還を要するのに六千圓の償還金を計上したるが如き又は小學校費に必要以上の過大の豫算を編成したるが如き場合に於ては其の必要なき部分は其の法令に依り分擔する費用若は市町村の義務に屬する費用といふ事は出來ないから之等の部分に對しては減額修正することを得るものと爲すを適當と思ふ。
(ロ)非常の災害に因る應急又は復舊の施設の爲に要する費用、傳染病豫防の爲に要する費用其の他の緊急避くべからざる費用此の該當事項は總て緊急の必要ある場合の費用であつて非常の災害に因る應急又は復舊の施設の爲に要する費用といふのは例へば水害の爲めに流失せる橋梁又は堤防を復舊するが如き火災の場合罹災者を救護するが如き場合の費用であつて傳染病豫防の爲めにする費用は別に說明する迄もないことで之を等閑に付すことは出來ないものである其の他緊急の必要あつて避くべからざる場合は如何なる費用に就ても之に該當するのである總て之等の緊急なる費用は市町村の公益上重大なる關係を有するものであつて萬一其の費用を削除又は減額するが如きことあるが爲に施設其の機を失し何等の效果を發せざるに至るのみならず市町村民の安寧福利を害すること大なるものである。

第何號

何市（町村）會

昭和何年何月何日其ノ會ノ議決シタル何々ノ件（何々ノ選擧）ハ何々ニシテ其ノ權限ヲ超エタル（何法第何條第何項ノ規定ニ背キタル）モノナルヲ以テ市制第九十條（町村制

第七十四條）第一項ニ基キ本職ノ意見（何縣知事ノ指揮）ニ依リ別紙之通再議ニ付ス（再選擧ヲ命ス）

昭和何年何月何日

何市町村長　何　某

何市（町村會）

第何號

昭和何年何月何日其ノ會ノ議決シタル何々ノ件ハ何々、、、ニシテ明ニ公益ヲ害ス（收支ニ關シ執行スルコト能ハザル）（何々ノ費用ヲ削除シタル）ルモノナルヲ以テ市制第九十條ノ二（町村制第七十四條ノ二）ニ基キ本職ノ意見（何縣知事ノ指揮）ニ依リ別紙之通再議ニ付ス

昭和何年何月何日

何市（町村）長　何　某

訓令通牒

○町村會ノ決定ニ對スル取消處分　（郡長）ニ於テ大野郡合川村會ニ於テ爲セル村會議員選擧人名簿ニ對スル異議ノ決定ヲ取消セルモ制第七十四條ノ議決中ニハ決定ヲ包含セサルモノニ付假令村會ノ決定違法ナリトスルモ第七十四條第三項ニ依リ之ヲ取消スヲ得サル義ニ有之候條爲念（大正一四、六、一九、分局第一二四號）

○所謂町村會ノ議決ニシテ條例ノ規定ニ背クモノ　町村會ノ議決ニシテ町村條例ノ規定ニ背クモノハ町村制第七十四條ニ所謂町村會ノ議決法令ニ背クモノトシ相當措置シ得ヘキモノトス

○町村會ノ豫算ノ不當議決ト町村長ノ再議　町村會ニ於テ町村ノ歳入出豫算ヲ議決スルニ當リ原案町村税ヲ著シク減額シ新ニ特別會計繰入金ナル款ヲ設ケ之レカ豫算金額ヲ議決シタルトキハ町村長ハ町村制第七十四條ニ依リ權限ヲ超ヘタル議決トシテ再議ニ付スヘキモノトス

○村會議員ノ費用辨償ノ豫メ爲ス抛棄　村會議員ノ費用辨償ハ豫メ之カ抛棄ヲ爲シ能ハサルモノナルニ村會カ之ヲ理由トシテ該豫算ヲ删減セサル不適當ノ議決タルヲ免レス

○町村長ハ本條ニ基ク町村會ノ決定ヲ法律ニ背クモノト認メタル場合ノ處置　町村會ノ爲シタル決定ハ町村長ニ於テ法律ニ背クト認ムル場合ニ於テモ町村制第七十四條第一項ニ依リ再議ニ付スルコトヲ得ス町村長ハ町村制第二十五條第四項ニ依リ訴願スルノ外別ニ救濟ノ方法ナキモノナリ

○告知ナキ事件ノ議決　町村會ニ付議スヘキ事件ハ開會ノ日前三日目迄之ヲ告知スヘキモノナルコトハ町村制第四十七條第三項ノ定ムル所ナルニ町村長ニ於テ會議ニ付スヘキモノノ中其ノ重ナルモノ一、二件ヲ明記シタルノ外他ハ略シテ幾件ト書シ事件ノ何タルヲ告知セシメサリシ事實アリタル時ハ右ニ依リ開會議決シタル町村會ノ議決ハ告知ナキ事件ノ議決ニシテ違法ナリ而シテ此ノ場合ニ於テハ町村制第七十四條第一項及第二項ニ依リ相當處置スヘキモノトス

○再議ト會期　町村制第七十四條第一項ニ再議ニ付スルノ規定アルカ右ノ再議ニ付スルハ必スシモ其ノ會ニ限ル義ニ無之ニ付次回ニ於テ再議ニ付スルノ要アリト認メタルトキハ其ノ會議ニ再議セシムルモ

別ニ支障ナキナリ

○本條第五項ノ所謂公益ノ範圍　町村制第七十四條第五項ニ「町村會ノ議決公益ヲ害シ」トアルカ右ノ公益ナルモノハ町村ノ公益ヲ意味セルモノニシテ國其ノ他府縣ノ公益ヲ包含スルモノニアラス

○會議規則違反ノ決議　會議規則中三讀會ヲ經テ確定議ト爲スヘキ規定アルニ拘ラス三讀會ヲ省略スルノ決議ナクシテ其ノ手續ヲ省略シ二讀會限リ直ニ確定議ト爲シタル決議ハ會議規則ニ背ケルモノトス

○所謂監督官廳ノ意義　市制第九十條第三項ニ所謂監督官廳トアル中ニハ內務大臣ヲモ包含ス故ニ市長市會又ハ市參事會ハ內務大臣ノ爲シタル取消處分ニ對シ行政訴訟ヲ提起スルコトヲ得

○再議ト議案ノ更正　再議ニ付スルニハ前ニ付議シタル議案ニ限ルモノニシテ前ノ議案ヲ更正シ再議ニ付スルカ如キハ之ヲ爲スコトヲ得ス

○再議ト理由ノ明示　市町村會又ハ市參事會ノ議決又ハ選擧カ越權違法等ノ爲メ市町村長ハ自己ノ意見ニ依リ又ハ監督官廳ノ指揮ニ依リ再議ニ付シ又ハ再選擧ヲ行ハシムルニハ其ノ事件カ越權又ハ違法ナル事由ヲ明示セサル可カラサルモノトス

○町村制第七十四條第三項ノ處分ト指揮　第三項ノ處分ハ第一項ノ指揮ヲ爲サスシテ之ヲ爲スコトヲ得ヘキモノナリ

○基本財產ニ關スル條例違反ノ歲入出豫算ノ議決　町村條例中基本財產ヨリ生スル收入ハ基本財產ニ編入スル旨規定シアルニ拘ラス町村會ニ於テ基本財產ヨリ生スル收入ヲ一般歲出ニ充ツルノ目的ヲ以テ歲入出豫算ノ議決ヲ爲シタルトキハ該議決ハ條例ノ規定ニ違フモノニ付法令ニ背クモノトス

○同日內ニ於ケル閉會後ノ付議ノ效力　市町村會議長ニ於テ一旦其ノ日ノ會議ヲ閉チタル後チ更ニ同日

内ニ一部ノ議員ニ通知シ再ヒ開キタル會議ノ議決ハ出席員ノ多寡ニ拘ラス法令ニ背クモノニシテ此ノ如キ場合ニ於テハ本條ニ依リ處分ス可ヘキモノトス

○裁決申請書提出前ノ取消處分　町村制第七十四條第一項ニ依リ再議ニ付シタルニ町村會カ其ノ議決ヲ改メサルトキ町村長カ訴願裁決申請書ヲ府縣參事會ニ提出セサル前ニ於テ監督官廳第三項ノ處分ヲナスコトヲ得

○市町村長不信任決議　市町村會又ハ市參事會ニ於テ市町村長ノ不信任決議ヲ爲スモ亦越權ノ決議ナリトス

○所謂法令ニ背クノ意義　本條ニ於テ市町村會又ハ市參事會ノ議決法令ニ背クト謂フハ單ニ會議ノ議決其レ自身カ法令ニ背キタル場合ニ限ラス一二ノ議員若ハ會員ニ對シ招集ヲ爲サスシテ開キタル會議ノ議決ノ如キモ所謂法令ニ背クモノニ該當ス

○町村會ノ豫算ノ不當議決ト再議　町村會ニ於テ町村ノ歳入出豫算ヲ議決スルニ當リ原案町村稅ヲ著シク減額シ新ニ特別會計繰入金ナル款ヲ設ケ之レカ豫算金額ヲ議決シタルトキハ町村長ハ町村制第七十四條ニ依リ越權ノ議決トシテ再議ニ付スヘキモノトス

○町村公民ノ名譽職拒辭ト町村會ノ權限　正當ノ理由ナクシテ町村ノ名譽職ヲ拒辭シタル町村公民ニ對シテハ町村制第八條ノ制裁ヲ加フルコトヲ得ヘキモ町村長ノ提案ニ對シ町村會否決シタルトキニ其ノ議決ヲ法律ニ背クノ議決トシ町村長ハ制第七十四條ノ手續ヲ爲スヘキモノニアラス之レ正當ノ理由ナクシテ町村ノ名譽職ヲ拒辭シタル町村公民ニ對シ制裁ヲ加フルト否トハ町村ノ適宜ニ任セラレタルモノニ付町村會ニ於テ否決シタルトキハ其ノ儘差シ置クヲ可トス

議決の匡正

○招集ノ告知ヲナサスシテ開會シタル議決　町村長ニ於テ若シ抑留セラレ居ル町村會議員ニ對シ招集ノ告知ヲ爲サスシテ會議ヲ開會シタルトキ該會議ニ於テ爲シタル議決ノ效力ハ法律ニ違フ議決ニ付町村制第七十四條ニ依リ監督官廳ヨリ相當措置セラルヘキモノトス

○豫算中一部ニ違法議決アルトキノ再議ニ付スヘキ部分　町村會カ町村ノ歳入出豫算中或ル費目ニ關シ違法ノ議決ヲ爲シタルトキハ町村長ハ其ノ議案全部ニ就キ再議セシムヘキモノニアラスシテ其ノ關係ノ部分ノミニ就キ再議セシムヘキモノナリ

○法令ニヨル町村負擔ノ費用ノ否決　町村會ニ於テ法律命令ニ依リ町村ノ負擔ト定メラレタル費用ヲ否決シタルトキハ假ヒ其ノ議決カ收入ニ關スル場合ト雖何町村制第七十四條第一項ニ所謂法令ニ背クノ議決ト認ムヘキモノトス

○補助費新設ノ議決　町村會ニ於テ歳出入豫算ヲ議スルニ當リ原案ニナキ所ノ補助費ヲ設ケ之ヲ議決シタルトキハ發案權ノ侵害ニ係ルヲ以テ町村長ハ理由ヲ示シテ再議ニ付スヘキハ勿論ナリ從テ右ハ制第七十四條第一項ニ依リ町村會ノ議決其ノ權限ヲ超エタルモノニシテ再議ニ付スヘキモノニシテ町村ノ收支ニ關スル不適當ノ議決トシテ同條第五項ニ依ルヘキモノニアラス

○市長ノ提案ヲ審議セストノ市會ノ議決　市會ニ於テ不信任ノ決議ヲ爲シタル市長ノ提案ハ之ヲ審議セストノ市會ノ決議ハ市制第九十條第三項ニ依リ取消シ得ヘキモノトス（大正一四、一、二六、省議決定）

行制判例

○本條第二項ト選擧　本條第一項及第三項ニハ議決ト選擧トヲ區別セルカ故ニ本條第二項ハ町村會ノ議決ニ付府縣參事會ノ裁決ヲ請ヒ得ヘキコトヲ認メタルモノニシテ選擧ニ付裁決ヲ請ヒ得ヘキコトヲ認メタルモノニアラス（大正八、一一、七）

○決定ニ對スル取消處分　町村制第七十四條第三項ニ依リ監督官廳カ取消シ得ル同條第一項ノ議決ニハ町村會ノ決定ヲ包含セサルカ故ニ同第三十五條ニ依ル村會議員被選擧權ノ有無ニ關スル決定ヲ取消シタル（郡長）ノ處分ハ不當ナリ（大正一一、一二、二）

○本條第三項ニヨル監督官廳ノ取消處分ノ條件　本條第三項ノ規定ハ監督官廳ニ於テ市會ノ議決又ハ選擧ニシテ其ノ權限ヲ越エ又ハ法令若ハ會議規則ニ背クト認ムルトキハ裁決ノ申請ナキ限リ市長カ之ヲ再議ニ付シ又ハ再選擧ヲ行ハシメサル場合ニ於テモ其ノ議決又ハ選擧ヲ取消スコトヲ得ルモノト解スルヲ相當トス（大正一五、一二、二二）

第九章　議決の委任と市參事會の代議決

市會の權限に屬する事件を市參事會に於て議決するのは二種の場合がある、一は市會の權限に屬する事項の一部を市參事會に委任する場合と一は市會の成立せざるとき招集再回若は出席催告の手續をとるも出席者なく會議を開くことが出來ないとき又は市長に於て市會を招集するの暇なしと認むるとき市長が市會の權限に屬する事件を市參事會の議決に付する塲合とである。

(一)市會は其の權限屬する事項の一部を市參事會に委任することが出來る。市會の權限に屬する事項は總て市會に於て議決するが望ましい事ではあるが市に於ては市會に付議する事件を生ずる事頻繁であつて其の都度多數の市會議員を召集し市會を開會するは多大の手數と經費を要するを以て、市會の權限に屬する事項であつて輕易なるものは市會の議決を以て市參事會に委任し議決せしむるものである。それで委任する事の出來るのは市會の權限に屬する事項の一部であつて全部を委任することは出來ない、又當初豫算、條例等の如き重要なる事項の議決を委任するのは適當でない、其の委任に付ては市參事會委任事項として市會に於て議決すれば足り、之を市參事會に特に通達する等の手續をとる必要はない、一度委任したる以上之を解除せざる限り市會に於て議決することは出來ない。

(二)左の場合は市長は市會の權限に屬する事項を市參事會の議決に付することが出來る、之に依つて市參事會に付議したときは次の會議のとき之を市會に報告しなければならない。

イ、市會成立せざるとき

市會成立せざるときとは解散直後未だ議員の選擧を行はない爲め市町村會を組織する議員なく又議員はあるも缺員多く現在議員が定數の半數に滿たざる爲め會議を開くことが出來ない場合である。

ロ、市制第五十二條但書の場合仍會議を開くことが出來ないとき

但書の場合とは市會議員が自己又は父母、祖父母、妻、子孫、兄弟、姉妹の一身上に關する事件の爲め除斥せられたる結果出席議員の半數に滿たないとき同一の事件に付き二回招集するも出席議員が會議を開き得る數即ち定數の半數に達しないときを言ふのである、此の場合に於ても二人の出席者があれば會議を開き得るから市參事會の議決に付するのは出席者一人なるか又は出席者の全然ない場合のみである。

ハ、市長が市會を招集するの暇がないと認めたとき

市會を招集するの暇がない場合とは事件が急を要し市會を招集するときは時機を

逸する場合であつて其の招集する暇ありや否は一に市長の認定によるべきものである(市制第四十三條第一項第九十一條)

以上の内(二)に依つて市長が市會の權限に屬する事件を市參事會の議決に付した場合は次の市會に於て之を報告しなければならない、之は當然市會に於て議決すべき事件を他の機關に議決せしめたのであるから其の結果を當然權限を有する市會に知らしめ置くの必要があるからである。

尚此の市會の權限に屬する事項中決定事件にして訴願又は訴訟を爲し得る事件を市參事會に於て議決した場合は夫々市會に於て決定した場合と同樣に訴願又は訴訟を提起し得るのである。

何第何號

何　市　會

左記ノ件何々(市參事會ノ議決又ハ決定ニ付スル理由ヲ記載スルコト)ニ依リ市制第九十一條第一項ニ基キ別紙之通市參事會ノ議決(決定)ニ付シタリ

右報告ス

昭和何年何月何日

何市長　何　某

一、何々、、、

注意事項

一、別紙ハ議案及議決ノ結果ヲ添付スルコト

二、理由ハ「市會議員現員何人市會成立セサルニ依リ」又ハ「何々ノ爲メ市會ヲ招集スルノ暇ナキニ依リ」等ノ理由ヲ記入スルコト

訓令通牒

○市參事會ヘ委任事項　市制第四十三條ニヨリ市會カ市參事會ヘ委任スルヲ得ヘキ事項ニ關スル東京府照會ニ對シ左記ノ通回答候條爲御參考此段及通牒候也（明治四五、五、二四、地第四五八五號ノ內）

子庶乙第一〇六八號

市制（第二十一條第三項）（現行法第二十一條ノ三第一項）同第三十六條第一項ニ於ケル市會ノ決定權ハ之ヲ市參事會ニ委任スルヲ得サルモノト解セラレ候ヘトモ聊疑義ニ亘リ候條何分ノ義御指示相成度此段及照會候也

明治四十五年三月二十九日　　東京府知事

地方局長宛

議決の委任と市參事會の代議決

議決の委任と市參事會の代議決

内務省地第四五八五號

三月二十九日子庶乙第一〇六八號ヲ以テ問合相成候市參事會委任事項ニ關スル件市會ニ於テ決定スヘキ事件ヲ市參事會ニ委任スルハ適法ニアラスト認メ候此段回答候也

明治四十五年五月二十四日　地方局長

東京府知事宛

行政實例

○市參事會ニ委任事項ノ限界　市制第四十三條ニハ市會ハ其ノ權限ニ屬スル事項ノ一部ヲ市參事會ニ委任スルコトヲ得トアレトモ此ノ規定ニヨリ市會ノ權限ニ屬スル事項ノ一部ナルニ於テハ事ノ何タルヲ問ハス總テ市參事會ニ委任スルヲ得ヘキモノニアラス即チ法律ニ依リ市會ノ決定スヘキ事項ハ之ヲ市參事會ニ委任スルヲ得サルモノトス

○委任事項ノ發案權　本條委任ニ付テハ市會ニ於テ自ラ發案議決ス可キモノニシテ市長ニ於テ發案スヘキモノニ非ス

○委任ヲ爲シ得サル事項　市制第四十六條ノ意見書、第四十七條ノ答申書、第四十八條ノ議長及副議長ノ選擧ノ如キハ其ノ事件ノ性質上ヨリ又第百三十三條ノ總豫算ノ如キハ蓋シ之ヲ委任シ得サルモノト解スルヲ相當トス

○委任事項發案ノ方法　市會ノ權限ニ屬スル事項ノ一部ヲ市參事會ニ委任セントスルトキ其ノ委任事項ノ發案ハ議長又ハ議員ニ於テ相當案ヲ具シ提案スルト又ハ市會ノ議決ヲ以テ議員中ヨリ委員ヲ擧ケ之ヲシテ起案セシメ然ル上ニテ市會ニ於テ議決スル等何レノ方法ニ依ルモ差支ナキモノナリ

○市會ニ於テ行フヘキ選擧ヲ市參事會ニ委任　市會ハ其ノ權限ニ屬スル事項ヲ市參事會ニ委任スルコトヲ得ルハ法文ニ規定スル所ナルカ法令ノ規定ニ依リ市會ニ於テ行フヘキ選擧ノ如キハ之ヲ府參事會ニ委任スルコトヲ得サルモノトス

○市參事會ノ委任ヲ受クヘキ範圍　市制第六十七條第一號ニ「市會ノ權限ニ屬スル事件ニシテ其ノ委任ヲ受ケタルモノヲ議決スル事」トアルニ依レハ市參事會ハ市會ニ於テ議決スヘキ事項ニ限リ委任ヲ受クルコトヲ得ル義ニシテ彼ノ決定裁決又ハ選擧ニ關スル事項ノ如キハ法律上委任ヲ受クル事ヲ得サルモノトス

行政判例

○市會議員選擧人名簿ニ關スル異議ノ決定ヲ市參事會ニ委任　本條ニハ汎ク市會ハ其ノ權限ニ屬スル事項ノ一部ヲ市參事會ニ委任スルコトヲ得トアレトモ市制第六十七條第一號ニハ市會ノ權限ニ屬スル事件ニシテ其ノ委任ヲ受ケタルモノヲ議決スル事トアルヲ以テ觀レハ市會カ市參事會ニ委任スルコトヲ得ルハ議決ニ限リ決定ヲ包含セサルモノト解スルヲ相當トス從テ市會議員選擧人名簿ニ關スル異議ノ決定ノ如キ之ヲ市參事會ニ委任スルコトヲ得サルモノト解セサルヘカラス然ラハ青森市會ニ於テ大正元年十月十六日右決定ヲ市參事會ニ委任スル旨議決シタリトスルモ該議決ハ市制ニ違背シ法律上其ノ效力ヲ有スルモノニアラサルカ故ニ該議決アルノ故ヲ以テ選擧人名簿ニ關スル異議ニ對シ青森市參事會カ爲シタル決定ヲ越權ニ非スト爲スヲ得ス（大正七、二、八）

第十章　市町村會又は市參事會に附議すべき事件を府縣知事の指揮を受けて處置する場合

市參事會又は町村會は一定數の自然人の集會により成立する一つの組織体であるから會議を開くの必要を生じたるときに於ても種々の事由に依つて直に會議を開き得ない狀態に在るときもあるが斯くの如き場合に於ても市町村の行政は之を其の儘遲怠せしむることは出來ないので市町村會に附議すべき事件を生じたるとき市參事會又は町村會の議決を經ることが出來ない場合は知事の指揮を受けて之を處理し、次の會議に於て報告すればよいことになつてをるのである、即ち左の場合に於ては市町村長は府縣知事に具狀して指揮を請ひ市參事會又は町村會の議決すべき事件又は決定すべき事項を處置することが出來る。

(一)市參事會又は町村會成立せざるとき

市參事會又は町村會成立せざるときとは町村會解散又は總辭職後未だ總選擧を行は

ざる爲め議員が存在しない場合又は議員の缺員多くして現在議員數が會議を開き得る定足數(議員定數の半數)に滿たざる場合である市會の成立しないときは之を市參事會の議決に付するのであつて直に知事の指揮を受けて處分することは出來ない、一應市參事會の議決に付しやうとして市參事會で議決し得ないとき知事の指揮を受くるのである。

(二)市參事會員又は町村會議員が自己又は父母、祖父母、妻、子孫、兄弟、姉妹の一身上に關する事件に依り會議に除斥せられたる爲め出席議員が定數の半數に滿たざる場合又は同一事件に付再度召集を爲したるに尚半數に滿たざるとき若は招集には應じたが出席議員が定數を缺ぎ議長が出席を催告しても仍ほ半數に滿たない場合に於て其の出席者が一人なるか又は一人も出席しないときは知事の指揮を受けて處理すれば宜しいのである此の場合一人の出席か又は出席者なき場合のみに限るのは二人以上あれば町村制第四十八條但書に依つて會議を開き得るからである、市會に於て此の場合に該當し會議を開くことが出來ない場合があつても直ちに知事の指揮を受くることは出來ず一應市參事會の議決に付すべきであつて其の市參事會に於て議決し得ない場合に知事の指揮を受けて處分するのである。

（三）市町村會又は市參事會が其の議決又は決定すべき事件を議決しないとき即ち市町村會の議決又は決定を爲すべき權限に屬する議案に對し議決決定を爲さざる場合であつて例へば市町村會の會期を定めて招集した會期中に議決又は決定を爲さなかつたとき又は市町村長の發した議案に對し議決しないといふ意思を明に表示した場合の如きである此の際特に說明して置きたいのは（一）（二）は市會に於て該當の場合があつても直ちに知事の指揮を請ふ事は出來ず一應市參事會の議決に付しなければならないといふことは前述の通りであるが此の（三）の場合に於ては市會が其の議決すべき事件を議決しないときは之を市參事會の議決に付するの必要なく直ちに知事の指揮を請ふて處分する事が出來るのである。

以上に依つて處理したる場合は次回の市町村會に於て之を報告しなければならない。

（市制第九十一條、町村制第七十五條）

○市町村會又ハ市參事會ニ報告書例

其ノ一

何第何號

何市參事會
（何市會）

左記ノ件市制第九十一條第三項（第四項）（第五項）ニ依リ知事ノ指揮ヲ受ケ別紙之通處分シタリ

右報告ス

昭和何年何月何日

何市長

記

一何々

注意

一、別紙ハ知事ノ指揮ヲ受ケテ處分シタル結果ヲ添付スルコト

二、市會ニ報告スルノハ市制第九十一條第四項ノ場合ノミデアルカラ注意ヲ要スル

○市町村會又ハ市參事會ニ報告書例

其ノ二

市町村會又は市參事會に附議すへき事件を府縣知事の指揮を受けて處置する場合

市町村會又は市參事會に附議すへき事件を府縣知事の指揮を受けて處置する場合

何第何號

何町村會

何々ノ件（左記ノ件）町村制第七十五條第一項（第二項）（第三項）ノ規定ニ依リ知事ノ指揮ヲ受ケ別紙ノ通處置（決定）シタリ

右報告ス

昭和何年何月何日

何町村長　何　某

（記）

（一何々、、、）

（一何々、、、）

行政實例

○所謂其ノ議決スヘキ事件ノ意義　市制第九十一條第四項町村制第七十五條第二項ニ其ノ議決スヘキ事件トアル中ニハ市町村會又ハ市參事會ニ於テ行フ選擧ハ包含セス

○市町村會又ハ市參事會ニ於テ法律上行ハルヘカラサル選擧ヲ行フ場合　前項ノ通リトスレハ市町村會又ハ市參事會ニ於テ法律上行ハサルヘカラサル選擧ヲ行ハサル場合ニ於テハ市町村長ハ幾度テモ市町村會又ハ市參事會ヲ招集シ選擧ヲ行ハシメサルヘカラス

○町村制第三十五條第二項ノ決定ヲ爲ササル場合　某村會議員ハ被選擧權ナキモノトシ村長ハ町村制第三十五條第二項ニ依リ之ヲ村會ノ決定ニ付シタルニ村會ハ調査ノ必要ヲ名トシ決定ヲ爲サスシテ延期シタルニ依リ更ニ町村制第四十七條第二項ニ依リ會期ヲ定メ村會ヲ招集シタルニ尙ホ其ノ會期內ニ之ヲ決定セサルカ如キ場合ハ町村制第七十五條第三項ニ依リ同條第二項ノ例ニ依リテ村長ハ知事ニ具狀シテ指揮ヲ請ヒ之ヲ處置スルヲ得ヘシ

○本條ニ所謂議決ノ範圍　本條ノ議決ス可キ事件トアル中ニハ選擧ハ包含セス

○法律上命シタル選擧ヲ行ハサル場合　市町村會ニ於テ法律上行ハサル可カラサル選擧ヲ行ハサル場合ニ關シテハ法律中市町村會ニ於テ議決ス可キ事件ヲ議決セサル場合ノ如ク之ニ處スルノ規定ナキカ故ニ當選者ヲ得ルニ至ルマテ市町村長ハ幾度ニテモ市町村會ヲ招集シ選擧ヲ行ハシムルコトヲ要ス

○市町村會成立セサルトキノ意義　市町村會成立セサルトキハ現ニ在任セル市町村會議員ノ數會議ヲ開クニ足ル可キ數ニ滿タサル場合ヲ謂フモノトス

○議決ス可キ事件ヲ議決セサルノ意義　議決ス可キ事件ヲ議決セサルトキトハ市町村會ニ於テ議決セサルノ意思ヲ明カニ表示シタル場合ニ止マラス會期ヲ定メテ招集シタル場合ニ於テ最初ヨリ故意ニ議事ニ着手セスシテ其ノ會期ノ盡キタルカ如キ場合又ハ議案ノ議事ニ着手シタルモ故意ニ其ノ議事ヲ遷延シテ結局其ノ會期內ニ議案ヲ議了セサルカ如キ場合ヲ謂フ

○區會カ其ノ議決ス可キ事件ヲ議決セサル場合ノ處分　財産及營造物ニ關スル事務ノ爲メ設置シタル區會ニ於テ其ノ議決ス可キ事件ヲ議決セサルトキハ市ニ於テハ府縣參事會ノ議決ニ付シ町村ニアリテハ知事ノ指揮ヲ受ケ措置ス可キモノニシテ市町村會又ハ市參事會ヲシテ代決セシム可キモノニ非ス

○町村會ニ於テ議決スヘキ事項ヲ議決セサル事實ノ認定　町村長ニ於テ豫メ會期ヲ定メスシテ招集シ

市町村會又は市參事會に附議すへき事件を府縣知事の指揮を受けて處置する場合

市町村會又は市參事會に附議すへき事件を府縣知事の指揮を受けて議決する場合

タル町村會ニ於テ其ノ附議シタル事件ノ議決ヲ躊躇シ荏苒議了セサルトキハ町村長ハ町村制第七十五條第二項ニ依リ知事ニ具狀シ其ノ指揮ヲ得テ町村會ノ議決スヘキ事項ヲ處置スルヲ得ルモノナリ但シ町村會カ議決スヘキ事件ヲ議決セサルモノナリヤ否ヤハ專ラ事實ニ就キ之ヲ認定スヘキ義トス

○市町村會カ豫算全部ヲ否決シタル場合ノ處分　市會町村會ニ於テ豫算議案ノ全部ヲ否決シタルトキハ本條ニ依リ處理スルノ外ナシ

○公益上必要ナル追加豫算ト町村會否決　町村長ニ於テ町村ノ公益上必要ナリト認メ歳入出追加豫算ヲ提案セシニ町村會ニ於テ不必要ノ費用ナリトシテ之ヲ否決シタルトキハ町村制第七十四ニ依リ處理スルハ格別ナレトモ第七十五條ヲ適用スヘキモノニアラス

○議員半數以上辭職ノ爲メ殘議員ニテ議決スル能ハサル場合ニ於ケル議事　市町村會議員半數以上同時ニ辭任シ殘議員ニテ議決スルコトヲ得サル場合ニ於テ其ノ補闕選擧前至急ヲ要スル議事ハ本條ニ準シ處分ス可キモノトス

○市町村會ニ於テ會期内ニ議了セサルモノ　市町村會ニ於テ會期内ニ議了セサルモノハ本條ニ依ル可シ

○町村會其ノ會期内ニ議決ヲ爲サヽルトキ　町村長ニ於テ會期ヲ定メ町村會ヲ開會シタルトキ若シ其ノ會期ニ議決ヲ爲サヽリシトキハ其ノ議決スヘキ事件ヲ議決セサルモノトシ町村長ハ監督官廳ニ具狀シ其ノ指揮ヲ請フハ固ヨリ差支ナキコトニ屬スト雖モ町村長ノ見込ヲ以テ更ニ町村會ヲ開會シ其ノ議決ニ付スルモ法律上別ニ妨ケナシ

○町村會カ選擧ス可キ組合會議員ヲ選擧セサル場合　選擧ニ付テハ本條ニ依ルヲ得サルモノトス

○本條ト助役推薦ノ否決　町村ノ助役ハ町村長ノ推薦ニ依リ町村會ニ於テ定ムヘキモノナルコトハ町村制第六十三條ノ定ムル所ナリ從テ町村長ニ於テ幾度カ推薦スルモ町村會ニ於テ毎ニ之ヲ否認シテ定メ

サルトキト雖モ町村會ノ定ムル迄ハ幾度ニテモ相當ノ人ヲ選擇シ推薦スルモノニシテ此ノ場合ニ町村制第七十五條第二項ニ依リ知事ニ具狀シテ指揮ヲ請フモノニアラス

〇所謂町村會成立セサル場合ト議員半數以上裁判所ニ抑留セラレタル場合　町村制第七十五條ニ所謂村會成立セサルトキハ町村會議員全クナキカ又ハ定數ノ半數以上闕員アル場合ヲ云フモノニシテ議員ノ半數以上カ犯罪嫌疑ノ爲メ裁判所ニ抑留セラレ爲メニ會議ヲ開ク能ハサル場合ノ如キハ町村會ノ成立セサルモノト云フヲ得ス

〇議員ヲ得サル場合ノ措置方　市町村ニ於テ議員ヲ選擧セス又ハ議員ノ選擧ヲ爲セシモ當選者其ノ當選ヲ辭シ再擧セシムルモ亦如斯トキハ市町村會ノ職務權限例ヘハ條例規定ノ設定及歲入出豫算其ノ他議案等ハ總テ本條ニ依リ市ニアリテハ府縣參事會ノ議決ヲ請ヒ町村ニアリテハ知事ニ具狀シテ指揮ヲ請ヒ町村會ノ議決ス可キ事件ヲ處置スルコトヲ得

〇町村會ノ成立ヲ俟チ決定シ難キ事情アル場合ト本條　町村稅ノ賦課ニ關シ異議ノ申立ヲ爲シタル者アル場合ニ於テ町村會ノ成立ヲ俟チ其ノ決定ニ付シ難キ事情アル場合ニ於テハ町村長ハ町村制第七十五條第二項ニ依リ知事ニ具狀シ其ノ指揮ヲ請ヒ町村會ノ決定スヘキ事件ヲ處理スルコトヲ得

〇新タニ町村ヲ置キ町村會未タ成立セサル場合ト本條　新ニ町村ヲ置キタル場合町村會ノ成立スルマテノ間ニ於テ府縣制第百九條ニ依リ町村會ノ議決スヘキ事件アルトキハ府縣會ノ議決ニ依リ定マリタル期限內ニ限リ本條第一項ノ規定ニ依リ處置スヘキモノトス（明治四四、一〇、一三）

行政判例

〇本條ニヨル町村會ノ決定ト第七十五條ニヨル決定　村會ニ於テ失職ノ決定案ヲ議決セサリシコトハ會

市町村會又は市參事會に附議すへき事件を府縣知事の指揮を受けて處決する場合

議錄ニ依リ明瞭ナリ故ニ村長カ町村制第七十五條第三項ニ依リ（郡長）ノ指揮ヲ請ヒ村會ニ代ハリテ原告ノ失職ヲ決定シタルハ相當ニシテ之ヲ是認シタル被告ノ裁判モ亦相當ナリ（大正五、六、二三）

第十一章　專決處分（市制第九十二條第九十二條ノ二 町村制第七十六條第七十六條ノ二）

市町村長に於て市町村會の議決事項を專決處分をするのは市町村會の議決に依つて委任せられたものと臨時急施を要する場合との二つの場合がある。

（一）市町村會の議決に依り委任せられた場合

市制第九十二條ノ二町村制第七十六條ノ二に依り市町村會の權限に屬する事項の一部を其の議決を以て市町村長に專決處分せしむることが出來る此の規定は今回改正に依つて新に規定せられたもので從來は市參事會の權限に屬する事項の一部を其の議決を以て市長に專決處分せしむることが出來るのであつたのを今回擴張せられたのである此の委任は豫め一定の範圍を定めて專決處分を爲さしむる旨の議決をして置けば宜しいので其の範圍內では市町村長は自由に專決處分を爲すことが出來る其の專決處分を爲さしむる範圍は市町村會の權限に屬する事項の一部であつて全部を

委任することは出來ない又專決處分の性質から見て輕易な事件に限るべきであつて重要なる事件を市町村長に專決せしむるは適當でない。

(二)臨時急施を要する場合

市參事會町村會に於て議決又は決定すべき事件を臨時急施要をするとき左に掲ぐるは市町村長が專決し之を次の會議に報告すれば宜しい、市會では市會の成立せざるとき又は市會を招集するの暇がないと認めたときであつても町村會の如く直ちに專決處分をすることは出來ない此の場合は市制第九十一條第一項に依つて市參事會に付議すべきで其の市參事會の議決すべきときに臨時急施を要する場合專決處分の問題を生ずるのである即ち左の場合である。

イ、市參事會町村會の成立しないとき

市參事會町村會の成立しないときとは市參事會員又は町村會議員の現員數が會議を開くべき定足數即ち市參事會員町村會議員の定數の半數に滿たない場合をいふのである而して假令市參事會町村會成立しない場合でも急迫の必要なく又は市制第九十一條第三項町村制第七十五條第一項に依つて知事の指揮を受くる餘裕ある

場合は專決處分を爲すことは出來ない

ロ、市町村長が市參事會又は町村會を招集するの暇がないと認むるとき市參事會町村會を招集するの暇ありや否は市町村長の認定によるものであつて假令客觀的に觀れば招集の暇のある場合でも市町村長が暇がないと認めて專決したときは法律上は適法の行爲であるが實際問題としては妥當ではないから招集するの暇あるときは必ず會議に付議すべきである。

市町村長が專決處分を爲したときは其の書類に昭和何年何月何日專決處分の旨を記載し置くを要す以上に依り市町村長が專決處分を爲した場合は夫々市參事會又は町村會の議決又は決定に對し訴願訴訟を爲し得る事件に關しては其の事件の專決處分に付ても訴願又は訴訟を提起することが出來るのである此の訴願又は訴訟を提起し得るのは主として市參事會又は町村會の決定事項が多い。

尚(二)の臨時急施に依り專決處分を爲した場合は市町村長は其の結果を次の市參事會又は町村會に於て之を報告しなければならない之市參事會又は町村會が自己の權限に屬する事件を他の機關にが決定した結果を知り置く必要があるからである。

○専決處分ノ報告樣式

其ノ一

何第何號

何町村會

左記ノ件町村制第七十六條第一項ニ依リ別紙ノ通專決シタリ

昭和何年何月何日

何町村長　何　某

記

一何々、、、、、

其ノ二

何第何號

何市參事會

左記ノ件市制第九十二條第一項ニ依リ別紙之通專決シタリ

右報告ス

昭和何年何月何日

何市長　何　某

記

一何々、、、、、

注意　別紙ハ專決シタル書類ノ寫ヲ添付スルコト。

行政實例

○市會ノ權限ニ屬スル事件ト專決處分　市會ノ權限ニ屬スル事件ニシテ臨時急施ヲ要スル場合ニ於テ市會ヲ招集スルノ暇ナキノミナラス仍ホ市參事會ヲモ招集スルノ暇ナシト認ムルトキハ市長ハ市會ノ議決又ハ決定スヘキ事件ヲ專決處分スルコトヲ得

○本條ノ議決ス可キ事件ノ範圍　議決スヘキ事件トアル中ニハ選擧ノ如キハ之ヲ包含セス

○本條ノ專決處分ヲ爲シ得ル場合　本條ノ專決處分ヲ爲シ得ル場合ハ其ノ事件最モ急迫ヲ告ケ市參事會成立セス又之ヲ招集スルノ暇ナシト認ムルトキニ於テ而カモ仍ホ府縣參事會ノ議決若ハ決定ヲ請フ猶豫ナキ場合ニ限ルモノトス

○町村長ノ專決處分ト次會議ニ報告　臨時急施ヲ要スル事件ニ付キ町村會不成立ノ爲メ町村長ニ於テ本條ニヨリ專決處分シ次回ノ町村會ニ報告シタルニ町村會ニ於テ之レヲ否決シタルトキト雖モ町村長ハ唯タ町村會ニ報告スレハ足ルモノナリ

○市參事會ニ委任事項ト參事會ノ成立ヲ待ツ能ハサル場合ノ處置方　市參事會ニ委任シタル事項ニ付テハ市會ニ於テ之ヲ議決スルノ權限ナキカ故ニ市會ヲ招集シテ其ノ議決ニ付スヘキ筋ノモノニアラス從テ其ノ市參事會ノ成立ヲ待ツ能ハサルカ如キ場合ニ於テハ箇々ノ事業ニ應シ或ハ制第九十一條第三項

又ハ第九十二條ニ依ルヘキモノナリ

行政判例

○町村會ノ決議スヘキ事件ニ對スル町村長ノ職務權限ノ原則　町村制第四十條第六號ノ規定ニ依レハ町村有不動產ノ管理處分及取得ニ關スル事項ハ町村會ニ於テ議決スヘキモノニ係リ又第七十六條第一項ノ規定ニ依レハ町村會ニ於テ議決又ハ決定スヘキ事件ニ關シ臨時急施ヲ要スル場合ニ於テ町村會成立セルトキ又ハ町村長ニ於テ之ヲ招集スルノ暇ナシト認ムルトキハ町村長ハ之ヲ專決シ次回ノ會議ニ於テ之ヲ町村會ニ報告スヘキモノナルヲ以テ町村會ノ議決スヘキ事件ニ付斯ル特殊ノ事由ナキ以上ハ町村長ハ第七十二條第二項第一號ノ規定ニ依リ原則トシテ單ニ之カ發案及議決ヲ執行スヘキ職務權限ノミヲ有スルニ過キス

町村會ノ議決スヘキ事件ニ付町村制第七十六條第一項ノ規定ニ基キ町村長ノ專決處分ニ依リタル旨ノ主張ナキ以上ハ一般ノ原則ニ依リ其ノ職務權限ヲ律スヘキハ當然ナリ

町村長ハ法令ニ依リ付與セラレタル權限ノ範圍內ニ於テ其ノ職務ヲ執行シ得ヘキモノニシテ此ノ範圍ヲ超越シタル行爲ハ假令町村ノ代表者トシテ町村ノ爲メニ爲シタリトスルモ町村ニ對シテ其ノ效力ヲ及ホスコトヲ得サルト同時ニ之ヲ目シテ其ノ職務執行行爲ト爲スコトヲ得サルモノトス

町村有不動產ノ管理處分及取得ニ關スル行爲ハ町村會ニ於テ議決スヘキ事項ニ係ル事項ニ付テハ町村長ハ原則トシテ單ニ之カ發案及議決ヲ執行スヘキ權限ノミ有スルニ過ギサルモノナレハ町村長カ町村會ノ議決ヲ經スシテ爲シタル是等ノ行爲ハ全ク其ノ權限ノ範圍ニ屬シ町村ニ對シ其ノ效力ナキハ勿論之ヲ以テ町村長ノ職務執行行爲ト爲スコトヲ得サルモノトス

專決處分

專決處分

民法第四十四條第一項ハ理事其ノ他ノ代理人カ其ノ職務行爲自體ニ依リ又ハ其ノ職務ノ執行ニ必要ナル行爲ニ依リ他人ニ損害ヲ加ヘタルトキハ法人ニ於テ之カ責ニ任スト ノ謂ニ外ナラサルモノトス（民事大正八、一〇、九）

司法判例

○町村長ノ專決處分ト其ノ職務權限　町村會ノ議決スヘキ事件ニ付キ町村制第七十六條第一項ノ規定ニ基キ町村長ノ專決處分ニ依リタル旨ノ主張ナキ以上ハ一般ノ原則ニ依リ其ノ職務權限ヲ律スヘキハ當然ナリ（刑事大正八、一〇、九）

町村制

第一章　總則

第一款　町村及其ノ區域

第一條　町村ハ從來ノ區域ニ依ル

第二條　町村ハ法人トス官ノ監督ヲ承ケ法令ノ範圍内ニ於テ其ノ公共事務並從來法令又ハ慣例ニ依リ及將來法律勅令ニ依リ町村ニ屬スル事務ヲ處理ス

第三條　町村ノ廢置分合又ハ境界變更ヲ爲サムトスルトキハ府縣知事ハ關係アル市町村會ノ意見ヲ徵シ府縣參事會ノ議決ヲ經内務大臣ノ許可ヲ得テ之ヲ定ム所屬未定地ヲ町村ノ區域ニ編入セムトスルトキ亦同シ

前項ノ場合ニ於テ財産アルトキハ其ノ處分ハ關係アル市町村會ノ意見ヲ徵シ府縣參事會ノ議決ヲ經テ府縣知事之ヲ定ム

第一項ノ場合ニ於テ市ノ廢置分合ヲ伴フトキハ市制第三條ノ規定ニ依ル

第四條　町村ノ境界ニ關スル爭論ハ府縣參事會之ヲ裁定ス其ノ裁定ニ不服アル町村ハ行政裁判所ニ出訴スルコトヲ得

町村ノ境界判明ナラサル場合ニ於テ前項ノ爭論ナキトキハ府縣知事ハ府縣參事會ノ決定ニ付スヘシ其ノ決定ニ不服アル町村ハ行政裁判所ニ出訴スルコトヲ得

第一項ノ裁定及前項ノ決定ハ文書ヲ以テ之ヲ爲シ其ノ理由ヲ附シ之ヲ關係町村ニ交付スヘシ

第一項ノ裁定及第二項ノ決定ニ付テハ府縣知事ヨリモ訴訟ヲ提起スルコトヲ得

第五條　町村ノ名稱ヲ變更セムトスルトキ、村ヲ町ト爲シ若ハ町ヲ村ト爲サムトスルトキ又ハ町村役場ノ位置ヲ定メ若ハ之ヲ變更セムトスルトキハ町村ハ府縣知事ノ許可ヲ受クヘシ

第二款　町村住民及其ノ權利義務

第六條　町村内ニ住所ヲ有スル者ハ其ノ町村住民トス

町村住民ハ本法ニ從ヒ町村ノ財産及營造物ヲ共用スル權利ヲ有シ町村ノ負擔ヲ分任スル義務ヲ負フ

第七條　帝國臣民タル年齡二十五年以上ノ男子ニシテ二年以來町村住民タル者ハ其ノ町村公民トス但シ左ノ各號ノ一ニ該當スル者ハ此ノ限ニ在ラス

一　禁治産者及準禁治産者

二　破産者ニシテ復權ヲ得サル者

三　貧困ニ因リ生活ノ爲公私ノ救助ヲ受ケ又ハ扶助ヲ受クル者

四　一定ノ住居ヲ有セサル者

五　六年ノ懲役又ハ禁錮以上ノ刑ニ處セラレタル者

六　刑法第二編第一章、第三章、第九章、第十六章乃至第二十一章、第二十五章又ハ第三十六章乃至第三十九章ニ掲クル罪ヲ犯シ六年未滿ノ懲役ノ刑ニ處セラレ其ノ執行ヲ終リ又ハ執行ヲ受クルコトナキニ至リタル後其ノ刑期ノ二倍ニ相當スル期間ヲ經過スルニ至ル迄ノ者但シ其ノ期間五年ヨリ短キトキハ五年トス

七　六年未滿ノ禁錮ノ刑ニ處セラレ又ハ前號ニ掲クル罪以外ノ罪ヲ犯シ六年未滿ノ懲役ノ刑ニ處セラレ其ノ執行ヲ終リ又ハ執行ヲ受クルコトナキニ至ル迄ノ者

町村ハ前項二年ノ制限ヲ特免スルコトヲ得

第一項ニ年ノ期間ハ市町村ノ廢置分合又ハ境界變更ノ爲中斷セラルルコトナシ

第八條　町村公民ハ町村ノ選擧ニ參與シ町村ノ名譽職ニ選擧セラルル權利ヲ有シ町村ノ名譽職ヲ擔任スル義務ヲ負フ

左ノ各號ノ一ニ該當セサル者ニシテ名譽職ノ當選ヲ辭シ又ハ其ノ職ヲ辭シ若ハ其ノ職務ヲ實際ニ執行セサルトキハ町村ハ一年以上四年以下其ノ町村公民權ヲ停止スルコトヲ得

一　疾病ニ罹リ公務ニ堪ヘサル者

二　業務ノ爲常ニ町村內ニ居ルコトヲ得サル者

三　年齡六十年以上ノ者

四　官公職ノ爲町村ノ公務ヲ執ルコトヲ得サル者

五　四年以上名譽職町村吏員、町村會議員又ハ區會議員ノ職ニ任シ爾後同一ノ期間ヲ經過セサル者

六　其ノ他町村會ノ議決ニ依リ正當ノ理由アリト認ムル者

前項ノ處分ヲ受ケタル者其ノ處分ニ不服アルトキハ府縣參事會ニ訴願シ其ノ裁決ニ不服アルトキハ行政裁判所ニ出訴スルコトヲ得

第二項ノ處分ハ其ノ確定ニ至ル迄執行ヲ停止ス

第三項ノ裁決ニ付テハ府縣知事又ハ町村長ヨリモ訴訟ヲ提起スルコトヲ得

第九條　陸海軍軍人ニシテ現役中ノ者（未タ入營セサル者及歸休下士官兵ヲ除ク）及戰時若ハ事變ニ際シ召集中ノ者ハ町村ノ公務ニ參與スルコトヲ得ス兵籍ニ編入セラレタル學生生徒（勅令ヲ以テ定ムル者ヲ除ク）及志願ニ依リ國民軍ニ編入セラレタル者亦同シ

第三款　町村條例及町村規則

第十條　町村ハ町村住民ノ權利義務又ハ町村ノ事務ニ關シ町村條例ヲ設クルコトヲ得
町村ハ町村ノ營造物ニ關シ町村條例ヲ以テ規定スルモノノ外町村規則ヲ設クルコトヲ得
町村條例及町村規則ハ一定ノ公告式ニ依リ之ヲ告示スヘシ

第二章　町村會

第一款　組織及選擧

第十一條　町村會議員ハ其ノ被選擧權アル者ニ就キ選擧人之ヲ選擧ス議員ノ定數左ノ如シ

一　削除
二　人口五千未滿ノ町村　十二人
三　人口五千以上一萬未滿ノ町村　十八人
四　人口一萬以上二萬未滿ノ町村　二十四人
五　人口二萬以上ノ町村　三十人

議員ノ定數ハ町村條例ヲ以テ特ニ之ヲ增減スルコトヲ得
議員ノ定數ハ總選擧ヲ行フ場合ニ非サレハ之ヲ增減セス但シ著シク人口ノ增減アリタル場合ニ於テ府縣知事ノ許可ヲ得タルトキハ此ノ限ニ在ラス

第十二條　町村公民ハ總テ選擧權ヲ有ス但シ公民權停止中ノ者又ハ第九條ノ規定ニ該當スル者ハ此ノ限ニ在ラス

第十三條　削除

第十四條　特別ノ事情アルトキハ町村ノ區劃ヲ定メテ投票分會ヲ設クルコトヲ得

第十五條　選擧權ヲ有スル町村公民ハ被選擧權ヲ有ス

在職ノ檢事、警察官吏及收稅官吏ハ被選擧權ヲ有セス

選擧事務ニ關係アル官吏及町村ノ有給吏員ハ其ノ關係區域內ニ於テ被選擧權ヲ有セス

町村ノ有給ノ吏員敎員其ノ他ノ職員ニシテ在職中ノ者ハ其ノ町村ノ町村會議員ト相兼ヌルコトヲ得ス

第十六條　町村會議員ハ名譽職トス

議員ノ任期ハ四年トシ總選擧ノ日ヨリ之ヲ起算ス

議員ノ定數ニ異動ヲ生シタル爲解任ヲ要スル者アルトキハ町村長抽籤シテ之ヲ定ム但シ闕員アルトキハ其ノ闕員ヲ以テ之ニ充ツヘシ

前項但書ノ場合ニ於テ闕員ノ數解任ヲ要スル者ノ數ニ滿チサルトキハ其ノ不足ノ員數ニ付町村長抽籤シテ解任スヘキ者ヲ定メ闕員ノ數解任ヲ要スル者ノ數ヲ超ユルトキハ解任ヲ要スル者ニ充ツヘキ缺員ハ最モ先ニ缺員ト爲リタル者ヨリ順次之ニ充テ缺員ト爲リタル時同シキトキハ町村長抽籤シテ之ヲ定ム

議員ノ定數ニ異動ヲ生シタル爲新ニ選擧セラレタル議員ハ總選擧ニ依リ選擧セラレタル議員ノ任期滿了ノ日迄在任ス

第十七條　町村會議員中缺員ヲ生シタル場合ニ於テ第二十七條第二項ノ規定ノ適用ヲ受ケタル得票者ニシテ當選者ト爲ラサリシ者アルトキハ直ニ選擧會ヲ開キ其ノ者ノ中ニ就キ當選者ヲ定ムヘシ此ノ場合ニ於テハ第三十條第三項及第四項ノ規定ヲ準用ス

前項ノ規定ノ適用ヲ受クル者ナク若ハ前項ノ規定ノ適用ニ依リ當選者ヲ定ムルモ仍其ノ缺員カ議員定數ノ六分ノ

一ヲ超ユルニ至リタルトキ又ハ町村長若ハ町村會ニ於テ必要ト認ムルトキハ補缺選擧ヲ行フヘシ
第三十條第五項及第六項ノ規定ハ補缺選擧ニ之ヲ準用ス
補缺議員ハ其ノ前任者ノ殘任期間在任ス
第十八條　町村長ハ毎年九月十五日ノ現在ニ依リ選擧人名簿ヲ調製スヘシ
選擧人名簿ニハ選擧人ノ氏名、住所及生年月日等ヲ記載スヘシ
第十八條ノ二　町村長ハ十一月五日ヨリ十五日間町村役場又ハ其ノ指定シタル場所ニ於テ選擧人名簿ヲ關係者ノ縱覽ニ供スヘシ
町村長ハ縱覽開始ノ日前三日目迄ニ縱覽ノ場所ヲ告示スヘシ
第十八條ノ三　選擧人名簿ニ關シ關係者ニ於テ異議アルトキハ縱覽期間内ニ之ヲ町村長ニ申立ツルコトヲ得此ノ場合ニ於テハ町村長ハ其ノ申立ヲ受ケタル日ヨリ十四日以内ニ之ヲ決定シ名簿ノ修正ヲ要スルトキハ直ニ之ヲ修正スヘシ
前項ノ決定ニ不服アル者ハ府縣參事會ニ訴願シ其ノ裁決ニ不服アル者ハ行政裁判所ニ出訴スルコトヲ得
前項ノ裁決ニ付テハ府縣知事又ハ町村長ヨリモ訴訟ヲ提起スルコトヲ得
第一項ノ規定ニ依リ決定ヲ爲シタルトキハ町村長ハ直ニ其ノ要領ヲ告示スヘシ同項ノ規定ニ依リ名簿ヲ修正シタルトキ亦同シ
第十八條ノ四　選擧人名簿ハ十二月二十五日ヲ以テ確定ス
選擧人名簿ハ次年ノ十二月二十四日迄之ヲ据置クヘシ
前條第二項又ハ第三項ノ場合ニ於テ裁決確定シ又ハ判決アリタルニ依リ名簿ノ修正ヲ要スルトキハ町村長ハ直ニ之ヲ修正スヘシ

前項ノ規定ニ依リ名簿ヲ修正シタルトキハ町村長ハ直ニ其ノ要領ヲ告示ヘシ
投票分會ヲ設クル場合ニ於テ必要アルトキハ町村長ハ確定名簿ニ依リ分會ノ區劃毎ニ名簿ノ抄本ヲ調製スヘシ
第十八條ノ五　第十八條ノ三ノ場合ニ於テ決定若ハ裁決確定シ又ハ判決アリタルニ依リ選擧人名簿無效ト爲リタルトキハ更ニ名簿ヲ調製スヘシ
天災事變等ノ爲必要アルトキハ更ニ名簿ヲ調製スヘシ
前二項ノ規定ニ依ル名簿ノ調製、縱覽、確定及異議ノ決定ニ關スル期日及期間ハ府縣知事ノ定ムル所ニ依ル
町村ノ廢置分合又ハ境界變更アリタル場合ニ於テ名簿ニ關シ其ノ分合其ノ他必要ナル事項ハ命令ヲ以テ之ヲ定ム
第十九條　町村長ハ選擧ノ期日前七日目迄ニ選擧會場（投票分會場ヲ含ム以下之ニ同シ）、投票ノ日時及選擧スヘキ議員數ヲ告示スヘシ投票分會場ヲ設クル場合ニ於テハ併セテ其ノ區劃ヲ告示スヘシ
投票分會ノ投票ハ選擧會ト同日時ニ之ヲ行フ
天災事變等ノ爲投票ヲ行フコト能ハサルトキ又ハ更ニ投票ヲ行フノ必要アルトキハ町村長ハ其ノ投票ヲ行フヘキ選擧會又ハ投票分會ノミニ付更ニ期日ヲ定メ投票ヲ行ハシムヘシ此ノ場合ニ於テ選擧會場及投票ノ日時ハ選擧ノ期日前五日目迄ニ之ヲ告示スヘシ
第二十條　町村長ハ選擧長ト爲リ選擧會ヲ開閉シ其ノ取締ニ任ス
町村長ハ選擧人名簿ニ登錄セラレタル者ノ中ヨリ二人乃至四人ノ選擧立會人ヲ選任スヘシ
投票分會ハ町村長ノ指名シタル吏員投票分會長ト爲リ之ヲ開閉シ其ノ取締ニ任ス
町村長ハ分會ノ區劃內ニ於ル選擧人名簿ニ登錄セラレタル者ノ中ヨリ二人乃至四人ノ投票立會人ヲ選任スヘシ
選擧立會人及投票立會人ハ名譽職トス

第二十一條　選擧人ニ非サル者ハ選擧會場ニ入ルコトヲ得ス但シ選擧會場ノ事務ニ從事スル者、選擧會場ヲ監視スル職權ヲ有スル者又ハ警察官吏ハ此ノ限ニ在ラス

選擧會場ニ於テ演說討論ヲ爲シ若ハ喧擾ニ涉リ又ハ投票ニ關シ協議若ハ勸誘ヲ爲シ其ノ他選擧會場ノ秩序ヲ紊ス者アルトキハ選擧長又ハ投票分會長ハ之ヲ制止シ命ニ從ハサルトキハ之ヲ選擧會場外ニ退出セシムヘシ

前項ノ規定ニ依リ退出セシメラレタル者ハ最後ニ至リ投票ヲ爲スコトヲ得但シ選擧長又ハ投票分會長會場ノ秩序ヲ紊スノ虞ナシト認ムル場合ニ於テ投票ヲ爲サシムルヲ妨ケス

第二十二條　選擧ハ無記名投票ヲ以テ之ヲ行フ

投票ハ一人一票ニ限ル

選擧人ハ選擧ノ當日投票時間內ニ自ラ選擧會場ニ到リ選擧人名簿又ハ其ノ抄本ノ對照ヲ經テ投票ヲ爲スヘシ

投票時間內ニ選擧會場ニ入リタル選擧人ハ其ノ時間ヲ過クルモ投票ヲ爲スコトヲ得

選擧人ハ選擧會場ニ於テ投票用紙ニ自ラ被選擧人一人ノ氏名ヲ記載シテ投函スヘシ

投票ニ關スル記載ニ付テハ勅令ヲ以テ定ムル點字ハ之ヲ文字ト看做ス

自ラ被選擧人ノ氏名ヲ書スルコト能ハサル者ハ投票ヲ爲スコトヲ得ス

投票用紙ハ町村長ノ定ムル所ニ依リ一定ノ式ヲ用ウヘシ

投票分會ニ於テ爲シタル投票ハ投票分會長少クトモ一人ノ投票立會人ト共ニ投票函ノ儘之ヲ選擧長ニ送致スヘシ

第二十二條ノ二　確定名簿ニ登錄セラレサル者ハ投票ヲ爲スコトヲ得ス但シ選擧人名簿ニ登錄セラルヘキ確定裁決書又ハ判決書ヲ所持シ選擧ノ當日選擧會場ニ到ル者ハ此ノ限ニ在ラス

確定名簿ニ登錄セラレタル者選擧人名簿ニ登錄セラルルコトヲ得サル者ナルトキハ投票ヲ爲スコトヲ得ス選擧

ノ當日選擧權ヲ有セサル者ナルトキ亦同シ

第二十二條ノ三　投票ノ拒否ハ選擧立會人又ハ投票立會人之ヲ決定ス可否同數ナルトキハ選擧長又ハ投票分會長之ヲ決スヘシ

投票分會ニ於テ投票拒否ノ決定ヲ受ケタル選擧人不服アルトキハ投票分會長ハ假ニ投票ヲ爲サシムヘシ

前項ノ投票ハ選擧人ヲシテ之ヲ封筒ニ入レ封緘シ表面ニ自ラ其ノ氏名ヲ記載シ投函セシムヘシ

投票分會長又ハ投票立會人ニ於テ異議アル選擧人ニ對シテモ亦前二項ニ同シ

第二十三條　第三十條若ハ第三十四條ノ選擧、增員選擧又ハ補缺選擧ヲ同時ニ行フ場合ニ於テハ一ノ選擧ヲ以テ合併シテ之ヲ行フ

第二十四條　町村長ハ豫メ開票ノ日時ヲ告示スヘシ

第二十四條ノ二　選擧長ハ投票ノ日又ハ其ノ翌日（投票分會ヲ設ケタルトキハ總テノ投票函ノ送致ヲ受ケタル日又ハ其ノ翌日）選擧立會人立會ノ上投票函ヲ開キ投票ノ總數ト投票人ノ總數トヲ計算スヘシ

前項ノ計算終リタルトキハ選擧長ハ先ツ第二十二條ノ三第二項及第四項ノ投票ヲ調査スヘシ其ノ投票ノ受理如何ハ選擧立會人之ヲ決定ス可否同數ナルトキハ選擧長之ヲ決スヘシ

選擧長ハ選擧立會人ト共ニ投票ヲ點檢スヘシ

天災事變等ノ爲開票ヲ行フコト能ハサルトキハ町村長ハ更ニ開票ノ期日ヲ定ムヘシ此ノ場合ニ於テ選擧會場ノ變更ヲ要スルトキハ豫メ更ニ其ノ場所ヲ告示スヘシ

第二十四條ノ三　選擧人ハ其ノ選擧會ノ參觀ヲ求ムルコトヲ得但シ開票開始前ハ此ノ限ニ在ラス

第二十四條ノ四　特別ノ事情アルトキハ町村ハ府縣知事ノ許可ヲ得區劃ヲ定メテ開票分會ヲ設クルコトヲ得

前項ノ規定ニ依リ開票分會ヲ設クル場合ニ於テ必要ナル事項ハ命令ヲ以テ之ヲ定ム

第二十五條　左ノ投票ハ之ヲ無效トス

一　成規ノ用紙ヲ用キサルモノ
二　現ニ町村會議員ノ職ニ在ル者ノ氏名ヲ記載シタルモノ
三　一投票中二人以上ノ被選擧人ノ氏名ヲ記載シタルモノ
四　被選擧人ノ何人タルカヲ確認シ難キモノ
五　被選擧權ナキ者ノ氏名ヲ記載シタルモノ
六　被選擧人ノ氏名ノ外他事ヲ記入シタルモノ但シ爵位職業身分住所又ハ敬稱ノ類ヲ記入シタルモノハ此ノ限ニ在ラス
七　被選擧人ノ氏名ヲ自書セサルモノ

第二十六條　投票ノ效力ハ選擧立會人之ヲ決定ス可否同數ナルトキハ選擧長之ヲ決スヘシ

第二十七條　町村會議員ノ選擧ハ有效投票ノ最多數ヲ得タル者ヲ以テ當選者トス但シ議員ノ定數ヲ以テ有效投票ノ總數ヲ除シテ得タル數ノ六分ノ一以上ノ得票アルコトヲ要ス

前項ノ規定ニ依リ當選者ヲ定ムルニ當リ得票ノ數同シキトキハ年長者ヲ取リ年齡同シキトキハ選擧長抽籤シテ之ヲ定ムヘシ

第二十七條ノ二　當選者選擧ノ期日後ニ於テ被選擧權ヲ有セサルニ至リタルトキハ當選ヲ失フ

第二十八條　選擧長ハ選擧錄ヲ作リ選擧會ニ關スル顚末ヲ記載シ之ヲ朗讀シ二人以上ノ選擧立會人ト共ニ之ニ署名スヘシ

投票分會長ハ投票錄ヲ作リ投票ニ關スル顚末ヲ記載シ之ヲ朗讀シ二人以上ノ投票立會人ト共ニ之ニ署名スヘシ

投票分會長ハ投票函ト同時ニ投票錄ヲ選擧長ニ送致スヘシ

選擧錄及投票錄ハ投票、選擧人名簿其ノ他ノ關係書類ト共ニ議員ノ任期間町村長ニ於テ之ヲ保存スヘシ

第二十九條　當選者定マリタルトキハ町村長ハ直ニ當選者ニ當選ノ旨ヲ告知シ同時ニ當選者ノ住所氏名ヲ告示シ且選擧錄ノ寫（投票錄アルトキハ併セテ投票錄ノ寫）ヲ添ヘ之ヲ府縣知事ニ報告スヘシ當選者ナキトキハ直ニ其ノ旨ヲ告示シ且選擧錄ノ寫（投票錄アルトキハ併セテ投票錄ノ寫）ヲ添ヘ之ヲ府縣知事ニ報告スヘシ

當選者當選ヲ辭セムトスルトキハ當選ノ告知ヲ受ケタル日ヨリ五日以内ニ之ヲ町村長ニ申立ツヘシ

官吏ニシテ當選シタル者ハ所屬長官ノ許可ヲ受クルニ非サレハ之ニ應スルコトヲ得ス

前項ノ官吏ハ當選ノ告知ヲ受ケタル日ヨリ二十日以内ニ之ニ應スヘキ旨ヲ町村長ニ申立テサルトキハ其ノ當選ヲ辭シタルモノト看做ス

町村ニ對シ請負ヲ爲シ又ハ町村ニ於テ費用ヲ負擔スル事業ニ付町村長若ハ其ノ委任ヲ受ケタル者ニ對シ請負ヲ爲ス者若ハ其ノ支配人又ハ主トシテ同一ノ行爲ヲ爲ス法人ノ無限責任社員、役員若ハ支配人ニシテ當選シタル者ハ其ノ請負ヲ罷メ又ハ請負ヲ爲ス者ノ支配人若ハ主トシテ同一ノ行爲ヲ爲ス法人ノ無限責任社員、役員若ハ支配人タルコトナキニ至ルニ非サレハ當選ニ應スルコトヲ得ス第二項ノ期限前ニ其ノ旨ヲ町村長ニ申立テサルトキハ其ノ當選ヲ辭シタルモノト看做ス

前項ノ役員トハ取締役、監査役及之ニ準スヘキ者竝清算人ヲ謂フ

第三十條　當選者左ニ掲クル事由ノ一ニ該當スルトキハ三月以内ニ更ニ選擧ヲ行フヘシ但シ第二項ノ規定ニ依リ更ニ選擧ヲ行フコトナクシテ當選者ヲ定メ得ル場合ハ此ノ限ニ在ラス

一　當選ヲ辭シタルトキ

二　第二十七條ノ二ノ規定ニ依リ當選ヲ失ヒタルトキ

三　死亡者ナルトキ

四　選擧ニ關スル犯罪ニ依リ刑ニ處セラレ其ノ當選無效ト爲リタルトキ但シ同一人ニ關シ前各號ノ事由ニ依ル

選擧又ハ補缺選擧ノ告示ヲ爲シタル場合ハ此ノ限ニ在ラス

前項ノ事由前條第二項若ハ第四項ノ規定ニ依ル期限前ニ生シタル場合ニ於テ第二十七條第一項但書ノ得票者ニシテ當選者ト爲ラサリシ者アルトキ又ハ其ノ期限經過後ニ生シタル場合ニ於テ第二十七條第二項ノ規定ノ適用ヲ受ケタル得票者ニシテ當選者ト爲ラサリシ者アルトキハ直ニ選擧會ヲ開キ其ノ者ノ中ニ就キ當選者ヲ定ムヘシ

前項ノ場合ニ於テ第二十七條第一項但書ノ得票者ニシテ當選者ト爲ラサリシ者選擧ノ期日後ニ於テ被選擧權ヲ有セサルニ至リタルトキハ之ヲ當選者ト定ムルコトヲ得ス

第二項ノ場合ニ於テハ町村長ハ豫メ選擧會ノ場所及日時ヲ告示スヘシ

第一項ノ期間ハ第三十三條第八項ノ規定ノ適用アル場合ニ於テハ選擧ヲ行フコトヲ得サル事由已ミタル日ノ翌日ヨリ起算ス

第一項ノ事由議員ノ任期滿了前六月以内ニ生シタルトキハ第一項ノ選擧ハ之ヲ行ハス但シ議員ノ數其ノ定數ノ三分ノ二ニ滿チサルニ至リタルトキハ此ノ限ニ在ラス

第三十一條　第二十九條第二項ノ期間ヲ經過シタルトキ又ハ同條第四項ノ申立アリタルトキハ町村長ハ直ニ當選者ノ住所氏名ヲ告示シ併セテ之ヲ府縣知事ニ報告スヘシ

當選者ナキニ至リタルトキ又ハ當選者其ノ選擧ニ於ケル議員ノ定數ニ達セサルニ至リタルトキハ町村長ハ直ニ其ノ旨ヲ告示シ併セテ之ヲ府縣知事ニ報告スヘシ

第三十二條　選擧ノ規定ニ違反スルコトアルトキハ選擧ノ結果ニ異動ヲ生スルノ虞アル場合ニ限リ其ノ選擧ノ全部又ハ一部ヲ無效トス但シ當選ニ異動ヲ生スルノ虞ナキ者ヲ區分シ得ルトキハ其ノ者ニ限リ當選ヲ失フコトナシ

第三十三條　選擧人選擧又ハ當選ノ效力ニ關シ異議アルトキハ選擧ニ關シテハ選擧ノ日ヨリ當選ニ關シテハ第二十九條第一項又ハ第三十一條第二項ノ告示ノ日ヨリ七日以內ニ之ヲ町村長ニ申立ツルコトヲ得此場合ニ於テハ町村長ハ七日以內ニ町村會ノ決定ニ付スヘシ町村會ハ其ノ送付ヲ受ケタル日ヨリ十四日以內ニ之ヲ決定スヘシ

前項ノ決定ニ不服アル者ハ府縣參事會ニ訴願スルコトヲ得

府縣知事ハ選擧又ハ當選ノ效力ニ關シ異議アルトキハ選擧ニ關シテハ第二十九條第一項ノ報告ヲ受ケタル日ヨリ、當選ニ關シテハ第二十九條第一項又ハ第三十一條第二項ノ報告ヲ受ケタル日ヨリ二十日以內ニ之ヲ府縣參事會ノ決定ニ付スルコトヲ得

前項ノ決定アリタルトキハ同一事件ニ付爲シタル異議ノ申立及町村會ノ決定ハ無效トス

第二項若ハ第六項ノ裁決又ハ第三項ノ決定ニ不服アル者ハ行政裁判所ニ出訴スルコトヲ得

第一項ノ決定ニ付テハ町村長ヨリモ訴願ヲ提起スルコトヲ得

第二項若ハ前項ノ裁決又ハ第三項ノ決定ニ付テハ府縣知事又ハ町村長ヨリモ訴訟ヲ提起スルコトヲ得

第十七條、第三十條又ハ第三十四條第一項若ハ第三項ノ選擧ハ之ニ關係アル選擧又ハ當選ニ關スル異議申立期間、異議ノ決定若ハ訴願ノ裁決確定セサル間又ハ訴訟ノ繫屬スル間之ヲ行フコトヲ得ス

町村會議員ハ選擧又ハ當選ニ關スル決定若ハ裁決確定シ又ハ判決アル迄ハ會議ニ列席シ議事ニ參與スルノ權ヲ失ハス

第三十四條　選擧無效ト確定シタルトキハ三月以內ニ更ニ選擧ヲ行フヘシ

當選無效ト確定シタルトキハ直ニ選擧會ヲ開キ更ニ當選者ヲ定ムヘシ此ノ場合ニ於テハ第三十條第三項及第四項ノ規定ヲ準用ス

當選者ナキトキ、當選者ナキニ至リタルトキ又ハ當選者其ノ選擧ニ於ケル議員ノ定數ニ達セサルトキ若ハ定數

ニ達セサルニ至リタルトキハ三月以内ニ更ニ選擧ヲ行フヘシ

第三十五條第五項及第六項ノ規定ハ第一項及前項ノ選擧ニ之ヲ準用ス

第三十五條　町村會議員被選擧權ヲ有セサル者ナルトキ又ハ第二十九條第五項ニ掲クル者ナルトキハ其ノ職ヲ失フ其ノ被選擧權ノ有無又ハ第二十九條第五項ニ掲クル者ニ該當スルヤ否ハ町村會議員カ左ノ各號ノ一ニ該當スルニ因リ被選擧權ヲ有セサル場合ヲ除クノ外町村會之ヲ決定ス

一　禁治産者又ハ準禁治産者ト爲リタルトキ

二　破産者ト爲リタルトキ

三　禁錮以上ノ刑ニ處セラレタルトキ

四　選擧ニ關スル犯罪ニ依リ罰金ノ刑ニ處セラレタルトキ

町村長ハ町村會議員中被選擧權ヲ有セサル者又ハ第二十九條第五項ニ掲クル者アリト認ムルトキハ之ヲ町村會ノ決定ニ付スヘシ町村會ハ其ノ送付ヲ受ケタル日ヨリ十四日以内ニ之ヲ決定スヘシ

第一項ノ決定ヲ受ケタル者其ノ決定ニ不服アルトキハ府縣參事會ニ訴願シ其ノ裁決又ハ第四項ノ裁決ニ不服アルトキハ行政裁判所ニ出訴スルコトヲ得

第一項ノ決定及前項ノ裁決ニ付テハ町村長ヨリモ訴願又ハ訴訟ヲ提起スルコトヲ得

前二項ノ裁決ニ付テハ府縣知事ヨリモ訴訟ヲ提起スルコトヲ得

第三十三條第九項ノ規定ハ第一項及前三項ノ場合ニ之ヲ準用ス

第一項ノ決定ハ文書ヲ以テ之ヲ爲シ其ノ理由ヲ附シ之ヲ本人ニ交付スヘシ

第三十六條　第十八條ノ三及第三十三條ノ場合ニ於テ府縣參事會ノ決定及裁決ハ府縣知事、町村會ノ決定ハ町村長直ニ之ヲ告示スヘシ

第三十六條ノ二　町村會議員ノ選擧ニ付テハ衆議院議員選擧法第九十一條、第九十二條、第九十八條、第九十九條第二項、第百條及第百四十二條ノ規定ヲ準用ス

第三十七條　本法又ハ本法ニ基キテ發スル勅令ニ依リ設置スル議會ノ議員ノ選擧ニ付テハ衆議院議員選擧ニ關スル罰則ヲ準用ス

第三十八條　特別ノ事情アル町村ニ於テハ府縣知事ハ其ノ町村ヲシテ町村會ヲ設ケス選擧權ヲ有スル町村公民ノ總會ヲ以テ之ニ充テシムルコトヲ得

町村總會ニ關シテハ町村會ニ關スル規定ヲ準用ス

第二款　職務權限

第三十九條　町村會ハ町村ニ關スル事件及法律勅令ニ依リ其ノ權限ニ屬スル事件ヲ議決ス

第四十條　町村會ノ議決スヘキ事件ノ概目左ノ如シ

一　町村條例及町村規則ヲ設ケ又ハ改廢スル事

二　町村費ヲ以テ支辨スヘキ事業ニ關スル事但シ第七十七條ノ事務及法律勅令ニ規定アルモノハ此ノ限ニ在ラス

三　歲入出豫算ヲ定ムル事

四　決算報告ヲ認定スル事

五　法令ニ定ムルモノヲ除クノ外使用料、手數料、加入金、町村稅又ハ夫役現品ノ賦課徵收ニ關スル事

六　不動產ノ管理處分及取得ニ關スル事

七　基本財產及積立金穀等ノ設置管理及處分ニ關スル事

八　歳入出豫算ヲ以テ定ムルモノヲ除クノ外新ニ義務ノ負擔ヲ爲シ及權利ノ拋棄ヲ爲ス事
九　財産及營造物ノ管理方法ヲ定ムル事但シ法律勅令ニ規定アルモノハ此ノ限ニ在ラス
十　町村吏員ノ身元保證ニ關スル事
十一　町村ニ係ル訴願訴訟及和解ニ關スル事

第四十一條　町村會ハ法律勅令ニ依リ其ノ權限ニ屬スル選擧ヲ行フヘシ

第四十二條　町村會ハ町村ノ事務ニ關スル書類及計算書ヲ檢閲シ町村長ノ報告ヲ請求シテ事務ノ管理、議決ノ執行及出納ヲ檢査スルコトヲ得

町村會ハ議員中ヨリ委員ヲ選擧シ町村長又ハ其ノ指名シタル吏員立會ノ上實地ニ就キ前項町村會ノ權限ニ屬スル事件ヲ行ハシムルコトヲ得

第四十三條　町村會ハ町村ノ公益ニ關スル事件ニ付意見書ヲ關係行政廳ニ提出スルコトヲ得

第四十四條　町村會ハ行政廳ノ諮問アルトキハ意見ヲ答申スヘシ

町村會ノ意見ヲ徴シテ處分ヲ爲スヘキ場合ニ於テ町村會成立セス、招集ニ應セス若ハ意見ヲ提出セス又ハ町村會ヲ招集スルコト能ハサルトキハ當該行政廳ハ其ノ意見ヲ俟タスシテ直ニ處分ヲ爲スコトヲ得

第四十五條　町村會ハ町村長ヲ以テ議長トス町村長故障アルトキハ其ノ代理者議長ノ職務ヲ代理ス町村長及其ノ代理者共ニ故障アルトキハ臨時ニ議員中ヨリ假議長ヲ選擧スヘシ

前項假議長ノ選擧ニ付テハ年長ノ議員議長ノ職務ヲ代理ス年齡同シキトキハ抽籤ヲ以テ之ヲ定ム

特別ノ事情アル町村ニ於テハ第一項ノ規定ニ拘ラス町村條例ヲ以テ町村會ノ選擧ニ依ル議長及其ノ代理者一人ヲ置クコトヲ得此ノ場合ニ於テハ市制第四十八條及第四十九條ノ規定ヲ準用ス

第四十六條　町村長及其ノ委任又ハ囑託ヲ受ケタル者ハ會議ニ列席シテ議事ニ參與スルコトヲ得　但シ議決ニ加

ハルコトヲ得ス

前項ノ列席者發言ヲ求ムルトキハ議長ハ直ニ之ヲ許スヘシ但シ之カ爲議員ノ演說ヲ中止セシムルコトヲ得ス

第四十七條　町村會ハ町村長之ヲ招集ス議員定數ノ三分ノ一以上ヨリ會議ニ付スヘキ事件ヲ示シテ町村會招集ノ請求アルトキハ町村長ハ之ヲ招集スヘシ

町村長ハ會期ヲ定メテ町村會ヲ招集スルコトヲ得此ノ場合ニ於テ必要アリト認ムルトキハ町村長ハ更ニ期限ヲ定メ町村會ノ會期ヲ延長スルコトヲ得

招集及會議ノ事件ハ開會ノ日前三日目迄ニ之ヲ告知スヘシ但シ急施ヲ要スル場合ハ此ノ限ニ在ラス

町村會開會中急施ヲ要スル事件アルトキハ町村長ハ直ニ之ヲ其ノ會議ニ付スルコトヲ得會議ニ付スル日前三日目迄ニ告知ヲ爲シタル事件ニ付亦同シ　町村會ハ町村長之ヲ開閉ス

第四十八條　町村會ハ議員定數ノ半數以上出席スルニ非サレハ會議ヲ開クコトヲ得ス但シ第五十條ノ除斥ノ爲半數ニ滿タサルトキ、同一ノ事件ニ付招集再回ニ至ルモ仍半數ニ滿タサルトキ又ハ招集ニ應スルモ出席議員定數ヲ缺キ議長ニ於テ出席ヲ催告シ仍半數ニ滿タサルトキハ此ノ限ニ在ラス

第四十九條　町村會ノ議事ハ過半數ヲ以テ決ス可否同數ナルトキハ議長ノ決スル所ニ依ル

議長ハ其ノ職務ヲ行フ場合ニ於テモ之カ爲議員トシテ議決ニ加ハルノ權ヲ失ハス

第五十條　議長及議員ハ自己又ハ父母、祖父母、妻、子孫、兄弟姉妹ノ一身上ニ關スル事件ニ付テハ其ノ議事ニ參與スルコトヲ得ス但シ町村會ノ同意ヲ得タルトキハ會議ニ出席シ發言スルコトヲ得

第五十一條　法律勅令ニ依リ町村會ニ於テ行フ選擧ニ付テハ第二十二條第三十五條及第二十七條ノ規定ヲ準用ス

其ノ投票ノ效力ニ關シ異議アルトキハ町村會之ヲ決定ス

町村會ハ議員中異議ナキトキハ前項ノ選擧ニ付指名推選ノ法ヲ用フルコトヲ得

指名推選ノ法ヲ用フル場合ニ於テハ被指名者ヲ以テ當選者ト定ムヘキヤ否ヲ會議ニ付シ議員全員ノ同意ヲ得タル者ヲ以テ當選者トス

一ノ選擧ヲ以テ二人以上ヲ選擧スル場合ニ於テハ被指名者ヲ區分シテ前項ノ規定ヲ適用スルコトヲ得

第五十二條　町村會ノ會議ハ公開ス但シ左ノ場合ハ此ノ限ニ在ラス

一　議長ノ意見ヲ以テ傍聽ヲ禁止シタルトキ

二　議員二人以上ノ發議ニ依リ傍聽禁止ヲ可決シタルトキ

前項議員ノ發議ハ討論ヲ須キス其ノ可否ヲ決スヘシ

第四十五條第三項ノ町村ニ於ケル町村會ノ會議ニ付テハ前二項ノ規定ニ拘ラス市制第五十六條ノ規定ヲ準用ス

第五十三條　議長ハ會議ヲ總理シ會議ノ順序ヲ定メ其ノ日ノ會議ヲ開閉シ議場ノ秩序ヲ保持ス

議員定數ノ半數以上ヨリ請求アルトキハ議長ハ其ノ日ノ會議ヲ開クコトヲ要ス此ノ場合ニ於テ議長仍會議ヲ開カサルトキハ第四十五條ノ例ニ依ル

前項議員ノ請求ニ依リ會議ヲ開キタルトキ又ハ議員中異議アルトキハ議長ハ會議ノ議決ニ依ルニ非サレハ其ノ日ノ會議ヲ閉チ又ハ中止スルコトヲ得ス

第五十三條ノ二　町村會議員ハ町村會ノ議決スヘキ事件ニ付町村會ニ議案ヲ發スルコトヲ得但シ歳入出豫算ニ付テハ此ノ限ニ在ラス

前項ノ規定ニ依ル發案ハ議員三人以上ヨリ文書ヲ以テ之ヲ爲スコトヲ要ス

第五十四條　議員ハ選擧人ノ指示又ハ委囑ヲ受クヘカラス

議員ハ會議中無禮ノ語ヲ用キ又ハ他人ノ身上ニ渉リ言論スルコトヲ得ス

第五十五條　會議中本法又ハ會議規則ニ違ヒ其ノ他議場ノ秩序ヲ紊ス議員アルトキハ議長ハ之ヲ制止シ又ハ發言

ヲ取消サシメ命ニ從ハサルトキハ當日ノ會議ヲ終ル迄發言ヲ禁止シ又ハ議場外ニ退去セシメ必要アル場合ニ於テハ警察官吏ノ處分ヲ求ムルコトヲ得

議場騷擾ニシテ整理シ難キトキハ議長ハ當日ノ會議ヲ中止シ又ハ之ヲ閉ツルコトヲ得

第五十六條　傍聽人公然可否ヲ表シ又ハ喧騷ニ渉リ其ノ他會議ノ妨害ヲ爲ストキハ議長ハ之ヲ制止シ命ニ從ハサルトキハ之ヲ退場セシメ必要アル場合ニ於テハ警察官吏ノ處分ヲ求ムルコトヲ得

傍聽席騷擾ナルトキハ議長ハ總テノ傍聽人ヲ退場セシメ必要アル場合ニ於テハ警察官吏ノ處分ヲ求ムル事ヲ得

第五十七條　町村會ニ書記ヲ置キ議長ニ隷屬シテ庶務ヲ處理セシム

書記ハ議長之ヲ任免ス

第五十八條　議長ハ書記ヲシテ會議錄ヲ調製シ會議ノ顛末及出席議員ノ氏名ヲ記載セシムヘシ

會議錄ハ議長及議員二人以上之ニ署名スルコトヲ要ス其ノ議員ハ町村會ニ於テ之ヲ定ムヘシ

第四十五條第三項ノ町村ニ於ケル町村會ノ會議ニ付テハ市制第六十二條第三項ノ規定ヲ準用ス

第五十九條　町村會ハ會議規則及傍聽人取締規則ヲ設クヘシ

會議規則ニハ本法及會議規則ニ違反シタル議員ニ對シ町村會ノ議決ニ依リ五日以内出席ヲ停止スル規定ヲ設クルコトヲ得

第三章　町村吏員

第一款　組織選擧及任免

第六十條　町村ニ町村長及助役一人ヲ置ク但シ町村條例ヲ以テ助役ノ定數ヲ增加スルコトヲ得

第六十一條　町村長及助役ハ名譽職トス

町村ハ町村條例ヲ以テ町村長又ハ助役ヲ有給ト爲スコトヲ得

第六十二條　町村長及助役ノ任期ハ四年トス

第六十三條　町村長ハ町村會ニ於テ之ヲ選擧ス

町村長ノ在職中ニ於テ行フ後任町村長ノ選擧ハ現任町村長ノ任期滿了ノ日前二十日以内又ハ現任町村長ノ退職ノ申立アリタル場合ニ於テ其ノ退職スヘキ日前二十日以内ニ非サレハ之ヲ行フコトヲ得ス

第一項ノ選擧ニ於テ當選者定マリタルトキハ直ニ當選者ニ當選ノ旨ヲ告知スヘシ

町村長ニ當選シタル者當選ノ告知ヲ受ケタルトキハ其ノ告知ヲ受ケタル日ヨリ二十日以内ニ其ノ當選ニ應スルヤ否ヲ申立ツヘシ其ノ期間内ニ當選ニ應スル旨ノ申立ヲ爲サルトキハ當選ヲ辭シタルモノト看做ス

第二十九條第三項ノ規定ハ町村長ニ當選シタル者ニ之ヲ準用ス

助役ハ町村長ノ推薦ニ依リ町村會之ヲ定ム町村長職ニ在ラサルトキハ第一項ノ例ニ依ル

第二項乃至第五項ノ規定ハ助役ニ之ヲ準用ス

名譽職町村長及名譽職助役ハ其ノ町村公民中選擧權ヲ有スル者ニ限ル

有給町村長及有給助役ハ第七條第一項ノ規定ニ拘ラス在職ノ間其ノ町村ノ公民トス

第六十四條　有給町村長及有給助役ハ其ノ退職セムトスル日前三十日目迄ニ申立ツルニ非サレハ任期中退職スルコトヲ得ス但シ町村會ノ承認ヲ得タルトキハ此ノ限ニ在ラス

第六十五條　町村長及助役ハ第十五條第二項又ハ第四項ニ掲ケタル職ト兼ヌルコトヲ得ス又其ノ町村ニ對シ請負ヲ爲シ又ハ其ノ町村ニ於テ費用ヲ負擔スル事業ニ付町村長若ハ其ノ委任ヲ受ケタル者ニ對シ請負ヲ爲ス者及其ノ支配人又ハ主トシテ同一ノ行爲ヲ爲ス法人ノ無限責任社員、取締役監査役若ハ之ニ準スヘキ者、淸算人及支配人タルコトヲ得ス

第六十六條　有給町村長ハ府縣知事ノ許可ヲ受クルニ在サレハ他ノ報償アル義務ニ從事スルコトヲ得ス

有給町村長及有給助役ハ會社ノ取締役監査役若ハ之ニ準スヘキ者、淸算人又ハ支配人其ノ他ノ事務員タルコトヲ得ス

第六十七條　町村ニ收入役一人ヲ置ク但シ特別ノ事情アル町村ニ於テハ町村條例ヲ以テ副收入役一人ヲ置クコトヲ得

收入役及副收入役ハ有給吏員トシ其ノ任期ハ四年トス

第六十三條第二項乃至第六項及第九項第六十五條並前條第二項ノ規定ハ收入役及副收入役ニ之ヲ準用ス

町村長又ハ助役ト父子兄弟タル緣故アル者ハ收入役又ハ副收入役ノ職ニ在ルコトヲ得ス收入役ト父子兄弟タル緣故アル者ハ副收入役ノ職ニ在ルコトヲ得ス

特別ノ事情アル町村ニ於テハ府縣知事ノ許可ヲ得テ町村長又ハ助役ヲシテ收入役ノ事務ヲ兼掌セシムルコトヲ得

第六十八條　町村ハ處務便宜ノ爲區ヲ劃シ區長及其ノ代理者一人ヲ置クコトヲ得

區長及其ノ代理者ハ名譽職トス町村公民中選擧權ヲ有スル者ヨリ町村長ノ推薦ニ依リ町村會之ヲ定ム此ノ場合ニ於テハ第六十三條第二項乃至第五項ノ規定ヲ準用ス

第六十九條　町村ハ臨時又ハ常設ノ委員ヲ置クコトヲ得

委員ハ名譽職トス町村會議員又ハ町村公民中選擧權ヲ有スル者ヨリ町村長ノ推薦ニ依リ町村會之ヲ定ム但シ委員長ハ町村長又ハ其ノ委任ヲ受ケタル助役ヲ以テ之ニ充ツ

第六十三條第二項乃至第五項ノ規定ハ委員ニ之ヲ準用ス

委員ノ組織ニ關シテハ町村條例ヲ以テ別段ノ規定ヲ設クルコトヲ得

第七十條　町村公民ニ限リテ擔任スヘキ職務ニ在ル吏員又ハ職ニ就キタルカ爲町村公民タル者選擧權ヲ有セサル

ニ至リタルトキハ其ノ職ヲ失フ
前項ノ職務ニ在ル者ニシテ禁錮以上ノ刑ニ當ルヘキ罪ノ爲豫審又ハ公判ニ付セラレタルトキハ監督官廳ハ其ノ職務ノ執行ヲ停止スルコトヲ得此ノ場合ニ於テハ其ノ停止期間報酬又ハ給料ヲ支給スルコトヲ得ス
第七十一條　前數條ニ定ムル者ノ外町村ニ必要ノ有給吏員ヲ置キ町村長之ヲ任免ス
前項吏員ノ定數ハ町村會ノ議決ヲ經テ之ヲ定ム

第二款　職務權限

第七十二條　町村長ハ町村ヲ統轄シ町村ヲ代表ス
町村長ノ擔任スル事務ノ概目左ノ如シ
一　町村會ノ議決ヲ經ヘキ事件ニ付其ノ議案ヲ發シ及其ノ議決ヲ執行スル事
二　財産及營造物ヲ管理スル事但シ特ニ之カ管理者ヲ置キタルトキハ其ノ事務ヲ監督スル事
三　收入支出ヲ命令シ及會計ヲ監督スル事
四　證書及公文書類ヲ保管スル事
五　法令又ハ町村會ノ議決ニ依リ使用料、手數料、加入金、町村税又ハ夫役現品ヲ賦課徴收スル事
六　其ノ他法令ニ依リ町村長ノ職權ニ屬スル事項
第七十三條　町村長ハ町村吏員ヲ指揮監督シ之ニ對シ懲戒ヲ行フコトヲ得其ノ懲戒處分ハ譴責及五圓以下ノ過怠金トス
第七十四條　町村會ノ議決又ハ選擧其ノ權限ヲ超エ又ハ法令若ハ會議規則ニ背クト認ムルトキハ町村長ハ其ノ意見ニ依リ又ハ監督官廳ノ指揮ニ依リ理由ヲ示シテ之ヲ再議ニ付シ又ハ再選擧ヲ行ハシムヘシ但シ特別ノ事由ア

町村長ハ收入役ノ事務ノ一部ヲ副收入役ニ分掌セシムルコトヲ得但シ町村ノ出納其ノ他ノ會計事務ニ付テハ豫メ町村會ノ同意ヲ得ルコトヲ要ス

第八十一條　區長ハ町村長ノ命ヲ承ケ町村長ノ事務ニシテ區內ニ關スルモノヲ補助ス

區長代理者ハ區長ノ事務ヲ補助シ區長故障アルトキ之ヲ代理ス

第八十二條　委員ハ町村長ノ指揮監督ヲ承ケ財產又ハ營造物ヲ管理シ其ノ他委託ヲ受ケタル町村ノ事務ヲ調查シ又ハ之ヲ處辨ス

第八十三條　第七十一條ノ吏員ハ町村長ノ命ヲ受ケ事務ニ從事ス

第四章　給料及給與

第八十四條　名譽職町村長、名譽職助役、町村會議員其ノ他ノ名譽職員ハ職務ノ爲要スル費用ノ辨償ヲ受クルコトヲ得

名譽職町村長、名譽職助役、區長、區長代理者及委員ニハ費用辨償ノ外勤務ニ相當スル報酬ヲ給スルコトヲ得

費用辨償額、報酬額及其ノ支給方法ハ町村條例ヲ以テ之ヲ規定スヘシ

第八十五條　有給町村長、有給助役其ノ他ノ有給吏員ノ給料額、旅費額及其ノ支給方法ハ町村條例ヲ以テ之ヲ規定スヘシ

第八十六條　有給吏員ニハ町村條例ノ定ムル所ニ依リ退隱料、退職給與金、死亡給與金又ハ遺族扶助料ヲ給スルコトヲ得

第八十七條　費用辨償、報酬、給料、旅費、退隱料、退職給與金、死亡給與金又ハ遺族扶助料ノ給與ニ付關係者ニ於テ異議アルトキハ之ヲ町村長ニ申立ツルコトヲ得

前項ノ異議ノ申立アリタルトキハ町村長ハ七日以内ニ之ヲ町村會ノ決定ニ付スヘシ關係者其ノ決定ニ不服アルトキハ府縣參事會ニ訴願シ其ノ裁決又ハ第三項ノ裁決ニ不服アルトキハ行政裁判所ニ出訴スルコトヲ得
前項ノ決定及裁決ニ付テハ町村長ヨリモ訴願又ハ訴訟ヲ提起スルコトヲ得
前二項ノ裁決ニ付テハ府縣知事ヨリモ訴訟ヲ提起スルコトヲ得
第八十八條　費用辨償、報酬、給料、旅費、退隱料、退職給與金、死亡給與金、遺族扶助料其ノ他ノ給與ハ町村ノ負擔トス

第五章　町村ノ財務

第一款　財産營造物及町村稅

第八十九條　收益ノ爲ニスル町村ノ財產ハ基本財產トシテ之ヲ維持スヘシ
町村ハ特定ノ目的ノ爲特別ノ基本財產ヲ設ケ又ハ金穀等ヲ積立ツルコトヲ得
第九十條　舊來ノ慣行ニ依リ町村住民中特ニ財產又ハ營造物ヲ使用スル權利ヲ有スル者アルトキハ其ノ舊慣ニ依ル舊慣ヲ變更又ハ廢止セトムスルトキハ町村會ヲ議決ヲ經ヘシ
前項ノ財產又ハ營造物ヲ新ニ使用セムトスル者アルトキハ町村ハ之ヲ許可スルコトヲ得
第九十一條　町村ハ前條ニ規定スル財產ノ使用方法ニ關シ町村規則ヲ設クルコトヲ得
第九十二條　町村ハ第九十條第一項ノ使用者ヨリ使用料ヲ徵收シ同條第二項ノ使用ニ關シテハ使用料若ハ一時ノ加入金ヲ徵收シ又ハ使用料及加入金ヲ共ニ徵收スルコトヲ得
第九十三條　町村ハ營造物ノ使用ニ付使用料ヲ徵收スルコトヲ得
町村ハ特ニ一個人ノ爲ニスル事務ニ付手數料ヲ徵收スルコトヲ得

第九十四條　財産ノ賣却貸與、工事ノ請負及物件勞力其ノ他ノ供給ハ競爭入札ニ付スヘシ但シ臨時急施ヲ要スルトキ、入札ノ價額其ノ費用ニ比シテ得失相償ハサルトキ又ハ町村會ノ同意ヲ得タルトキハ此ノ限ニ在ラス

第九十五條　町村ハ其ノ公益上必要アル場合ニ於テハ寄附又ハ補助ヲ爲スコトヲ得

第九十六條　町村ハ其ノ必要ナル費用及從來法令ニ依リ又ハ將來法律勅令ニ依リ町村ノ負擔ニ屬スル費用ヲ支辨スル義務ヲ負フ

町村ハ其ノ財産ヨリ生スル收入、使用料、手數料、過料、過怠金其ノ他法令ニ依リ町村ニ屬スル收入ヲ以テ前項ノ支出ニ充テ仍不足アルトキハ町村税及夫役現品ヲ賦課徴收スルコトヲ得

第九十七條　町村税トシテ賦課スルコトヲ得ヘキモノ左ノ如シ

一　直接國税及府縣税ノ附加税

二　特別税

直接國税又ハ府縣税ノ附加税ハ均一ノ税率ヲ以テ之ヲ徴收スヘシ但シ第百四十七條ノ規定ニ依リ許可ヲ受ケタル場合ハ此ノ限ニ在ラス

國税ノ附加税タル府縣税ニ對シテハ附加税ヲ賦課スルコトヲ得ス

特別税ハ別ニ税目ヲ起シテ課税スルノ必要アルトキ賦課徴收スルモノトス

第九十八條　三月以上町村内ニ滯在スル者ハ其ノ滯在ノ初ニ遡リ町村税ヲ納ムル義務ヲ負フ

第九十九條　町村内ニ住所ヲ有セス又ハ三月以上滯在スルコトナシト雖町村内ニ於テ土地家屋物件ヲ所有シ使用シ若ハ占有シ、町村内ニ營業所ヲ設ケテ營業ヲ爲シ又ハ町村内ニ於テ特定ノ行爲ヲ爲ス者ハ其ノ土地家屋物件營業若ハ其ノ收入ニ對シ又ハ其ノ行爲ニ對シテ賦課スル町村税ヲ納ムル義務ヲ負フ

第九十九條ノ二　合併後存續スル法人又ハ合併ニ因リ設立シタル法人ハ合併ニ因リ消滅シタル法人ニ對シ其ノ合

併前ノ事實ニ付賦課セラルヘキ町村稅ヲ納ムル義務ヲ負フ
相續人又ハ相續財團ハ勅令ノ定ムル所ニ依リ被相續人ニ對シ其ノ相續開始前ノ事實ニ附賦課セラルヘキ町村稅ヲ納ムル義務ヲ負フ

第百條　納稅者ノ町村外ニ於テ所有シ使用シ占有スル土地家屋物件若ハ其ノ收入又ハ町村外ニ於テ營業所ヲ設ケタル營業若ハ其ノ收入ニ對シテハ町村稅ヲ賦課スルコトヲ得ス
町村ノ內外ニ於テ營業所ヲ設ケ營業ヲ爲ス者ニシテ其ノ營業又ハ收入ニ對スル本稅ヲ分別シテ納メサルモノニ對シ附加稅ヲ賦課スル場合及住所滯在町村ノ內外ニ涉ル者ノ收入ニシテ土地家屋物件又ハ營業所ヲ設ケタル營業ヨリ生スル收入ニ非サルモノニ對シ町村稅ヲ賦課スル場合ニ付テハ勅令ヲ以テ之ヲ定ム

第百一條　所得稅法第十八條ニ揭クル所得ニ對シテハ町村稅ヲ賦課スルコトヲ得ス
神社寺院祠宇佛堂ノ用ニ供スル建物及其ノ境內地並敎會所說敎所ノ用ニ供スル建物及其ノ構內地ニ對シテハ町村稅ヲ賦課スルコトヲ得ス但シ有料ニテ之ヲ使用セシムル者及住宅ヲ以テ敎會所說敎所ノ用ニ充ツル者ニ對シテハ此ノ限ニ在ラス
國府縣市町村其ノ他公共團體ニ於テ公用ニ供スル家屋物件及營造物ニ對シテハ町村稅ヲ賦課スルコトヲ得ス但シ有料ニテ之ヲ使用セシムル者及使用收益者ニ對シテハ此ノ限ニ在ラス
國ノ事業又ハ行爲及國有ノ土地家屋物件ニ對シテハ國ニ町村稅ヲ賦課スルコトヲ得ス
前四項ノ外町村稅ヲ賦課スルコトヲ得サルモノハ別ニ法律勅令ノ定ムル所ニ依ル

第百一條ノ二　町村ハ公益上其ノ他ノ事由ニ因リ課稅ヲ不適當トスル場合ニ於テハ命令ノ定ムル所ニ依リ町村稅ヲ課セサルコトヲ得

第百二條　數人ヲ利スル營造物ノ設置維持其ノ他ノ必要ナル費用ハ其ノ關係者ニ負擔セシムルコトヲ得

町村ノ一部ヲ利スル營造物ノ設置維持其ノ他ノ必要ナル費用ハ其ノ部內ニ於テ町村稅ヲ納ムル義務アル者ニ負擔セシムルコトヲ得
前二項ノ場合ニ於テ營造物ヨリ生スル收入アルトキハ先ツ其ノ收入ヲ以テ其ノ費用ニ充ツヘシ前項ノ場合ニ於テ其ノ一部ノ收入アルトキ亦同シ
數人又ハ町村ノ一部ヲ利スル財產ニ付テハ前三項ノ例ニ依ル
第百三條　町村稅及其ノ賦課徵收ニ關シテハ本法其ノ他ノ法律ニ規定アルモノノ外勅令ヲ以テ之ヲ定ムル事ヲ得
第百四條　數人又ハ町村ノ一部ニ對シ特ニ利益アル事件ニ關シテハ町村ハ不均一ノ賦課ヲ爲シ又ハ數人若ハ町村ノ一部ニ對シ賦課ヲ爲スコトヲ得
第百五條　夫役又ハ現品ハ直接町村稅ヲ準率ト爲シ直接町村稅ヲ賦課セサル町村ニ於テハ直接國稅ヲ準率ト爲シ且之ヲ金額ニ算出シテ賦課スヘシ但シ第百四十七條ノ規定ニ依リ許可ヲ受ケタル場合ハ此ノ限ニ在ラス
學藝美術及手工ニ關スル勞務ニ付テハ夫役ヲ賦課スルコトヲ得ス
夫役ヲ賦課セラレタル者ハ本人自ラ之ニ當リ又ハ適當ノ代人ヲ出スコトヲ得
夫役又ハ現品ハ金錢ヲ以テ之ニ代フルコトヲ得
第一項及前項ノ規定ハ急迫ノ場合ニ賦課スル夫役ニ付テハ之ヲ適用セス
第百六條　非常災害ノ爲必要アルトキハ町村ハ他人ノ土地ヲ一時使用シ又ハ其ノ土石竹木其ノ他ノ物品ヲ使用シ若ハ收用スルコトヲ得但シ其ノ損失ヲ補償スヘシ
前項ノ場合ニ於テ危險防止ノ爲必要アルトキハ町村長、警察官吏又ハ監督官廳ハ町村內ノ居住者ヲシテ防禦ニ從事セシムルコトヲ得
第一項但書ノ規定ニ依リ補償スヘキ金額ハ協議ニ依リ之ヲ定ム協議調ハサルトキハ鑑定人ノ意見ヲ徵シ府縣知

事之ヲ決定ス決定ヲ受ケタル者其ノ決定ニ不服アルトキハ内務大臣ニ訴願スルコトヲ得
前項ノ決定ハ文書ヲ以テ之ヲ爲シ其ノ理由ヲ附シ之ヲ本人ニ交付スヘシ
第一項ノ規定ニ依リ土地ノ一時使用ノ處分ヲ受ケタル者其ノ處分ニ不服アルトキハ府縣知事ニ訴願シ其ノ裁決ニ不服アルトキハ内務大臣ニ訴願スルコトヲ得
第百七條　町村税ノ賦課ニ關シ必要アル場合ニ於テハ當該吏員ハ日出ヨリ日沒迄ノ間營業者ニ關シテハ仍其ノ營業時間内家宅若ハ營業所ニ臨檢シ又ハ帳簿物件ノ檢査ヲ爲スコトヲ得
前項ノ場合ニ於テハ當該吏員ハ其ノ身分ヲ證明スヘキ證票ヲ携帶スヘシ
第百八條　町村長ハ納税者中特別ノ事情アル者ニ對シ納税延期ヲ許スコトヲ得其ノ年度ヲ越ユル場合ハ町村會ノ議決ヲ經ヘシ
町村ハ特別ノ事情アル者ニ限リ町村税ヲ減免スルコトヲ得
第百九條　使用料手數料及特別税ニ關スル事項ニ付テハ町村條例ヲ以テ之ヲ規定スヘシ
詐僞其ノ他ノ不正ノ行爲ニ依リ使用料ノ徵收ヲ免レ又ハ町村税ヲ逋脫シタル者ニ付テハ町村條例ヲ以テ其ノ徵收ヲ免レ又ハ逋脫シタル金額ノ三倍ニ相當スル金額(其ノ金額五圓未滿ナルトキハ五圓)以下ノ過料ヲ科スル規定ヲ設クルコトヲ得
前項ニ定ムルモノヲ除クノ外使用料、手數料及町村税ノ賦課徵收ニ關シテハ町村條例ヲ以テ五圓以下ノ過料ヲ科スル規定ヲ設クルコトヲ得財產又ハ營造物ノ使用ニ關シ亦同シ
過料ノ處分ヲ受ケタル者其ノ處分ニ不服アルトキハ府縣參事會ニ訴願シ其ノ裁決ニ不服アルトキハ行政裁判所ニ出訴スルコトヲ得
前項ノ裁決ニ付テハ府縣知事又ハ町村長ヨリモ訴願ヲ提起スルコトヲ得

第百十條　町村稅ノ賦課ヲ受ケタル者其ノ賦課ニ付違法又ハ錯誤アリト認ムルトキハ徵稅令書ノ交付ヲ受ケタル日ヨリ三月以內ニ町村長ニ異議ノ申立ヲ爲スコトヲ得
財產又ハ營造物ヲ使用スル權利ニ關シ異議アル者ハ之ヲ町村長ニ申立ツルコトヲ得
前二項ノ異議ノ申立アリタルトキハ町村長ハ七日以內ニ之ヲ町村會ノ決定ニ付スヘシ決定ヲ受ケタル者其ノ決定ニ不服アルトキハ府縣參事會ニ訴願シ其ノ裁決又ハ第五項ノ裁決ニ不服アルトキハ行政裁判所ニ出訴スルコトヲ得
第一項及前項ノ規定ハ使用料手數料及加入金ノ徵收並夫役現品ノ賦課ニ關シ之ヲ準用ス
前二項ノ規定ニ依ル決定及裁決ニ付テハ町村長ヨリモ訴願又ハ訴訟ヲ提起スルコトヲ得
前三項ノ規定ニ依ル裁決ニ付テハ府縣知事ヨリモ訴訟ヲ提起スルコトヲ得
第百十一條　町村稅、使用料、手數料、加入金、過料、過怠金其ノ他ノ町村ノ收入ヲ定期內ニ納メサル者アルトキハ町村長ハ期限ヲ指定シテ之ヲ督促スヘシ
夫役現品ノ賦課ヲ受ケタル者定期內ニ其ノ履行ヲ爲サス又ハ夫役現品ニ代フル金錢ヲ納メサルトキハ町村長ハ期限ヲ指定シテ之ヲ督促スヘシ急迫ノ場合ニ賦課シタル夫役ニ付テハ更ニ之ヲ金額ニ算出シ期限ヲ指定シテ其ノ納付ヲ命スヘシ
前二項ノ場合ニ於テハ町村條例ノ定ムル所ニ依リ手數料ヲ徵收スルコトヲ得
滯納者第一項又ハ第二項ノ督促又ハ命令ヲ受ケ其ノ指定ノ期限內ニ之ヲ完納セサルトキハ國稅滯納處分ノ例ニ依リ之ヲ處分スヘシ
第一項乃至第三項ノ徵收金ハ府縣ノ徵收金ニ次テ先取特權ヲ有シ其ノ追徵還付及時效ニ付テハ國稅ノ例ニ依ル
前項ノ處分ニ不服アル者ハ府縣參事會ニ訴願シ其ノ裁決ニ不服アルトキハ行政裁判所ニ出訴スルコトヲ得

前項ノ裁決ニ付テハ府縣知事又ハ町村長ヨリモ訴訟ヲ提起スルコトヲ得
第四項ノ處分中差押物件ノ公賣ハ處分ノ確定ニ至ル迄執行ヲ停止ス
第百十二條　町村ハ其ノ負債ヲ償還スル爲、町村ノ永久ノ利益ト爲ルヘキ支出ヲ爲ス爲又ハ天災事變等ノ爲必要アル場合ニ限リ町村債ヲ起スコトヲ得
町村債ヲ起スニ付町村會ノ議決ヲ經ルトキハ併セテ起債ノ方法、利息ノ定率及償還ノ方法ニ付議決ヲ經ヘシ
町村ハ豫算内ノ支出ヲ爲ス爲一時ノ借入金ヲ爲スコトヲ得
前項ノ借入金ハ其ノ會計年度内ノ收入ヲ以テ償還スヘシ

第二款　歳入出豫算及決算

第十三條　町村長ハ毎會計年度歳入出豫算ヲ調製シ遲クトモ年度開始ノ一月前ニ町村會ノ議決ヲ經ヘシ
町村ノ會計年度ハ政府ノ會計年度ニ依ル
豫算ヲ町村會ニ提出スルトキハ町村長ハ併セテ事務報告書及財產表ヲ提出スヘシ
第百十四條　町村長ハ町村會ノ議決ヲ經テ既定豫算ノ追加又ハ更正ヲ爲スコトヲ得
第百十五條　町村費ヲ以テ支辨スル事件ニシテ數年ヲ期シテ其ノ費用ヲ支出スヘキモノハ町村會ノ議決ヲ經テ其ノ年期間各年度ノ支出額ヲ定メ繼續費ト爲スコトヲ得
第百十六條　町村ハ豫算外ノ支出又ハ豫算超過ノ支出ニ充ツル爲豫備費ヲ設クヘシ
特別會計ニハ豫備費ヲ設ケサルコトヲ得
豫備費ハ町村會ノ否決シタル費途ニ充ツルコトヲ得ス
第百十七條　豫算ハ議決ヲ經タル後直ニ之ヲ府縣知事ニ報告シ且其ノ要領ヲ告示スヘシ

第百十八條　町村ハ特別會計ヲ設クルコトヲ得

第百十九條　町村會ニ於テ豫算ヲ議決シタルトキハ町村長ヨリ其ノ謄本ヲ收入役ニ交付スヘシ

收入役ハ町村長又ハ監督官廳ノ命令アルニ非サレハ支拂ヲ爲スコトヲ得ス命令ヲ受クルモ支出ノ豫算ナク且豫備費支出、費目流用其ノ他財務ニ關スル規定ニ依リ支出ヲ爲スコトヲ得サルトキ亦同シ

前二項ノ規定ハ收入役ノ事務ヲ兼掌シタル町村長又ハ助役ニ之ヲ準用ス

第百二十條　町村ノ支拂金ニ關スル時效ニ付テハ政府ノ支拂金ノ例ニ依ル

第百二十一條　町村ノ出納ハ毎月例日ヲ定メテ之ヲ檢査シ且毎會計年度少クトモ二回臨時檢査ヲ爲スヘシ

檢査ハ町村長之ヲ爲シ臨時檢査ニハ町村會ニ於テ選擧シタル議員二人以上ノ立會ヲ要ス

第百二十二條　町村ノ出納ハ翌年度五月三十一日ヲ以テ閉鎖ス

決算ハ出納閉鎖後一月以内ニ證書類ヲ併セテ收入役ヨリ之ヲ町村長ニ提出スヘシ町村長ハ之ヲ審査シ意見ヲ付シテ次ノ通常豫算ヲ議スル會議迄ニ之ヲ町村會ノ認定ニ付スヘシ

第六十七條第五項ノ場合ニ於テハ前項ノ例ニ依ル但シ町村長ニ於テ兼掌シタルトキハ直ニ町村會ノ認定ニ付スヘシ

決算ハ其ノ認定ニ關スル町村會ノ議決ト共ニ之ヲ府縣知事ニ報告シ且其ノ要領ヲ告示スヘシ

決算ノ認定ニ關スル會議ニ於テハ町村長及助役共ニ議長ノ職務ヲ行フコトヲ得ス

第百二十三條　豫算調製ノ式、費目流用其ノ他財務ニ關シ必要ナル規定ハ内務大臣之ヲ定ム

第六章　町村ノ一部ノ事務

第百二十四條　町村ノ一部ニシテ財産ヲ有シ又ハ營造物ヲ設ケタルモノアルトキハ其ノ財産又ハ營造物ノ管理及

處分ニ付テハ本法中町村ノ財產又ハ營造物ニ關スル規定ニ依ル但シ法律勅令中別段ノ規定アル場合ハ此ノ限ニ在ラス

前項ノ財產又ハ營造物ニ關シ特ニ要スル費用ハ其ノ財產又ハ營造物ノ屬スル町村ノ一部ノ負擔トス

前二項ノ場合ニ於テハ町村ノ一部ハ其ノ會計ヲ分別スヘシ

第百二十五條　前條ノ財產又ハ營造物ニ關シ必要アリト認ムルトキハ府縣知事ハ町村會ノ意見ヲ徵シテ町村條例ヲ設定シ區會又ハ區總會ヲ設ケテ町村會ノ議決スヘキ事項ヲ議決セシムルコトヲ得

第百二十六條　區會議員ハ町村ノ名譽職トス其ノ定數、任期、選擧權及被選擧權ニ關スル事項ハ前條ノ町村條例中ニ之ヲ規定スヘシ區總會ノ組織ニ關スル事項ニ付亦同シ

區會議員ノ選擧ニ付テハ町村會議員ニ關スル規定ヲ準用ス但シ選擧若ハ當選ノ效力ニ關スル異議ノ決定及被選擧權ノ有無ノ決定ハ町村會ニ於テ之ヲ爲ス

區會又ハ區總會ニ關シテハ町村會ニ關スル規定ヲ準用ス

第百二十七條　第百二十四條ノ場合ニ於テ町村ノ一部府縣知事ノ處分ニ不服アルトキハ內務大臣ニ訴願スルコトヲ得

第百二十八條　第百二十四條ノ町村ノ一部ノ事務ニ關シテハ本法ニ規定スルモノノ外勅令ヲ以テ之ヲ定ム

第七章　町村組合

第百二十九條　町村ハ其ノ事務ノ一部ヲ共同處理スル爲其ノ協議ニ依リ府縣知事ノ許可ヲ得テ町村組合ヲ設クルコトヲ得此ノ場合ニ於テ組合內各町村ノ町村會又ハ町村吏員ノ職務ニ屬スル事項ナキニ至リタルトキハ其ノ町村會又ハ町村吏員ハ組合成立ト同時ニ消滅ス

町村ハ特別ノ必要アル場合ニ於テハ其ノ協議ニ依リ府縣知事ノ許可ヲ得テ其ノ事務ノ全部ヲ共同處理スル町爲村組合ヲ設クルコトヲ得此ノ場合ニ於テハ組合內各町村ノ町村會及町村吏員ハ組合成立ト同時ニ消滅ス

公益上必要アル場合ニ於テハ府縣知事ハ關係アル町村會ノ意見ヲ徵シ府縣參事會ノ議決ヲ經テ前二項ノ町村組合ヲ設クルコトヲ得

町村組合ハ法人トス

第百三十條　前條第一項ノ町村組合ニシテ其ノ組合町村ノ數ヲ增減シ又ハ共同事務ノ變更ヲ爲サムトスルトキハ關係町村ノ協議ニ依リ府縣知事ノ許可ヲ受クヘシ

前條第二項ノ町村組合ニシテ其ノ組合町村ノ數ヲ減少セムトスルトキハ組合會ノ議決ニ依リ其ノ組合町村ノ數ヲ增加セムトスルトキハ其ノ町村組合ト新ニ加ハラムトスル町村トノ協議ニ依リ府縣知事ノ許可ヲ受クヘシ

公益上必要アル場合ニ於テハ府縣知事ハ關係アル町村會又ハ組合會ノ意見ヲ徵シ府縣參事會ノ議決ヲ經テ組合町村ノ數ヲ增減シ又ハ一部事務ノ爲設クル組合ノ共同事務ノ變更ヲ爲スコトヲ得

第百三十一條　町村組合ヲ設クルトキハ關係町村ノ協議ニ依リ組合規約ヲ定メ府縣知事ノ許可ヲ受クヘシ

組合規約ヲ變更セムトスルトキハ一部事務ノ爲ニ設クル組合ニ在リテハ關係町村ノ協議ニ依リ全部事務ノ爲ニ設クル組合ニ在リテハ組合會ノ議決ヲ經府縣知事ノ許可ヲ受クヘシ

公益上必要アル場合ニ於テハ府縣知事ハ關係アル町村會又ハ組合會ノ意見ヲ徵シ府縣參事會ノ議決ヲ經テ組合規約ヲ定メ又ハ變更スルコトヲ得

第百三十二條　組合規約ニハ組合ノ名稱、組合ヲ組織スル町村、組合ノ共同事務及組合役場ノ位置ヲ定ムヘシ

一部事務ノ爲ニ設クル組合ノ組合規約ニハ前項ノ外組合會ノ組織及組合會議員ノ選擧、組合吏員ノ組織及選任並組合費用ノ支辨方法ニ付規定ヲ設クヘシ

第百三十三條　町村組合ヲ解カムトスルトキハ一部事務ノ爲ニ設クル組合ニ於テハ關係町村ノ協議ニ依リ全部事務ノ爲ニ設クル組合ニ於テハ組合會ノ議決ニ依リ府縣知事ノ許可ヲ受クヘシ

公益上必要アル場合ニ於テハ府縣知事ハ關係アル町村會又ハ組合會ノ意見ヲ徴シ府縣參事會ノ議決ヲ經テ町村組合ヲ解クコトヲ得

第百三十四條　第百三十條第一項第二項及前條第一項ノ場合ニ於テ財産ノ處分ニ關スル事項ハ關係町村ノ協議、關係町村ト組合トノ協議又ハ組合會ノ議決ニ依リ之ヲ定ム

第百三十條第三項及前條第二項ノ場合ニ於テ財産ノ處分ニ關スル事項ハ關係アル町村會又ハ組合會ノ意見ヲ徴シ府縣參事會ノ議決ヲ經テ府縣知事之ヲ定ム

第百三十五條　第百二十九條第一項及第二項第百三十條第一項及第二項第百三十一條第一項及第二項第百三十三條第一項並前條第二項ノ規定ニ依ル府縣知事ノ處分ニ不服アル町村又ハ町村組合ハ内務大臣ニ訴願スル事ヲ得

組合費ノ分賦ニ關シ違法又ハ錯誤アリト認ムル町村ハ其ノ告知アリタル日ヨリ三月以内ニ組合ノ管理者ニ異議ノ申立ヲ爲スコトヲ得

前項ノ異議ノ申立アリタルトキハ組合ノ管理者ハ七日以内ニ之ヲ組合會ノ決定ニ付スヘシ其ノ決定ニ不服アル町村ハ府縣參事會ニ訴願シ其ノ裁決又ハ第四項ノ裁決ニ不服アルトキハ行政裁判所ニ出訴スルコトヲ得

前項ノ決定及裁決ニ付テハ組合ノ管理者ヨリモ訴願又ハ訴訟ヲ提起スルコトヲ得

前二項ノ裁決ニ付テハ府縣知事ヨリモ訴訟ヲ提起スルコトヲ得

第百三十六條　町村組合ニ關シテハ法律勅令中別段ノ規定アル場合ヲ除クノ外町村ニ關スル規定ヲ準用ス

第八章　町村ノ監督

第百三十七條　町村ハ第一次ニ於テ府縣知事之ヲ監督シ第二次ニ於テ内務大臣之ヲ監督ス
第百三十八條　本法中別段ノ規定アル場合ヲ除クノ外町村ノ監督ニ關スル府縣知事ノ處分ニ不服アル町村ハ内務大臣ニ訴願スルコトヲ得
第百三十九條　本法中行政裁判所ニ出訴スルコトヲ得ヘキ場合ニ於テハ内務大臣ニ出願スルコトヲ得ス
第百四十條　異議ノ申立又ハ訴願ノ提起ハ處分決定又ハ裁決アリタル日ヨリ二十一日以内ニ之ヲ爲スヘシ但シ本法中別ニ期間ヲ定メタルモノハ此ノ限ニ在ラス
行政訴訟ノ提起ハ處分決定裁定又ハ裁決アリタル日ヨリ三十日以内ニ之ヲ爲スヘシ
決定書又ハ裁決書ノ交付ヲ受ケサル者ニ關シテハ前二項ノ期間ハ告示ノ日ヨリ之ヲ起算ス
異議ノ申立ニ關スル期間ノ計算ニ付テハ訴願法ノ規定ニ依ル
異議ノ申立ハ期限經過後ニ於テモ宥恕スヘキ事由アリト認ムルトキハ仍之ヲ受理スルコトヲ得
異議ノ決定ハ文書ヲ以テ之ヲ爲シ其ノ理由ヲ附シ之ヲ申立人ニ交付スヘシ
異議ノ申立アルモ處分ノ執行ハ之ヲ停止セス但シ行政廳ハ其ノ職權ニ依リ又ハ關係者ノ請求ニ依リ必要ト認ムルトキハ之ヲ停止スルコトヲ得
第百四十條ノ二　異議ノ決定ハ本法中別ニ期間ヲ定メタルモノヲ除クノ外其ノ決定ニ付セラレタル日ヨリ三月以内ニ之ヲ爲スヘシ
府縣參事會訴願ヲ受理シタルトキハ其ノ日ヨリ三月以内ニ之ヲ裁決スヘシ
第百四十一條　監督官廳ハ町村ノ監督上必要アル場合ニ於テハ事務ノ報告ヲ爲サシメ、書類帳簿ヲ徴シ及實地ニ就キ事務ヲ視察シ又ハ出納ヲ檢閲スルコトヲ得
監督官廳ハ町村ノ監督上必要ナル命令ヲ發シ又ハ處分ヲ爲スコトヲ得

上級監督官廳ハ下級監督官廳ノ町村ノ監督ニ關シテ爲シタル命令又ハ處分ヲ停止シ又ハ取消スコトヲ得

第百四十二條　内務大臣ハ町村會ノ解散ヲ命スルコトヲ得

町村會解散ノ場合ニ於テハ三月以内ニ議員ヲ選擧スヘシ

第百四十三條　町村ニ於テ法令ニ依リ負擔シ又ハ當該官廳ノ職權ニ依リ命スル費用ヲ豫算ニ載セサルトキハ府縣知事ハ理由ヲ示シテ其ノ費用ヲ豫算ニ加フルコトヲ得

町村長其ノ他ノ吏員其ノ執行スヘキ事件ヲ執行セサルトキハ府縣知事又ハ其ノ委任ヲ受ケタル官吏吏員之ヲ執行スルコトヲ得但シ其ノ費用ハ町村ノ負擔トス

前二項ノ處分ニ不服アル町村又ハ町村長其ノ他ノ吏員ハ行政裁判所ニ出訴スルコトヲ得

第百四十四條　町村長、助役、收入役又ハ副收入役ニ故障アルトキハ監督官廳ハ臨時代理者ヲ選任シ又ハ官吏ヲ派遣シ其ノ職務ヲ管掌セシムルコトヲ得但シ官吏ヲ派遣シタル場合ニ於テハ其ノ旅費ハ町村費ヲ以テ辨償セシムヘシ

臨時代理者ハ有給ノ町村吏員トシ其ノ給料額旅費額等ハ監督官廳之ヲ定ム

第百四十五條　削除

第百四十六條　削除

第百四十七條　左ニ掲クル事件ハ府縣知事ノ許可ヲ受クヘシ但シ第一號第四號第六號及第十一號ニ掲クル事件ニシテ勅令ヲ以テ指定スルモノハ其ノ定ムル所ニ依リ主務大臣ノ許可ヲ受クヘシ

一、町村條例ヲ設ケ又ハ改廢スルコト

二、基本財産及特別基本財産並ニ林野ノ處分ニ關スルコト

三、第九十條ノ規定ニ依リ舊慣ヲ變更シ又ハ廢止スルコト

四、使用料ヲ新設シ又ハ變更スルコト
五、均一ノ税率ニ依ラスシテ國税又ハ府縣税ノ附加税ヲ賦課スルコト
六、特別税ヲ新設シ又ハ變更スルコト
七、第百二條第一項第二項及第四項ノ規定ニ依リ數人又ハ町村ノ一部ニ費用ヲ負擔セシムルコト
八、第百四條ノ規定ニ依リ不均一ノ賦課ヲ爲シ又ハ數人若ハ町村ノ一部ニ對シ賦課ヲ爲スコト
九、第百五條ノ準率ニ依ラスシテ夫役現品ヲ賦課スルコト但シ急迫ノ場合ニ賦課スル夫役ニ付テハ此ノ限ニ在ラス
十、繼續費ヲ定メ又ハ變更スルコト
十一、町村債ヲ起シ並ニ起債ノ方法利息ノ定率及償還ノ方法ヲ定メ又ハ之ヲ變更スルコト但シ第百十二條第三項ノ借入金ハ此ノ限ニ在ラス

第百四十八條　監督官廳ノ許可ヲ要スル事件ニ付テハ監督官廳ハ許可申請ノ趣旨ニ反セスト認ムル範圍内ニ於テ更正シテ許可ヲ與フルコトヲ得

第百四十九條　監督官廳ノ許可ヲ要スル事件ニ付テハ勅令ノ定ムル所ニ依リ其ノ許可ノ職權ヲ下級監督官廳ニ委任シ又ハ輕易ナル事件ニ限リ許可ヲ受ケシメサルコトヲ得

第百五十條　府縣知事ハ町村長、助役、收入役、副收入役、區長、區長代理者、委員其ノ他ノ町村吏員ニ對シ懲戒ヲ行フコトヲ得其ノ懲戒處分ハ譴責、二十五圓以下ノ過怠金及解職トス但シ町村長、助役、收入役及副收入役ニ對スル解職ハ懲戒審査會ノ議決ヲ經テ府縣知事之ヲ行フ

懲戒審査會ハ内務大臣ノ命シタル府縣高等官三人及府縣名譽職參事會員ニ於テ互選シタル者三人ヲ以テ其ノ會員トシ府縣知事ヲ以テ會長トス知事故障アルトキハ其ノ代理者會長ノ職務ヲ行フ

府縣名譽職參事會員ノ互選スヘキ會員ノ選擧補缺及任期竝懲戒審査會ノ招集及會議ニ付テハ府縣制中名譽職參事會員及府縣參事會ニ關スル規定ヲ準用ス但シ補充員ハ之ヲ設クルノ限ニ在ラス

解職ノ處分ヲ受ケタル者其ノ處分ニ不服アルトキハ内務大臣ニ訴願スルコトヲ得

府縣知事ハ町村長、助役、收入役及副收入役ノ解職ヲ行ハムトスル前其ノ停職ヲ命スルコトヲ得此ノ場合ニ於テハ其ノ停職期間報酬又ハ給料ヲ支給スルコトヲ得ス

懲戒ニ依リ解職セラレタル者ハ二年間北海道府縣市町村其ノ他之ニ準スヘキモノノ公職ニ就クコトヲ得ス

第百五十一條　町村吏員ノ服務紀律、賠償責任、身元保證及事務引繼ニ關スル規定ハ命令ヲ以テ之ヲ定ム

前項ノ命令ニハ事務引繼ヲ拒ミタル者ニ對シ二十五圓以下ノ過料ヲ科スル規定ヲ設クルコトヲ得

第九章　總則

第百五十二條　削除

第百五十三條　府縣知事又ハ府縣參事會ノ職權ニ屬スル事件ニシテ數府縣ニ渉ルモノアルトキハ内務大臣ハ關係府縣知事ノ具狀ニ依リ其ノ事件ヲ管理スヘキ府縣知事又ハ府縣參事會ヲ指定スヘシ

第百五十三條ノ二　削除

第百五十四條　第十一條ノ人口ハ内務大臣ノ定ムル所ニ依ル

第百五十五條　本法ニ於ケル直接稅及間接稅ノ種類ハ内務大臣及大藏大臣之ヲ定ム

第百五十六條　町村又ハ町村組合ノ廢置分合又ハ境界變更アリタル場合ニ於テ町村ノ事務ニ付必要ナル事項ハ本法ニ規定スルモノノ外勅令ヲ以テ之ヲ定ム

第百五十六條ノ二　本法中官吏ニ關スル規定ハ待遇官吏ニ之ヲ適用ス

第百五十七條　本法ハ北海道其ノ他勅令ヲ以テ指定スル島嶼ニ之ヲ施行セス
前項ノ地域ニ付テハ勅令ヲ以テ別ニ本法ニ代ハルヘキ制ヲ定ムルコトヲ得

附　則

第百五十八條　本法施行ノ期日ハ勅令ヲ以テ之ヲ定ム（明治四十四年九月勅令第二百三十八號ヲ以テ同年十月一日ヨリ施行）
第百五十九條　本法施行ノ際現ニ町村會議員、區會議員又ハ全部事務ノ爲ニ設クル町村組合會議員ノ職ニ在ル者ハ從前ノ規定ニ依ル最近ノ定期改選期ニ於テ總テ其ノ職ヲ失フ
第百六十條　舊刑法ノ重罪ノ刑ニ處セラレタル者ハ本法ノ適用ニ付テハ六年ノ懲役又ハ禁錮以上ノ刑ニ處セラレタル者ト看做ス但シ復權ヲ得タル者ハ此ノ限ニ在ラス
舊刑法ノ禁錮以上ノ刑ハ本法ノ適用ニ付テハ禁錮以上ノ刑ト看做ス
第百六十一條　本法施行ノ際必要ナル規定ハ命令ヲ以テ之ヲ定ム

○大正十五年法律第七十五號附則

本法中公民權及議員選擧ニ關スル規定ハ次ノ總選擧ヨリ之ヲ施行シ其ノ他ノ規定ノ施行ノ期日ハ勅令ヲ以テ之ヲ定ム（大正十五年六月勅令第二百八號ヲ以テ同年七月一日ヨリ施行）
第三十八條ノ規定ニ依リ町村會ヲ設サル町村ニ付テハ本法ノ施行ノ期日ハ勅令ヲ以テ之ヲ定ム
次ノ總選擧ニ至ル迄ノ間從前ノ第十四條、第十七條、第十八條、第三十一條、第三十三條及第三十六條ノ規定ニ依リ難キ事項ニ付テハ勅令ヲ以テ特別ノ規定ヲ設クルコトヲ得
本法ニ依リ初テ議員ヲ選擧スル場合ニ於テ必要ナル選擧人名簿ニ關シ第十八條乃至第十八條ノ五ニ規定スル期間

ニ依リ難キトキハ命令ヲ以テ別ニ其ノ期日又ハ期間ヲ定ム但シ其ノ選擧人名簿ハ次ノ選擧人名簿確定迄其ノ效力ヲ有ス

本法施行ノ際大正十四年法律第四十七號衆議院議員選擧法未ダ施行セラレサル場合ニ於テハ本法ノ適用ニ付テハ同法ハ既ニ施行セラレタルモノト看做ス

本法施行ノ際必要ナル規定ハ命令ヲ以テ之ヲ定ム

昭和四年四月十三日法律第五十七號附則

本法施行ノ期日ハ勅令ヲ以テ之ヲ定ム

本法施行ノ際必要ナル規定ハ命令ヲ以テ之ヲ定ム

昭和四年七月十一日印刷
昭和四年七月二十日發行

改正 市町村會議提要

定價金貳圓

著者 山田民藏
三浦敎之

大分縣大分市大字大分五百參拾壹番地
發行者 塚本秀雄

大分縣大分市大字大分貳千七百拾參番地
印刷者 畠山一夫

大分縣大分市大字大分貳千七百拾參番地
印刷所 豐州印刷所

發行所 大分市 大字大分五三一 金洋堂
振替福岡九二四八番

地方自治法研究復刊大系〔第256巻〕

改正 市町村会議提要〔昭和4年初版〕

日本立法資料全集 別巻 1066

2018(平成30)年10月25日　復刻版第1刷発行　7666-4:012-010-005

共　著　山　田　民　蔵
　　　　三　浦　教　之

発行者　今　井　　　貴
　　　　稲　葉　文　子

発行所　株式会社信山社

〒113-0033 東京都文京区本郷6-2-9-102東大正門前
Ⓣ03(3818)1019　Ⓕ03(3818)0344

来栖支店〒309-1625 茨城県笠間市来栖2345-1
Ⓣ0296-71-0215　Ⓕ0296-72-5410

笠間才木支店〒309-1611 笠間市笠間515-3
Ⓣ0296-71-9081　Ⓕ0296-71-9082

印刷所　ワイズ書籍

製本所　カナメブックス

用　紙　七洋紙業

printed in Japan　分類 323.934 g 1066

ISBN978-4-7972-7666-4 C3332 ¥38000E

◆穂積重遠
法教育著作集
われらの法
全3集 【解題】大村敦志

■第1集 法 学
◇第1巻『法学通論(全訂版)』/◇第2巻『私たちの憲法』/◇第3巻『百万人の法律学』/◇第4巻『法律入門―NHK教養大学―』/◇正義と識別と仁愛 附録―英国裁判傍聴記/【解題】(大村敦志)

■第2集 民 法
◇第1巻『新民法読本』/◇第2巻『私たちの民法』/◇第3巻『わたしたちの親族・相続法』/◇第4巻『結婚読本』/【解題】(大村敦志)

■第3集 有閑法学
◇第1巻『有閑法学』/◇第2巻『続有閑法学』/◇第3巻『聖書と法律』/【解題】(大村敦志)

◆フランス民法 日本における研究状況
大村敦志 著

信山社

日本立法資料全集 別巻

地方自治法研究復刊大系

東京市会先例彙輯〔大正11年6月発行〕／八田五三 編纂
市町村国税事務取扱手続〔大正11年8月発行〕／広島財務研究会 編纂
自治行政資料 斗米遺粒〔大正12年6月発行〕／樫田三郎 著
市町村大字読方名彙 大正12年度版〔大正12年6月発行〕／小川琢治 著
地方自治制要義 全〔大正12年7月発行〕／末松偕一郎 著
北海道市町村財政便覧 大正12年初版〔大正12年8月発行〕／川西輝昌 編纂
東京市政論 大正12年初版〔大正12年12月発行〕／東京市政調査会 編輯
帝国地方自治団体発達史 第3版〔大正13年3月発行〕／佐藤亀齢 編輯
自治制の活用と人 第3版〔大正13年4月発行〕／水野錬太郎 述
改正 市制町村制逐條示解〔改訂54版〕第一分冊〔大正13年5月発行〕／五十嵐鑛三郎 他 著
改正 市制町村制逐條示解〔改訂54版〕第二分冊〔大正13年5月発行〕／五十嵐鑛三郎 他 著
台湾 朝鮮 関東州 全国市町村便覧 各学校所在地 第一分冊〔大正13年5月発行〕／長谷川好太郎 編纂
台湾 朝鮮 関東州 全国市町村便覧 各学校所在地 第二分冊〔大正13年5月発行〕／長谷川好太郎 編纂
市町村特別税之栞〔大正13年6月発行〕／三邊長治 序文 水谷平吉 著
市制町村制実務要覧〔大正13年7月発行〕／梶康郎 著
正文 市制町村制 並 附属法規〔大正13年10月発行〕／法曹閣 編輯
地方事務叢書 第三編 市町村公債 第3版〔大正13年10発行〕／水谷平吉 著
市町村大字読方名彙 大正14年度版〔大正14年1月発行〕／小川琢治 著
通俗財政経済体系 第五編 地方予算と地方税の見方〔大正14年1月発行〕／森田久 編輯
市制町村制実例総覧 完 大正14年第5版〔大正14年1月発行〕／近藤行太郎 主纂
町村会議員選挙要覧〔大正14年3月発行〕／津田東璋 著
実例判例文例 市制町村制総覧〔第10版〕第一分冊〔大正14年5月発行〕／法令研究会 編纂
実例判例文例 市制町村制総覧〔第10版〕第二分冊〔大正14年5月発行〕／法令研究会 編纂
町村制要義〔大正14年7月発行〕／若槻禮次郎 題字 尾崎行雄 序文 河野正義 述
地方自治之研究〔大正14年9月発行〕／及川安二 編輯
市町村 第1年合本 第1号-第6号〔大正14年12月発行〕／帝國自治研究会 編輯
市制町村制 及 府県制〔大正15年1月発行〕／法律研究会 著
農村自治〔大正15年2月発行〕／小橋一太 著
改正 市制町村制示解 全 附録〔大正15年5月発行〕／法曹研究会 著
市町村民自治読本〔大正15年6月発行〕／武藤榮治郎 著
改正 地方制度輯覽 改訂増補第33版〔大正15年7月発行〕／良書普及会 編著
市制町村制 及 関係法令〔大正15年8月発行〕市町村雑誌社 編輯
改正 市町村制義解〔大正15年9月発行〕／内務省地方局 安井行政課長 校閲 内務省地方局 川村芳次 著
改正 地方制度解説 第6版〔大正15年9月発行〕／挟間茂 著
地方制度之栞 第83版〔大正15年9月発行〕／湯澤睦雄 著
改訂増補 市制町村制逐條示解〔改訂57版〕第一分冊〔大正15年10月発行〕／五十嵐鑛三郎 他 著
実例判例 市制町村制釈義 大正15年再版〔大正15年9月発行〕／梶康郎 著
改訂増補 市制町村制逐條示解〔改訂57版〕第二分冊〔大正15年10月発行〕／五十嵐鑛三郎 他 著
註釈の市制と町村制 附 普通選挙法 大正15年初版〔対照5年11月発行〕／法律研究会 著
実例町村制 及 関係法規〔大正15年12月発行〕自治研究会 編纂
改正 地方制度通義〔昭和2年6月発行〕／荒川五郎 著
逐条示解 地方税法 初版〔昭和2年9月発行〕／自治館編輯局 編著
註釈の市制と町村制 附 普通選挙法〔昭和3年1月発行〕／法律研究会 著
註釈の市制と町村制 施行令他関連法収録〔昭和4年4月発行〕／法律研究会 著
市町村会議員 選挙戦術 第4版〔昭和4年4月発行〕／相良一休 著
現行 市制町村制 並 議員選挙法規 再版〔昭和5年1月発行〕／法曹閣 編輯
地方制度改正大意 第3版〔昭和4年6月発行〕／狭間茂 著
改正 市町村会議提要 昭和4年初版〔昭和4年7月発行〕／山田民蔵 三浦教之 共著
市町村税戸数割正義 昭和4年再版〔昭和4年8月発行〕／田中廣太郎 著
改正 市制町村制 並ニ 府県制 初版〔昭和4年10月発行〕／法律研究会 編
実例判例 市制町村制釈義 第4版〔昭和4年5月発行〕／梶康郎 著
新旧対照 市制町村制 並 附属法規〔昭和4年7月発行〕／良書普及会 著
市町村予算の見方 初版〔昭和5年3月発行〕／西野喜興作 著
改正 市制町村制解説〔昭和5年11月発行〕／挟間茂 校 土谷覺太郎 著
加除自在 参照條文附 市制町村制 附 関係法規〔昭和6年5月発行〕／矢島和三郎 編纂
改正版 市制町村制 並ニ 府県制 及ビ重要関係法令〔昭和8年1月発行〕／法制堂出版 著
改正版 註釈の市制と町村制 最近の改正を含む〔昭和8年1月発行〕／法制堂出版 著
市制町村制 及 関係法令 第3版〔昭和9年5月発行〕／野田千太郎 編輯
実例判例 市制町村制釈義 昭和10年改正版〔昭和10年9月発行〕／梶康郎 著
改訂増補 市制町村制実例総覧 第一分冊〔昭和10年10月発行〕／良書普及会 編纂
改訂増補 市制町村制実例総覧 第二分冊〔昭和10年10月発行〕／良書普及会 編

日本立法資料全集 別巻

地方自治法研究復刊大系

参照比較 市町村制註釈 完 附 問答理由 第2版〔明治22年6月発行〕／山中兵吉 著述
自治新制 市町村会法要談 全〔明治22年11月発行〕／高嶋正載 著述 田中重策 著述
国税 地方税 市町村税 滞納処分法問答〔明治23年5月発行〕／竹尾高堅 著
日本之法律 府県制郡制正解〔明治23年5月発行〕／宮川大壽 編輯
府県制郡制註釈〔明治23年6月発行〕／田島彦四郎 註釈
日本法典全書 第一編 府県制郡制註釈〔明治23年6月発行〕／坪谷善四郎 著
府県制郡制義解 全〔明治23年6月発行〕／北野竹次郎 編著
市町村役場実用 完〔明治23年7月発行〕／福井淳 編纂
市町村制実務要書 上巻 再版〔明治24年1月発行〕／田中知邦 編纂
市町村制実務要書 下巻 再版〔明治24年3月発行〕／田中知邦 編纂
米国地方制度 全〔明治32年9月発行〕／板垣退助 序 根本正 纂訳
公民必携 市町村制実用 全 増補第3版〔明治25年3月発行〕／進藤彬 著
訂正増補 議制全書 第3版〔明治25年4月発行〕／岩藤良太 編纂
市町村制実務要書続編 全〔明治25年5月発行〕／田中知邦 著
地方學事法規〔明治25年5月発行〕／鶴鳴社 編
増補 町村制執務備考 全〔明治25年10月発行〕／増澤鐵 國吉拓郎 同輯
町村制執務要録 全〔明治25年12月発行〕／鷹巣清二郎 編輯
府県制郡制便覧 明治27年初版〔明治27年3月発行〕／須田健吉 編輯
郡市町村吏員 収税実務要書〔明治27年11月発行〕／荻野千之助 編纂
改訂増補鼇頭参照 市町村制講義 第9版〔明治28年5月発行〕／蟻川堅治 講述
改正増補 市町村制実務要書 上巻〔明治29年4月発行〕／田中知邦 編纂
市町村制詳解 附 理由書 改正再版〔明治29年5月発行〕／島村文耕 校閲 福井淳 著述
改正増補 市町村制実務要書 下巻〔明治29年7月発行〕／田中知邦 編纂
府県制 郡制 町村制 新税法 公民之友 完〔明治29年8月発行〕／内田安蔵 五十野譲 著述
市制町村制註釈 附 市制町村制理由 第14版〔明治29年11月発行〕／坪谷善四郎 著
府県制郡制註釈〔明治30年9月発行〕／岸本辰雄 校閲 林信重 註釈
市町村新旧対照一覧〔明治30年9月発行〕／中村芳松 編輯
町村至宝〔明治30年9月発行〕／品川彌二郎 題字 元田肇 序文 桂虎次郎 編纂
市制町村制應用大全 完〔明治31年4月発行〕／島田三郎 序 大西多典 編纂
傍訓註釈 市制町村制 並ニ 理由書〔明治31年12月発行〕／筒井時治 著
改正 府県郡制問答講義〔明治32年4月発行〕／木内英雄 編纂
改正 府県制郡制正文〔明治32年4月発行〕／大塚宇三郎 編纂
府県制郡制〔明治32年4月発行〕／徳田文雄 編輯
郡制府県制 完〔明治32年5月発行〕／魚住嘉三郎 編輯
参照比較 市町村制註釈 附 問答理由 第10版〔明治32年6月発行〕／山中兵吉 著述
改正 府県制郡制註釈 第2版〔明治32年6月発行〕／福井淳 著
府県制郡制釈義 全 第3版〔明治32年7月発行〕／栗本勇之助 森惣之祐 同著
改正 府県制郡制註釈 第3版〔明治32年8月発行〕／福井淳 著
地方制度通 全〔明治32年9月発行〕／上山満之進 著
市町村新旧対照一覧 訂正第五版〔明治32年9月発行〕／中村芳松 編輯
改正 府県制郡制 並 関係法規〔明治32年9月発行〕／鷲見金三郎 編纂
改正 府県制郡制釈義 再版〔明治32年11月発行〕／坪谷善四郎 著
改正 府県制郡制釈義 第3版〔明治34年2月発行〕／坪谷善四郎 著
再版 市町村制例規〔明治34年11月発行〕／野元友三郎 編纂
地方制度実例総覧〔明治34年12月発行〕／南浦西郷侯爵 題字 自治館編集局 編纂
傍訓 市制町村制註釈〔明治35年3月発行〕／福井淳 著
地方自治提要 全〔明治35年5月発行〕／木村時義 校閲 吉武則久 編纂
市制町村制釈義〔明治35年6月発行〕／坪谷善四郎 著
帝国議会 府県会 郡会 市町村会 議員必携 附 関係法規 第一分冊〔明治36年5月発行〕／小原新三 口述
帝国議会 府県会 郡会 市町村会 議員必携 附 関係法規 第二分冊〔明治36年5月発行〕／小原新三 口述
地方制度実例総覧〔明治36年8月発行〕／芳川顯正 題字 山脇玄 序文 金田謙 著
市町村是〔明治36年11月発行〕／野田千太郎 編纂
市制町村制釈義 明治37年第4版〔明治37年6月発行〕／坪谷善四郎 著
府県郡市町村 模範治績 附 耕地整理法 産業組合法 附属法例〔明治39年2月発行〕／荻野千之助 編輯
自治之模範〔明治39年6月発行〕／江木翼 編
改正 市制町村制〔明治40年6月発行〕／辻本末吉 編輯
実用 北海道郡区町村案内 全 附 里程表 第7版〔明治40年9月発行〕／廣瀬清澄 著述
自治行政例規 全〔明治40年10月発行〕／市町村雑誌社 編著
改正 府県制郡制要義 第4版〔明治40年12月発行〕／美濃部達吉 著
判例挿入 自治法規全集 全〔明治41年6月発行〕／池田繁太郎 著
市町村執務要覧 全 第一分冊〔明治42年6月発行〕／大成会編輯局 編輯
市町村執務要覧 全 第二分冊〔明治42年6月発行〕／大成会編輯局 編輯比較研究
自治要義 明治43年再版〔明治43年3月発行〕／井上友一 著
自治之精髄〔明治43年4月発行〕／水野錬太郎 著
市制町村制講義 全〔明治43年6月発行〕／秋野沆 著

信山社

日本立法資料全集 別巻

地方自治法研究復刊大系

仏蘭西邑法 和蘭邑法 皇国郡区町村編制法 合巻〔明治11年8月発行〕／箕作麟祥 閲 大井憲太郎 譯／神田孝平 譯
郡区町村編制法 府県会規則 地方税規則 三法綱論〔明治11年9月発行〕／小笠原美治 編輯
郡吏議員必携三新法便覧〔明治12年2月発行〕／太田啓太郎 編輯
郡区町村編制 府県会規則 地方税規則 新法例纂〔明治12年3月発行〕／柳澤武運三 編輯
全国郡区役所位置 郡政必携 全〔明治12年9月発行〕／木村陸一郎 編輯
府県会規則大全 附 裁定録〔明治16年6月発行〕／朝倉達三 閲 若林友之 編輯
区町村会議要覧 全〔明治20年4月発行〕／阪田辨之助 編纂
英国地方制度 及 税法〔明治20年7月発行〕／良保両氏 合著 水野遵 翻訳
鼇頭傍訓 市制町村制註釈 及 理由書〔明治21年1月発行〕／山内正利 註釈
英国地方政治論〔明治21年2月発行〕／久米金彌 翻譯
市制町村制 附 理由書〔明治21年4月発行〕／博聞本社 編
傍訓 市町村制及説明〔明治21年5月発行〕／高木周次 編纂
鼇頭註釈 市町村制俗解 附 理由書 第2版〔明治21年5月発行〕／清水亮三 註解
市制町村制註釈 完 附 市制町村制理由 明治21年初版〔明治21年5月発行〕／山田正賢 著述
市町村制詳解 全 附 市町村制理由〔明治21年5月発行〕／日鼻豊作 著
市制町村制釈義〔明治21年5月発行〕／壁谷可六 上野太一郎 合著
市制町村制詳解 全 附 理由書〔明治21年5月発行〕／杉谷庸 訓點
町村制詳解 附 市制及町村制理由〔明治21年5月発行〕／磯部四郎 校閲 相澤富蔵 編述
傍訓 市制町村制 附 理由〔明治21年5月発行〕／鶴聲社 編
市制町村制 並 理由書〔明治21年7月発行〕／萬字堂 編
市制町村制正解 附 理由〔明治21年6月発行〕／芳川顯正 序文 片貝正晉 註解
市制町村制釈義 附 理由書〔明治21年6月発行〕／清岡公張 題字 樋山廣業 著述
市制町村制釈義 附 理由 第5版〔明治21年6月発行〕／建野郷三 題字 櫻井一久 著
市町村制註解 完〔明治21年6月発行〕／若林市太郎 編輯
市町村制釈義 全 附 市町村制理由〔明治21年7月発行〕／水越成章 著述
市制町村制義解 附 理由〔明治21年7月発行〕／三谷軌秀 馬袋鶴之助 著
傍訓 市制町村制註解 附 理由書〔明治21年8月発行〕／鯰江貞雄 註解
市制町村制註釈 附 市制町村制理由 3版増訂〔明治21年8月発行〕／坪谷善四郎 著
傍訓 市制町村制 附 理由書〔明治21年8月発行〕／同盟館 編
市町村制正解 明治21年第3版〔明治21年8月発行〕／片貝正晉 註釈
市制町村制註釈 完 附 市制町村制理由 第2版〔明治21年9月発行〕／山田正賢 著述
傍訓註釈 日本市制町村制 及 理由書 第4版〔明治21年9月発行〕／柳澤武運三 註解
鼇頭参照 市町村制註解 完 附 理由書及参考諸令〔明治21年9月発行〕／別所富貴 著述
市町村制問答詳解 附 理由書〔明治21年 9 月発行〕／福井淳 著
市制町村制註釈 附 市制町村制理由 4版増訂〔明治21年9月発行〕／坪谷善四郎 著
市制町村制 並 理由書 附 直接間接税類別 及 実施手続〔明治21年10月発行〕／高崎修助 著述
市町村制釈義 附 理由書 訂正再版〔明治21年10月発行〕／松木堅葉 訂正 福井淳 釈義
増訂 市制町村制註解 全 附 市制町村制理由挿入 第3版〔明治21年10月発行〕／吉井太 註解
鼇頭註釈 市町村制俗解 附 理由書 増補第5版〔明治21年10月発行〕／清水亮三 註解
市町村制施行取扱心得 上巻・下巻 合冊〔明治21年10月・22年2月発行〕／市岡正一 編纂
市制町村制傍訓 完 附 市制町村制理由 第4版〔明治21年10月発行〕／内山正如 著
鼇頭対照 市町村制解釈 附理由書及参考諸布達〔明治21年10月発行〕／伊藤寿 註釈
市制町村制俗解 明治21年第3版〔明治21年10月発行〕／春陽堂 編
市町村制正解 明治21年第4版〔明治21年10月発行〕／片貝正晉 註釈
市制町村制詳解 附 理由 第3版〔明治21年11月発行〕／今村長善 著
町村制実用 完〔明治21年11月発行〕／新田貞橘 鶴田嘉内 合著
町村制精解 完 附 理由書 及 問答録〔明治21年11月発行〕／中目孝太郎 磯谷群爾 註釈
市町村制問答詳解 附 理由 全〔明治22年1月発行〕／福井淳 著述
訂正増補 市町村制問答詳解 附 理由 及 追輯〔明治22年1月発行〕／福井淳 著
市町村制質問録〔明治22年1月発行〕／片貝正晉 編述
傍訓 市町村制 及 説明 第7版〔明治21年11月発行〕／高木周次 編纂
町村制要覧 全〔明治22年1月発行〕／浅井元 校閲 古谷省三郎 編纂
鼇頭 市制町村制 附 理由書〔明治22年1月発行〕／生稲道蔵 略解
鼇頭註釈 町村制 附 理由 全〔明治22年2月発行〕／八乙女盛次 校閲 片野続 編釈
市町村制実解〔明治22年2月発行〕／山田顕義 題字 石黒磐 著
町村制実用 全〔明治22年3月発行〕／小島鋼次郎 岸野武司 河毛三郎 合述
実用詳解 町村制 全〔明治22年3月発行〕／夏目洗蔵 編集
理由挿入 市町村制俗解 第3版増補訂正〔明治22年4月発行〕／上村秀昇 著
町村制市制全書 完〔明治22年4月発行〕／中嶋廣蔵 著
英国市制実見録 全〔明治22年5月発行〕／高橋達 著
実地応用 町村制質疑録〔明治22年5月発行〕／野田籐吉郎 校閲 國吉拓郎 著
実用 町村制市制事務提要〔明治22年5月発行〕／島村文耕 輯解
市町村条例指鍼 完〔明治22年5月発行〕／坪谷善四郎 著
参照比較 市町村制註釈 完 附 問答理由〔明治22年6月発行〕／山中兵吉 著述
市町村議員必携〔明治22年6月発行〕／川瀬周次 田中迪三 合著

信山社